한국어 문법

한국의 탐구 33

한국어 문법

이익섭

서울대학교출판문화원

A Korean Grammar

Lee, Iksop

Seoul National University Press

머리말

일반인들이 읽을 만한 우리말 문법서(文法書)를 소개해 달라는 부탁을 받을 때마다 안타깝곤 하였다. 가령 외국에 가 거주하는 식자층(識者層)이 새삼 우리말 문법을 좀 체계적으로 공부하고 싶은데 어떤 책이 좋은지 추천해 달라고 할 때가 있다. 그런데 마땅한 책이 없었다. 대학교 교재들은 앞으로 문법을 전공으로 할 학생들을 대상으로 한 것들이어서 다분히 이론적이고, 학교문법 위주의 해설서는 학교문법의 고식적(姑息的)인 틀을 벗어나지 못한 것들이어서 적합하지 않았다. 영어로 된 것들이 그나마 우리말 문법 전반을 해설적으로 개관해 준다는 점에서 이런 독자들에게 알맞은 것이라고 하겠으나 그것들은 우선 외국어로 서술되어 있을 뿐 아니라 너무 초보적이거나 너무 겉훑기로 되어 있기가 일쑤였다.

진작부터 우리말 문법을 차근차근 설명하는 책을 하나 쓰고 싶었다. 사실 이런 책은 어떻게든 쓸모가 있기 마련이다. 일반인들도 좋은 책만 있다면 우리가 국사 책에서 수시로 필요한 사항을 찾아 읽듯 그때그때 필요한 부분들을 찾아 읽으려 할 것이고, 특히 전공자가 아니면서도 우리말 교육에 종사하거나 아니면 늘 우리말과 씨름해야 하는 분야에 있는 이들은 이런 책에 목말라 있을 것이기 때문이다. 때마침 서울대학교출판부에서 "일반 대중도 쉽게 알 수 있는 내용이면서 한편으로는 어느 정도 전문성도 갖춘 수준"의 『한국어 문법』을 집필해 달라는 의뢰가 왔다. 뜻이 있는 곳에 길이 있다고 하였던가.

우리는 이상하게도 중학교 때부터 국어 문법에 대한 해석에 여러 이설(異說)이 있다는 것부터 배우고 그런 것에 시달려 왔다. 그 때문에 문법은 괜히 실용성은 없고 이상한 주장만 난무하는 과목으로 인식되어 오기도 하였다. 사실 품사를 몇 개로 분류하느냐가 중요한 것이 아니다. '불완전명사'로 부를 것인지 '형식명사'로 부를 것인지 아니면 아예 '안옹근이름씨'로 부를 것인지도 결코 중요한 일이 아니다. 그런데도 엉뚱하게 그런 데에 시간을 빼앗기며, 또 그런 것에 오도(誤導)되어 가령 영문법은 규칙이 잘 잡혀 있는데 우리말 문법은 무질서하다는 통념까지 생기게 되었다.

문법은 물론 이론적이지만, 그리고 이론적이어야 하지만 다분히 실용적인 분야이기도 하다. 우리가 영문법을 통하지 않고 어찌 영어를 배웠겠는가. 흔히 문법 위주로 공부하였기 때문에 실용 영어에 들어가서는 맹탕이라는 비판들을 하지만, '문법 위주'에 문제가 있었다면 있었겠지만 어느것 하나 문법을 떠나서는 성취될 수 없다. 어떤 언어나 문법이라는 규칙으로 이루어져 있는 이상 문법 공부야말로 한 언어를 이해하는 지름길이요 또 필요불가결한 과정인 것이다.

그리고 우리말 문법이 어찌 무질서하겠는가. 문법이란 곧 규칙의 집합이다. 규칙이란 질서다. 무질서한 규칙이란 성립될 수 없다. 어느 언어나 질서정연한 문법을 바탕으로 이루어져 있으며, 우리말이라고 예외일 수는 없다. 그 규칙들을 정리하고 해석하는 길이 여러 갈래로 갈려 있다고 해서 그 언어의 문법체계가 무질서한 것은 아니다. 우리말은 특히 우리말 특유의 오묘한 규칙이 많다. 문법 공부는 평소 무심히 지나치고 지낸 이런 규칙들을 새삼 발견하는 즐거움을 줄 것이며, 그로써 우리말을 더 자신 있게, 더 정확하게 사용할 수 있게 되기도 할 것이다.

이 책은 앞에서 잠깐 비쳤듯이 우리말의 문법 전반을 되도록 평이하게 서술하려고 하였다. 전문용어며 이론적 배경은 줄이는 대신 풍부한 용례

(用例)를 중심으로 되도록 실용적인 데 초점을 맞추려 하였다. 그렇다고 해서 결코 겉핥기에 머무는 일은 없도록 하였다. 내용은 되도록 세부적인 데까지 다루려고 애썼고, 그로써 지금까지 다른 문법서에서 볼 수 없던 새로운 내용도 가능한 한 많이 담으려 하였다.

문법 현상은 이유를 명쾌히 설명할 수 있는 것도 있지만 그것이 쉽지 않은 경우도 많다. 가령 '임금'이나 '여왕'에는 '님'이 붙어 '임금님', '여왕님'이 되는데 왜 '왕님'은 안 되는지는 쉽게 설명되지 않는다. 그러나 이 현상 자체는 중요하다. '십', '만' 앞에는 '일'(一)을 붙이지 않고 '십 원', '만 원' 하면서 왜 '억'(億)에서는 '억 원'이라 하지 않고 '일억 원'이라 하는지 이것도 설명은 부러지게 하기 어렵지만 그 현상은 중요하다. 이 책에서는 이러한 현상을 최대한 많이 제시하려 하였다. 설명이 미처 찾아지지 않았더라도 그 자체가 규칙이요 문법이기 때문이다.

앞에서 우리말의 오묘함을 말하였지만 이 책을 쓰면서 그 점을 몇 번이고 다시 실감하였다. 어찌 우리말뿐일까마는 겨우 조사(助詞) 하나, 어미(語尾) 하나로 그 섬세한 의미들을 구별해 표현해 내는 세계는 경이(驚異)의 세계가 아닐 수 없었다. 이 책을 통해 우리말의 정확한 용법을 익히며 그러한 경이의 세계도 함께 맛볼 수 있다면 그야말로 금상첨화(錦上添花)가 아닐까 싶다.

이 책은 일반인을 대상으로 한 것이지만 학계에도 얼마간은 기여(寄與)가 되리라 믿는다. 그동안 학계에서 통용되어 오던 체계 중 부적절하게 생각되는 것을 바꾼 것도 있고, 또 전혀 관심을 보이지 않았던 현상에 대해서 새로 진술한 것도 있기 때문이다. 그리고 지금까지 본인이 지켜 오던 체계를 바꾼 것도 있다. 이 책을 쓰면서 우리 문법서가 열어 가야 할 미개척지가 의외로 많이 있다는 것을 깨달았다.

서울대학교출판부에서 숙제를 받아 놓고 너무 오랜 세월을 보냈다. 그사이 정년까지 맞고 이렇게 뒤늦게 보고서를 내게 되어 면목이 없다. 그 대신 책을 좀더 차분하게 쓰게는 된 듯하다. 어떻든 짐 하나를 벗은 느낌이며,

아울러 퇴임 후에도 일을 하나 했다는 뿌듯함도 있다. 많은 분들의 질정(叱正)을 바란다.

2004년 9월

이익섭

차 례

제1장 한국어 문법의 기본 성격

1.1 한국어의 어순

한 언어의 특징은 우선 그 어순(語順 word order)에 의해서 드러난다. 따라서 한국어의 특징을 보기 위해서도 그 어순에서 보이는 특징을 살펴보는 것이 유익하다. 특히 영어 등과 비교하여 한국어가 그 어순에서 어떤 특징이 있는지를 하나씩 보기로 하자.

(가) 서술어가 문장 끝에 놓인다

한국어는 기본적으로 <주어－목적어－서술어>의 구조를 가진다. 즉 문장의 첫머리에 주어(主語)가 오고 문장 끝에 서술어(敍述語)가 오며, 목적어(目的語)가 그 사이에 오는 구조를 가진다.

(1) a. 아이들이 잠자리를 잡는다.
    b. 나는 여름을 좋아한다.

흔히 세계의 언어를 어순의 유형에 따라 SVO 언어, SOV 언어, VSO 언어 등으로 나눈다. 문장을 이루는 세 핵심 요소인 S(subject, 주어), O(object, 목적어) V(verb, 서술어[1]) 상호 간의 위치에 따라 서너 유형으로 나눈 것이다. 이 분류에 의하면 한국어는 SOV 언어에 속한다. 그만큼 <주어 – 목적어 – 서술어>의 구조는 한국어의 문법 구조의 가장 핵심적인 틀이라 할 만하다.[2]

여기서 특히 서술어가 문장 끝에 놓이는 특징은 한국어를 특징짓는 가장 중요한 요소라 할 수 있다. 목적어를 취하지 않는 경우에도 서술어가 문장 끝에 놓이는 특징은 한결같이 유지되기 때문이다. 그리고 이것은 의문문이든 명령문이든 어떤 문장형(文章型, sentence type)[3]에서나 한결같다.

(2) a. 비가 온다.
    b. 너도 영화를 좋아하니?
    c. 아저씨는 여기에 앉으세요.

(나) 꾸미는 말이 꾸밈을 받는 말 앞에 놓인다

한국어는 수식어, 즉 꾸미는 말이 반드시 피수식어, 즉 꾸밈을 받는 말의 앞에 놓인다. 다음 예문들에서 보듯이 명사를 꾸미는 관형어(冠形語)는 명사 앞에 놓이고, 용언 등을 꾸미는 부사어(副詞語)들은 그것들의 수식을

---

1. 이때는 predicate 대신 verb를 써 오고 있다. 용어는 어떻든 내용은 서술어이므로 verb를 '동사'로 번역하지 않고 '서술어'로 번역해 쓰고자 한다.
2. SVO 언어로는 영어 등이 있다. 한국어와 같은 SOV 언어와 영어, 프랑스어 등의 SVO 언어가 이들 유형의 주종을 이루어 세계 언어의 75%가 이 두 유형에 속한다. 나머지 10 – 15%가 서술어가 문장 첫머리에 오는 VSO 언어 및 VOS 언어에 속하며, 기타 지금까지 없는 유형으로 간주되어 왔던, 목적어가 문장 첫머리에 오는 유형의 언어도 근래에 아마존 유역에서 발견된 바 있다.
3. 흔히 문장 유형, 또는 문장의 종류라고 해 오던 것을 앞으로 이 책에서는 문장형(文章型)이라 부르고자 한다.

받는 말 앞에 놓인다.

(3) a. 오늘부터 새 학기가 시작되었다.
b. 나는 부지런한 사람을 좋아한다.
c. 우리들은 동해안의 아름다움에 넋을 잃었다.

(4) a. 더 드시겠어요?
b. 나무들이 울창하게 자랐구나.
c. 옛날에는 집을 주로 흙으로 지었다.

문장이 단어를 꾸미는 경우도 마찬가지다. 영어 등에서는 관계대명사나 관계부사를 매개로 문장이 단어를 꾸미는 경우 이들이 그 꾸밈을 받는 말 뒤에 놓이지만 한국어에서는 이 경우에도 그 앞에 놓인다.

(5) a. 드디어 우리가 애타게 기다리던 소식이 왔다.
b. 뒤쪽 사람들도 들을 수 있도록 크게 말씀해 주세요.

(다) 조사나 어미 등의 문법적 요소들은 뒤에 덧붙는다

한국어는 이른바 첨가어(添加語, agglutinating language 또는 agglutinative language)다. 첨가어는 교착어(膠着語)라고도 하는데 조사(助詞)나 어미(語尾)와 같은 문법요소들이 발달되어 이것들이 더덕더덕 많이 붙되 그 하나하나가 따로따로 잘 분석되는 언어를 말한다.[4] '책'을 예로 보면 다

4. 첨가어는 세계 언어를 그 단어의 구성 유형에 따라 고립어(孤立語, isolating language), 굴절어(屈折語, inflecting language), 첨가어로 나눌 때의 하나다. 한국어는 한 예로 '기쁘시었겠지요'를 보면 어간 '기쁘-'에 '-시-', '-었-', '-겠-', '-지', '-요'와 같은 문법요소들이 그야말로 더덕더덕 덧붙었는데 그 하나하나가 여러 다른 활용에서도 같은 형태, 같은 기능을 보여 주는 것들이어서 선명하게 분석된다. 전형적인 첨가어인 것이다. 고립어는 중국어나 베트남어처럼 단어가 형태변화를 하

음 예문 (6)에서 보듯 명사에 여러가지 조사가 붙는 모습을 볼 수 있고, 특히 '읽다'와 같은 동사의 경우는 (7)에서 보듯 무척 많은 어미가 덧붙는 것을 볼 수 있다.

(6) 책-이, 책-을, 책-에, 책-에서, 책-으로, 책-의, 책-보다, 책-과, 책-만, 책-은, 책-조차

(7) 읽-어라, 읽-는다, 읽-니, 읽-자, 읽-으마, 읽-으렴, 읽-고, 읽-게, 읽-어, 읽-으니, 읽-으면, 읽-어서, 읽-지만, 읽-어도, 읽-도록, 읽-으려고, 읽-을수록, 읽-는, 읽-을, 읽-던

이러한 조사나 어미는 어떤 어휘적 의미를 나타내는 것이 아니라 '책', '읽-'과 같은 그 단어의, 다시 말하면 그 몸통의 문법적 성질을 나타내 주는 구실을 하는 요소인데 이들은 늘 그 몸통의 뒤쪽에 붙는다. 영어 등의 전치사(前置詞)와 같은 용어와 관련시켜 이름을 붙인다면 후치사(後置詞)라고 할 만한 그런 성질을 가지고 있는 것이다.

(라) 의미 범위가 큰 쪽이 앞에 놓이는 어순을 취한다

공간적으로나 시간적으로나 의미 범위가 큰 쪽이 앞에 놓이는 것이 한국어의 일반적 특성이다. 이 점 영어 등에서 일반적으로 범위가 작은 것이 앞에 오는 일과 대조적이라 할 만하다.

지 않는(따라서 한 단어가 대개 형태소 하나로만 이루어진) 언어를 가리키며, 굴절어는 라틴어나 고전그리스어, 러시아어 및 아랍어들처럼 문법요소가 엉겨 있는(한 예로 라틴어 amo 'I love'의 -o가 1인칭 단수, 현재시제, 능동, 평서법 등의 기능을 동시에 담당하는) 언어를 말한다.

(8) 대한민국 강원도 강릉시 옥천동 183번지

(9) 2003년 5월 23일 0시 45분

(마) 한국어의 어순은 자유로운 편이다

<주어-목적어-서술어>가 한국어의 기본 어순이지만 한국어는 이 어순에 꼼짝달싹 못하게 얽매어 있지는 않다. 어순에 얼마간의 융통성이 있는 것이다.

(10) a. 창호가 민희를 기다리고 있다.
b. 민희를 창호가 기다리고 있다.

이러한 융통성은 조사의 덕분이라 할 수 있다. 만일 (10a)의 뜻으로 다음 (11)처럼 말한다면 제대로 뜻이 전달될 수 없을 것이다. (10b)가 가능한 것은 '가'나 '를'과 같은 조사가 있어 비록 어순이 바뀌어도 그 의미가 바로 전달될 수 있기 때문인 것이다.

(11) 민희 창호 기다리고 있다.

어순에 융통성이 있는 예를 하나 더 보이면 다음과 같다. 주어, 목적어 외에 다른 성분까지 다채롭게 자리를 옮기면서 여러가지 어순이 허용됨을 볼 수 있다.

(12) a. 시장이 이 계획을 시민들에게 전화로 직접 호소하였다.
b. 이 계획을 시장이 시민들에게 전화로 직접 호소하였다.
c. 이 계획을 시민들에게 시장이 전화로 직접 호소하였다.
d. 시민들에게 시장이 이 계획을 전화로 직접 호소하였다.
e. 전화로 직접 시장이 이 계획을 시민들에게 호소하였다.

f. 시장이 전화로 직접 이 계획을 시민들에게 호소하였다.

이상에서 보면 어순이 융통성을 보이는 경우에도 서술어가 문장의 끝, 즉 문말(文末)에 놓이는 규칙만은 잘 지켜짐을 볼 수 있다. 어떤 시적(詩的) 효과를 위해서 다음 (13)과 같은 도치문(倒置文)이 쓰이기는 하나 정상적인 상황에서는 서술어는 역시 문말에 놓이는 것이 원칙이다.

(13) a. 보아라, 저 넓고 푸른 들판을.
b. 가노라, 삼각산아. 다시 보자, 한강수야.

여기서 하나 유의해야 할 것은 어순이 융통성이 있다고 하여도 그 범위가 그리 큰 것은 아니라는 점이다. 서술어의 어순이 그렇고, 또 수식어가 피수식어 앞에 놓이는 어순도 매우 고정적이다. 다음 (14)와 같은 어순은 전혀 허용되지 않는 것이다.

(14) a. *들판을 푸른[5]
b. *힘든 무척

1.2 한국어의 기본 문형

앞에서 주어(主語)와 서술어(敍述語)로 이루어지는 문장과 거기에 목적어(目的語)가 들어가 이루어지는 문장을 보았다. 문장을 이루는 주어, 서술어, 목적어와 같은 구성요소를 흔히 문장성분(文章成分)이라 부른다. 문

5. 별표(*)는 어떤 문장이 언중(言衆)들에게 정상적인 우리말로 받아들여지지 않는, 말하자면 비문법적인 문장임을 나타낸다. 비정상적인 문장일지라도 그 정도가 가벼운 것은 ??으로 표시하겠다.

장 중에서 다른 구성요소와 어떤 문법적 관계를 가지는가에 따라 나눈 것이 곧 문장성분이다. 즉 '주어'는 그 문장의 다른 구성요소에 대해 문법적으로 주인 노릇을 하는 요소라 하여 붙여진 이름이요, 서술어는 그 주어가 어떠하다는 것을 서술해 주는 문법적 기능을 하는 요소라는 뜻으로 붙여진 이름이다. 한국어의 문장성분으로는 주어, 서술어, 목적어 외에 보어(補語), 관형어(冠形語), 부사어(副詞語), 독립어(獨立語)가 더 있다.[6]

문형과 기본문형

어떤 문장이 이들 문장성분 중 어떤 것으로 이루어지느냐에 따라 각 문장의 구성 유형이 달라질 수 있는데 이때의 유형을 문형(文型, sentence pattern)이라 한다. <주어 – 서술어>, <주어 – 목적어 – 서술어>는 말하자면 각각 한국어의 한 문형을 대표하는 것들이다.

문형 중 한 언어의 기본을 이루는 것들을 따로 기본문형(基本文型)이라 하는데 한국어에는 앞의 두 문형 이외에도 몇 가지 기본문형이 더 있고, 또 <주어 – 서술어>의 문형도 그 내용에 들어가 보면 그 안에서도 다시 몇 가지 문형으로 나눌 수 있다. 이를 정리하면 다음과 같다.

(1) 비가 온다. (제1형: 주어 – 서술어 1)
(2) 청중이 많구나. (제2형: 주어 – 서술어 2)
(3) 여기가 서울입니다. (제3형: 주어 – 서술어 3)
(4) 학생들이 교가를 부른다. (제4형: 주어 – 목적어 – 서술어)
(5) 막내가 대학생이 되었다. (제5형: 주어 – 보어 – 서술어)
(6) 김 선생이 제자를 며느리로 삼았다. (제6형: 주어 – 목적어 – 보어 – 서술어)
(7) 영화가 재미가 없었다. (제7형: 주어 1 – 주어 2 – 서술어)

6. 국어의 문장성분에 대해서는 제2장(2.2)에서 좀더 자세히 다룬다.

제2형과 제3형은 <주어 - 서술어>의 구조를 가진다는 점에서는 제1형과 같다. 그러나 제1형의 서술어는 동사, 그중에서도 자동사(自動詞)인 데 반해 제2형의 서술어는 형용사(形容詞)라는 점에서 차이가 있다. 한국어는 이처럼 형용사가 직접 서술어가 될 수 있다는 점이 영어와는 다른 점인데 형용사 서술어는 뒤에서 보게 되겠지만 동사 서술어와 구별되는 점이 있어 문형을 이렇게 나누어 놓을 필요가 있다.

그리고 제3형은 명사가 서술어가 되었다는 점에서 앞의 두 문형과 구별된다. 명사가 서술어가 되려면 명사 뒤에 '이다'가 덧붙어야 하는데 이 '이다'는 대체로 영어 계사(繫辭, copula) be에 해당하는 것으로 다시 뒤에 여러가지 어미를 덧붙여 활용한다. 다만 '이다'는 동사나 형용사와 달리 독립성이 없어 명사에 덧붙어서만 쓰이고 또 명사의 끝소리가 모음일 때는, 즉 받침이 없이 끝나는 명사 다음에서는 '이-'가 생략되는 현상을 보인다.

(8) a. 여기가 서울이다.
    b. 여기가 경주(慶州)다.

(9) a. 어느것이 석류꽃이니?
    b. 어느것이 무궁화니?.

제4형은 서술어가 타동사(他動詞)이고 따라서 목적어를 가지고 있다는 점이 특징이다. 제5형은 서술어가 자동사이긴 하나 목적어가 아닌 요소를 하나 필요로 하는 문형으로서 이 요소를 전통적으로 보어(補語)라 불러 왔다. 제6형은 목적어와 보어를 동시에 갖추고 있는 문형이다.

마지막의 제7형은 독특한 문형이다. 흔히 이 문형의 문장을 이중주어문(二重主語文)이라 부른다. 이중주어문이란 주어가 둘이 있는 문장이란 뜻인데, 한 예로 예문 (7)은 '영화가'와 '재미가'라는 두 개의 주어가 있어 이중주어문이라 하는 것이다. 이때 다같이 주어이지만 '영화가'는 이 문장 전체를 지배하는 주어라 하여 대주어(大主語)라 하고, '재미가'는 '없었다'에만 걸리는 주어라 하여 소주어(小主語)라 부른다. 일반적으로 한 문장에는 주어가 하나만 있는 것이 원칙인데 이중주어문은 이 점에서 특이한 문형이라 할 만하다.

이중주어문의 서술어는 형용사인 경우가 많다. 특히 예문 (10)에서와 같이 '있다', '없다', '많다', '적다'와 같은 소유에 관련된 형용사나 예문 (11)에서와 같이 성질을 나타내는 형용사가 이 문형의 주류를 이룬다.

(10) a. 꼬마가 꾀가 많구나.
b. 노인들은 잠이 없어요.

(11) a. 노랑 장미가 색이 곱구나.
b. 영미가 키가 크네요.

주성분과 부속성분

이상의 기본문형을 이루는 문장성분들, 즉 주어, 서술어, 목적어, 보어 등은 문장을 이루는 핵심적이고 필수적인 요소들이어서 만일 그 문형에서 이들 요소가 빠지면 문장이 제대로 성립되지 않는다. 이 점에서 이들 문장성분을 주성분(主成分), 또는 기간성분(基幹成分)이라 부른다.

그런데 문장성분 중에는 이들만큼 중요한 몫을 하지 않는 것들이 있다. 다음 예문들에서 보는 관형어(冠形語), 부사어(副詞語), 독립어(獨立語)와 같은 것이 그것이다.

(12) a. <u>저</u> 꼬마가 꾀가 많구나.
b. <u>많은</u> 학생들이 노래를 부른다.

(13) a. 꼬마가 꾀가 <u>무척</u> 많구나.

b. 학생들이 노래를 씩씩하게 부른다.

(14) a. 얘, 노랑 장미가 색이 참 곱지?
b. 어머, 막내가 벌써 대학생이 되었네.

예문 (12)의 '저', '많은'은 뒤에 오는 명사를 꾸미는 관형어요, 예문 (13)의 '무척', '씩씩하게'는 뒤에 오는 동사나 형용사를 꾸미는 부사어다. 그리고 예문 (14)의 '얘', '어머'는 뒤에 오는 문장 전체에 걸리기는 하나 그 문장과 비교적 독립되어 쓰이는 독립어다. 이들은 이미 앞의 기본문형에서 보았듯이 이것들이 없어도 문장이 성립되는, 그만큼 문장에서 주된 역할을 하지 못하는 요소들이다. 이 점에서 이들은 앞의 주성분과 구별하여 부속성분(附屬成分), 또는 수식성분(修飾成分)이라 부른다.

한국어의 문형은 기본문형에 이들 부속성분이 추가되어 더 여러가지 문형을 만들어낼 수 있다. 그러나 결국 그것들은 모두 기본문형의 어느 하나로 환원되는 것들이어서 한국어를 이루는 기본 골격은 기본문형이라 할 수 있다.

주어의 생략

한국어의 기본문형과 관련하여 하나 주의할 것은 한국어에서는 주어가 생략되는 일이 많다는 점이다. 주어는 주성분이어서 어느 문장에나 반드시 있어야 하는 요소임에도 불구하고 그것이 문장 표면에 드러나지 않는 경우가 많은 것이다.

(15) a. 요즈음 무슨 책을 읽니?
b. 소설을 읽고 있어.
c. 어떤 내용인데?

(16) a. 서울을 옛날에는 한양(漢陽)이라 하였다.

b. 여기에서는 이 문제에 대해서 더 이상 부연하지 않기로 하겠다.

예문 (15)를 보면 각각 '너는', '나는', '그 소설이'와 같은 주어를 상정(想定)할 수 있는데 이것들이 표면에는 나타나 있지 않다. 말하자면 주어가 생략된 것이다. 한국어는 이처럼 주어가 생략된 문장이 많다. 주어의 생략은 (15)와 같은 일상 대화에서뿐 아니라 (16)과 같은 글에서도 광범위하게 나타난다. 즉 (16)에서도 각각 '우리는'과 '나는'과 같은 주어가 생략되어 있음을 볼 수 있다.

한국어에서는 주어를 생략하여야 더 자연스러운 경우도 많다. 가령 (15a)의 경우에는 주어를 넣어 "너 요즈음 무슨 책을 읽니?"라고 하여도 자연스러우나 (15b)를 "나는 소설을 읽고 있어"라고 하거나 (15c)를 "그 소설이 어떤 내용이야?"라고 한다면 부자연스러워진다. 주어가 생략될 수 있을 뿐 아니라 생략되어야 더 자연스러운 경우가 많다는 것은 한국어의 한 특이한 현상이라 할 만하다.

제2장 품사와 문장성분

2.1 한국어의 9품사

한국어의 품사(品詞, parts of speech)에는 다음과 같은 아홉 개의 품사가 있다. 체계에 따라서는 이들 중 어떤 것을 묶기도 하고 또 어떤 것을 빼기도 하나 대체로 이 9품사 체계가 가장 널리 호응을 얻고 있다.

(1) 명사, 대명사, 수사
　　동사, 형용사
　　관형사, 부사
　　감탄사
　　조사

이들 중 더 자세하게 다룰 것은 뒤에서 장(章)을 달리하여 다루고 여기서는 그 개략적인 윤곽만 품사별로 보기로 하겠다.

2.1.1 명사

명사(名詞)는 여느 언어의 명사와 마찬가지로 대체로 사물의 명칭을 나타내는 품사로서 한국어 단어의 가장 큰 부분을 차지하며, 새 단어가 만들어지는 면에서 보아도 가장 활발하게 살아 움직이는 품사라고 할 수 있다.

뒤에는 조사, 앞에는 관형어

한국어의 명사는 대개 뒤에 조사(助詞)를 덧붙여 문장에 나타나며, 그 앞에 관형어(冠形語)를 둘 수 있다는 특징을 가진다. 특히 관형어의 꾸밈을 받을 수 있다는 특징은 명사 고유의 특징이라 할 만하다. 따라서 어떤 단어가 명사인지 아닌지를 알아보려면 그 단어가 관형어의 꾸밈을 받을 수 있는지 없는지를 검증해 보면 된다.

(1) a. 어느 저고리가 마음에 드니?
    b. 작은 것이 아름답다.

예문 (1a)의 '저고리'는 그 뒤에 조사 '가'가 결합되어 있고 그 앞에 관형어 '어느'의 꾸밈을 받고 있으므로 명사인 것이 분명하다. 만일 이 단어 '저고리'의 뜻을 모른다 하더라도 이 단어가 명사인 것은 이 두 가지 근거로써 쉽게 판정할 수 있다. 이러한 판정 기준은 (1b)의 경우에 더욱 유용하다. 왜냐 하면 '것'은 뒤에서 자세히 다루지만 어떤 구체적인 사물을 가리키는 단어가 아니어서 그 의미만으로는 명사라는 것을 알기 어렵다. 그런데 이 경우에도 뒤에 조사 '이'가 있고 그 앞에 관형어 '작은'이 쓰인 것을 근거로 '것'도 명사라는 것을 판별해 낼 수 있는 것이다.

명사와 명사형

앞뒤의 두 기준 중 앞의 기준이 더 중요한 기준이라 하였는데 이는 예문

(2)를 보면 알 수 있다. '오기'나 '매진되었음'은 뒤에 조사를 취한 것을 보면 명사인 것처럼 보인다. 그러나 이들은 그 앞에 관형어를 취하지 않고 각각 부사어 '빨리'와 '이미'를 취하고 있다. 이들 부사어 자리에 '그, 저, 빠른'과 같은 관형어를 넣어 보면 말이 되지 않는다. 따라서 이들은 명사가 아니다. 뒤에서 공부하게 되겠지만, 이들은 '명사형'(名詞形)이라 하여 어느 일면 명사와 같은 일을 담당하지만 명사는 아닌 것이다.

(2) a. 구호품이 빨리 오기를 고대하고 있다.
b. 표가 이미 매진되었음을 알려 드립니다.

명사에 대해서는 제4장에서 다시 자세히 살펴볼 기회가 있을 것이다. 한국어의 명사 중에는 앞의 예문 (1b)의 '것'처럼 단독으로 쓰이지 못하고 반드시 관형어 뒤에서만 쓰이는, 이른바 의존명사(依存名詞)라 하는 특이한 부류가 있는 것이 특징적인데 거기에서는 특히 이에 대해서 자세히 살펴보고자 한다.

2.1.2 대명사와 수사

대명사와 수사의 제약

대명사(代名詞)와 수사(數詞)는 뒤에 조사를 결합시킨다는 점에서는 명사와 같다. 그러나 이들은 관형어를 명사처럼 자유롭게 취하지 못하는 성질이 있고, 의미상으로도 대명사는 명사를 대신하여 쓰인다는 독자의 세계가 있는가 하면 수사는 수사대로 수(數)를 나타내는 단어들이라는 특징이 있다. 그리고 제4장과 제5장에서 각각 자세히 보게 되듯이 이 품사들만 가지고 있는 독특한 성질을 가지고 있다. 우선 이들 품사의 몇 예를 보이면 다음과 같다. 예문 (1)의 밑줄 친 단어가 대명사의 예며, 예문 (2)의 밑줄 친 단어가 수사의 예다.

(1) a. 나는 너의 적수가 되지 못한다.
b. 이것을 저리로 옮기자.

(2) a. 둘에 다섯을 더하면 일곱이다.
b. 처음에는 첫째로 달리다가 나중에는 일곱째가 되고 말았다.

체언

대명사와 수사는 명사와 공통점이 많기 때문에 이들 셋을 하나로 묶어 이야기를 하는 것이 편리할 때가 많다. 이때 쓰는 용어가 체언(體言)이다. 체언은 특히 뒤에서 볼 용언(用言)과 짝을 이루어 쓰인다. 물론 체언이라는 용어를 안 쓰고 명사의 이름 밑에서 기술하면서 실제로는 세 품사에 공통되는 특징을 묶어 이야기하는 수도 흔히 볼 수 있다. 어느쪽이든 실질적인 내용은 같기 때문에 편의를 좇아 쓰면 될 것이다.

체언의 공통점으로 하나 더 추가할 것은 체언끼리 병치(倂置)되어 <체언-체언>의 구성을 이루면서 앞의 체언이 뒤의 체언을 꾸미는 구실을 한다는 점이다. 다만 이때 꾸밈을 받는 체언 자리에 대명사나 수사가 오는 일은 자유롭지 못하다.

(3) a. 농촌 풍경이 예전과 많이 달라졌지요?
b. 소나무 키가 아파트 높이만큼이나 컸다.

(4) a. 당신 생각이 옳았어요.
b. 우리 앞집이 바로 너희 집이었지?
c. 우리 그이가 만든 거예요.

(5) a. 일곱 사람으로 한 팀을 짜자.
b. 냉면 다섯 그릇만 보내 주세요.

앞의 예문을 보면 앞에 놓인 명사, 대명사, 수사가 다 뒤에 있는 명사를 꾸미는 구실을 하는 것을 볼 수 있다. 체언은 어느 품사나 명사 앞에서 관형어 노릇을 하는 기능이 있는 것이다.[1]

2.1.3 동사와 형용사

어미와 활용, 그리고 용언

동사(動詞)와 형용사(形容詞)는 뒤에 어미(語尾)를 취한다는 점에서, 다시 말하면 활용(活用)을 한다는 점에서 명사를 비롯한 다른 품사와 구별되는 품사들이다. 그리고 이들은 그 앞에 부사어를 두는 점에서도 명사 종류와는 구별된다. 다만 동사와 형용사는 어미를 취한다는 특징이 워낙 결정적인 특징이기 때문에 부사어를 취한다는 특징은 명사가 관형어를 취하는 특징만큼은 비중이 크지 않다. 예문 (1)이 동사가 쓰인 예며, 예문 (2)가 형용사가 쓰인 예다.

(1) a. 즐겁게도 <u>웃는구나.</u>
b. 즐겁게도 <u>웃네</u>.
c. 즐겁게도 <u>웃지</u>?

(2) a. 보리밭이 무척 <u>넓구나.</u>
b. 보리밭이 무척 <u>넓습니다</u>.
c. 보리밭이 무척 <u>넓지</u>?

한국어는 동사와 형용사가 매우 비슷한 모습을 보인다. 그 때문에 이들을 묶어 용언(用言)이라 부르는 일이 많다. 활용을 하는 품사라는 뜻으로

---

1. 수사만 이러한 기능이 있는 것으로 기술하는 문법서들이 있으나 이 기능은 체언의 공통적인 기능이다.

마치 명사, 대명사, 수사를 묶어 체언이라 부르는 것과 같다.

활용에서의 차이

동사와 형용사는 그 차이도 적지 않다. 한 예로 앞에 오는 부사에 제약이 있어 '잘'은 동사 앞에는 쓰여도 형용사 앞에는 쓰이지 못하며, 반면 '무척'은 형용사 앞에는 쓰여도 동사 앞에는 쓰일 수 없다.

또 앞의 예문에서 보듯이 동사는 '-는구나'를 취하는데 형용사는 '-구나'를 취한다. 즉 이들을 뒤바꾸어 '자라구나'나 '넓는구나'라 하면 정상적인 문장이 되지 못하는 것이다. '-는다/-ㄴ다'를 취하느냐 '-다'를 취하느냐에서도 결정적인 차이를 보인다. 즉 동사는 '-는다/-ㄴ다'를 취하며, 형용사는 '-다'를 취한다. '-는'을 취하느냐 '-은/-ㄴ'을 취하느냐에서도 차이를 보인다. 동사는 '-는'을, 형용사는 '-은/-ㄴ'을 취하는 것이다.

(3) a. 아기가 천사처럼 웃는다.
b. 아기가 천사처럼 곱다.

(4) a. 강아지들이 잘도 뛴다(←뛰ㄴ다).
b. 강아지들이 귀가 참 크다.

(5) a. 웃는 얼굴에 빛나는 눈동자.
b. 밝은 표정에 부지런한(←부지런하ㄴ) 손

따라서 만일 어떤 단어가 동사인지 형용사인지가 쉽게 구분되지 않을 때는 이들 어미 중 어느 어미를 취하느냐를 검증해 보면 바로 판별해 낼 수 있다. 한 예로 '모자라다'는 그 의미로 보아 형용사와 같은 느낌이 드는 단어다. 특히 동의어(同義語)라 할 만한 '부족하다'와 연관시켜 생각해 보면 더욱 그렇다. 그런데 다음 예문 (6)과 (7)을 보면 두 단어의 품사가 확연히 갈라짐을 볼 수 있다. '모자라다'는 동사이며[2] '부족하다'는 형용사인 것이다.

(6) a. 자금이 좀 모자란다(←모자라ㄴ다).
    b. 자금이 좀 모자라는구나.
    c. 모자라는 장비에 모자라는 자금.

(7) a. 자금이 좀 부족하다.
    b. 자금이 좀 부족하구나.
    c. 부족한(←부족하ㄴ) 장비에 부족한(←부족하ㄴ) 자금.

명령문과 청유문에서의 차이

동사와 형용사는 명령문과 청유문으로 쓰일 수 있느냐 없느냐에서도 차이가 있다. 즉 대체로 동사는 명령문과 청유문을 이룰 수 있으나 형용사는 그러지 못하다.

(8) a. 천사처럼 웃어라.
    b. 천사처럼 웃자.

(9) a. *표정이 참 예뻐라.
    b. *표정이 참 예쁘자.

그러나 이 차이는 그리 절대적은 아니다. 동사 중 특히 피동의 의미가 있는 것은 명령문이나 청유문을 이루는 데 제약을 받기 때문이다. 그리고

2. '모자라다'의 반의어인 '자라다'의 품사도 동사다. 일부 사전에서 '모자라다'의 쓰임 중 지능이 모자라는 것을 가리키는 경우를 형용사로 처리하고 있으나 그 경우도 "좀 모자라는 사람이야"에서 보듯 엄연히 동사다.

앞의 ‘모자라다’나 ‘힘들다’처럼 부정적인 의미를 가진 동사도 마찬가지 제약을 받는다.

(10) a. *우리들이 보여라.
b. *우리들이 보이자.

(11) a. *자금이 모자라라.
b. *자금이 모자라자.

(12) a. *숙제가 힘들어라.
b. *숙제가 힘들자.

또 형용사가 명령문을 이루는 수도 있다. 교훈(校訓) 같은 한정된 자리에서, 그것도 주어도 없이 달랑 형용사 하나로 한 문장을 이루는 모습이어서 특수 용법이긴 하지만 다음 예문과 같은 형용사 명령문은 자주 쓰이는 편이다.

(13) 깨끗하여라. 착하여라. 부지런하여라.

따라서 어떤 단어가 명령문, 청유문을 이룰 수 있느냐 이룰 수 없느냐만으로 동사인지 형용사인지를 판별하기는 어렵다. 그러나 적어도 청유문을 만들 수 있다면 그것은 동사임이 분명하다. 형용사로서 청유문을 만드는 일은 없기 때문에 비록 청유문을 만들지 못하는 동사는 있어도 일단 청유문을 만들면 동사라는 것이 보증되는 것이다. ‘늙다’를 가지고 검증해 보기로 하자.

(14) a. 우리 이제 그만 늙읍시다.

b. 마음만이라도 늙지 말자.

(15) a. 너는 통 안 늙는구나. 무슨 비결이라도 있니?
b. 언제 늙는 줄도 모르고 이렇게 늙어 버렸어요.

'늙다'는 특히 "젊은 사람과 늙은 사람"에서처럼 짝을 지어 보면 형용사처럼 생각된다.[3] 그러나 앞 예문의 활용을 보면 '늙다'는 당당한 동사다. 우선 청유문을 만들 수 있다는 첫째 관문을 통과하였기 때문이다. 그리고 그보다 더 엄격한 기준인 '-는구나'와 '-는'의 관문도 통과하는 것을 볼 수 있다. 한국어의 동사와 형용사는 무엇보다 이처럼 그 활용의 분포에서 차이를 보인다는 점에서 구분된다.

2.1.4 존재사와 계사

독립된 품사는 아니지만 활용을 하는 부류로 존재사(存在詞)와 계사(繫辭)에 대해 이 자리에서 살펴보는 것이 좋을 듯하다.

존재사

존재사란 '있다'와 '없다'를 가리키는데 이들은 어미를 취하는 방향이 어떨 때는 형용사 같다가 어떨 때는 동사와 같다. '없다'를 예로 보면 전체적으로 형용사와 같은 모습을 보이면서도 다음 (1b)에서처럼 '없는'이라는 동사 쪽의 모습도 보인다.

---

3. 이를 영어로 번역하면 young과 old로 되기 때문에 더욱 그러하다. 이 때문인지 국어사전에 따라서는 '늙은'과 같은 용법을 들어 형용사이기도 한 것으로 다루는 수가 있다. 그러나 '죽은' 때문에 '죽다'가 형용사가 될 수 없듯이 '늙다'는 어떤 경우에도 동사다.

(1) a. 없구나(*없는구나), 없다(*없는다), *없어라, *없자
b. 욕심이 없는 사람, 나라가 없는 설움

앞의 '없다' 자리에 '있다'를 대입해 보면 '있다'도 꼭 마찬가지다. 이러한 성질을 근거로, 즉 동사도 형용사도 아닌 성질을 가지고 있다고 해서 '있다'와 '없다'를 따로 존재사라 하는 수가 있다. 그러나 이 특수성은 아주 조그만 특수성이어서 품사를 따로 세울 만한 특징이라고 하기까지는 어렵다. 품사로는 이들은 형용사다.

형용사 '있다'와 동사 '있다'

다만 '있다'는 형용사 외에 동사로 쓰이기도 한다. '있다' 중에는 다음 (2)에서 보듯이 '있는다', '있는구나'로 활용할 뿐 아니라, '있어라', '있게', '있자'와 같은 명령형, 청유형이 다 가능한 다른 한 종류가 있는 것이다. 이들은 '-시-'를 취하면 '계시다'라는 특수한 형태가 되며, 이 '계시다'는 (3)에서처럼 '계신다', '계시는구나', '계십시오'와 같이 역시 동사로서의 활용을 한다.

(2) a. 꼼짝 말고 여기 있어라.
b. 우리는 여기 있자.
c. 이놈 봐. 아무리 찔러도 가만히 있는구나.

(3) a. 할아버지께서 오늘은 종일 방에만 계시는구나.
b. 여기에 잠시만 계십시오.

'계시다'는 형용사 '있다'에 '-시-'가 결합되면 '있으시다'가 되는 것과 대조적이다. 형용사 '없으시다'와 동사 '안 계시다' 사이에서도 같은 차이를 볼 수 있다.

(4) a. 시간 있으십니까? 없으시다고요?
b. 할아버지 계시니? 안 계시다고?

계사

한편 계사(繫辭)는 '이다'를 가리키는데 '이-'가 여러가지 어미를 취하여 마치 용언의 어간과 같은 모습을 보인다. 그런데 '이다'는 단독으로는 쓰이지 못하고 늘 명사에 덧붙어 쓰일 뿐 아니라 모음으로 끝나는 명사 아래에서는 '이-'가 생략되기도 한다. 그 때문에 '이다'는 품사의 자격은 없으나 그 활용의 모습은 동사나 형용사와 대등하다.

'이다'의 활용은 동사보다는 형용사에 가깝다. 명령형어미, 청유형어미, '-ㄴ다', '-는구나', '-는'과 같은 어미를 취하지 못하기 때문이다. 그리고 '이다'는 환경에 따라 '이다'의 '-다'를 '-라'로 바꾸는 것과 같은 특이함도 보인다.

(5) a. 이것이 철쭉이다.
b. 이것이 진달래다.

(6) a. 여기는 아직 겨울이구나.
b. 너는 아직 겨울인 줄 아는구나.

(7) a. 아직도 겨울이라면 좋겠다.
b. 영민이는 자기가 수재라고 생각하고 있다.
c. 한국에는 '광주'라는 곳이 두 곳 있다.

2.1.5 관형사

무형태변화

관형사(冠形詞)는 명사 앞에서 뒤에 오는 명사를 꾸미는 일을 하는 품사다. 명사 앞에 놓인다는 것이 관형사가 되기 위한 첫째 조건인 셈이다. 그러나 관형사가 되기 위해서는 이 조건 만으로는 부족하다. 어미나 조사를 취하면 관형사가 될 수 없다. 즉 형태변화를[4] 하지 않는다는 것이 관형사가 갖추어야 할 또하나의 조건이다. 다음 예문의 밑줄 친 단어들이 그러한 조건을 갖춘 관형사의 예들이다.

(1) a. <u>새</u> 학기에는 <u>새</u> 마음으로 출발하자.
b. <u>여러</u> 나라에서 <u>그</u> 나라의 특산물을 보내 왔다.
c. <u>딴</u> 생각 하지 말고 <u>무슨</u> 일에나 <u>온</u> 정성을 다 쏟아라.
d. <u>모</u> 일간지에 <u>별</u> 희한한 기사가 실렸더라.

관형사는 지금 당장 조사나 어미를 취하지 않고 있는 것만으로 그 조건이 충족되는 것이 아니다. 아예 그러한 능력이 없어야 한다. 따라서 명사 앞에서 그 명사를 꾸미는 일을 하더라도 현재 조사나 어미를 취하고 있는 것은 말할 것도 없고 살짝 자리만 옮기면 조사나 어미를 취할 수 있는 부류는 관형사가 될 수 없다.

즉 다음 예문 (2)의 '먼'이나 '귀한'은 명사 앞에서 그 명사들을 꾸미는 일을 하지만 각각 '멀고', '멀면', '멀어서', '머니'와 '귀하고, 귀해서' 등으로 형태변화를 하는 단어들이므로 관형사가 될 수 없다. 그리고 '다섯'과

---

4. '형태변화'는 더 전문적인 용어로는 '굴절'(屈折, inflection)이라 한다. 굴절은 한 단어를 여러 어형(語形, word-form)으로 바꾸는 것으로 새 단어를 만들어내는 파생(派生, derivation)과 대립되는 개념이다. 한국어에서 명사가 조사를 취하는 일을 굴절 내지 형태변화에 넣기 어렵지만 넓은 의미로 허술하게 말할 때는 묶어서 말하기도 한다.

'서울'은 역시 명사 앞에서 그 명사들을 꾸미고 더욱이 조사도 취하고 있지 않지만 이들도 때만 오면 각각 '다섯이', '다섯으로'와 '서울의', '서울에서' 등으로 조사를 취할 수 있는 것들이므로 관형사가 될 수 없다.[5]

(2) a. 먼 곳에서 온 귀한 선물이구나.
 b. 다섯 식구가 서울 구경을 다녀왔다.

파생관형사

다만 관형사 중에는 기원적으로 형태변화를 하던 것들이 있다. '다른', '갖은', '헌' 등이 그 대표적인 예다. 그리고 '한', '두', '세(서)', '네(너)' 등도 수사 '하나', '둘', '셋', '넷'과 이어지는 것들이다. 그러나 이들은 관형사로 굳어진 것들이며 관형사로서는 더 이상 형태변화를 하지 않는 것들이다. 특히 다음 예문 (3a)의 두 '다른'이 각각 다른 품사로 쓰이면서 의미도 분화되어 있는 점은[6] 주목해 둘 만하다.

(3) a. <u>다른</u> 나라에 가면 우리 것과 아주 <u>다른</u> 풍물을 보는 재미가 있다.
 b. 다 낡아 빠진 <u>헌</u> 구두를 신고 <u>갖은</u> 고생을 다 겪었다.
 c. <u>한</u> 사람이 <u>서너</u> 사람 몫을 하고 있구나.

관형사 목록

한국어의 관형사는 품사 중 그 목록이 가장 적은 편에 속한다. 그 식구가 아주 단출한 것이다. 다음에 보이는 것이 한국어 관형사의 거의 전 목록

---

5. '다섯 사람'처럼 명사 앞에 쓰이는 수사를 따로 떼어 관형사로 다루는 일이 종종 있으나 그렇다면 '서울 구경'의 '서울'뿐 아니라 이런 성질을 공통적으로 가지고 있는 모든 명사를 동시에 관형사이기도 하다는 괴이한 체계를 세워야 하는 난관에 봉착하게 된다.
6. 앞의 '다른'은 other, 뒤의 '다른'은 different의 뜻이다. 뒤의 '다른'은 형용사로서 자연스럽게 부사 '아주'의 꾸밈을 받고 있다.

에 해당한다.

(4) a. 이, 그, 저, 요, 고, 조
b. 어느, 무슨, 웬, 아무
c. 새, 헌, 헛, 옛, 다른, 딴, 여느
d. 여러, 모든, 온, 온갖, 갖은, 맨
e. 두, 세/서/석, 네/너/넉, 한두, 두서너, 서너
f. 대(大), 전(全), 총(總), 구(舊), 순(純), 별(別), 각(各), 모(某), 모모(某某), 본(本), 현(現)

2.1.6 부사

무형태변화

부사(副詞)는 뒤에 오는 단어를 꾸민다는 점에서 관형사와 같다. 그리고 형태변화를 하지 않는다는 점도 관형사와 같다.[7] 그러나 부사는 주로 뒤에 오는 동사나 형용사를 꾸미는 일을 하는 점이 관형사와 다르다. 부사는 다른 부사를 꾸미기도 하고, 뒤에 오는 문장 전체를 꾸미기도 한다. 드물지만 다음 예문 (2)에서 보듯이 명사나 관형사를 꾸미는 때도 있다.

(1) a. 저것이 우리나라에서 가장 높은 빌딩입니다.
b. 저 학생이 노래를 훨씬 더 잘 부르는구나.
c. 내 비록 의지는 약하지만 이 일만은 반드시 이루고야 말겠다.
d. 과연 인간의 조상은 원숭이일까?

(2) a. 우리가 찾던 것이 바로 이것이구나.

7. "많이만 주세요", "많이는 못 준다"에서 보듯 특수조사는 취하나 특수조사를 취하는 일은 형태변화라 하기 어렵다.

b. 겨우 하나야?

c. 완전히 새 틀에서 시작합시다.

문장부사

부사 중 특히 문장을 꾸미는 부사를 문장부사(文章副詞)라 하여 구분하여 부르는 때가 있다. 앞의 (1d)의 '과연'이 그 한 예인데 몇 예를 더 보이면 다음과 같다. 이들 문장부사는 문장 첫머리에 놓이는 특징을 보인다.

(3) a. 부디 모든 일이 잘 되기를 빕니다.

b. 만일 내일 비가 그치면, 아침 일찍 떠나자.

c. 무릇 사람이란 누구나 향상하고자 하는 욕구가 있다.

접속부사

부사 중 특별한 한 종류로 접속부사(接續副詞)가 있다. 문장과 문장, 또는 구와 구, 단어와 단어를 이어 주는 일을 하는 부사다. 문장과 문장을 이어 줄 때는 앞에 독립된 문장이 있어야 하며, 이때는 그 부사가 문장 첫머리에 놓이는 것이 원칙이다. 다음 (4)가 그 대표적 목록이며 (5)-(6)이 그 몇 용례다.

(4) 그리고, 그러나, 그런데, 그러면, 그러므로, 따라서, 또, 또한, 또는, 혹은, 곧, 즉, 게다가, 더욱이

(5) a. 인천으로 갔다. 그리고 배를 탔다. 그러나 마음은 여전히 무거웠다.

b. 한글은 자모문자(字母文字)다. 즉 글자 하나가 음소(音素) 하나씩을 대표하는 문자다.

(6) a. 그들은 함께 등산을 하거나 혹은 바둑을 두면서 점점 사이가 가까워져 갔다.
b. 그 오리들은 바다 및 호수에서 겨울을 지낸다.

의성의태어

한국어의 부사 중 특히 따로 주목할 만한 것은 의성의태어(擬聲擬態語)다. 뒤(제3장)에서 자세히 보게 되듯이 그것을 한국어의 한 특징으로 삼아도 좋을 만큼 한국어는 의성의태어가 유달리 발달되어 있기 때문이다. 여기서는 그 용례만 몇 개 보이고자 한다.

(7) a. 아기가 방글방글 웃는다.
b. 옆집 총각이 종일 벙글벙글 웃는다.

(8) a. 무슨 얘기를 그렇게 소곤소곤 정답게 하고 있니?
b. 그 나쁜 소문 때문에 온 동네가 수군수군 말이 많았다.

2.1.7 감탄사

거리를 둔 관계

감탄사(感歎詞)는 문장 첫머리에서 그 문장과 직접적인 관계를 맺지 않으면서 감정을 나타내거나 부르고 대답하는 데 쓰이는 단어들로 이루어지는 품사다. 감탄사도 조사나 어미를 취하지 않는다.

(1) a. 와, 저 영롱한 별들 좀 봐.
b. 어머나, 이게 웬 횡재니?
c. 허, 세상이 말세군!
d. 글쎄, 그래도 일단 가 보는 게 낫겠지.

e. 아무렴, 설악산 단풍이 으뜸이지.

(2) a. 여보, 오늘이 당신 생일이잖아요?
b. 응, 곧 갈게.
c. 아니, 나는 모르는 일이야.

감탄사의 경어법

감탄사 중 부르고 대답하는 단어는 경어법에 따라 여러 등급의 단어로 갈린다. 부르는 말이 다음 (3a)와 같이 갈리고, 대답하는 말도 긍정, 부정에 따라 각각 (3b-c)처럼 갈리는 것이 그것이다.

(3) a. 어이, 이봐, 여보게, 여보, 여보시오, 여보세요, 여보십시오
b. 응, 왜, 오냐, 그래, 예, 네
c. 아니, 아니요

이들 중 '어이', '응', '예', '네', '오냐', '아니' 정도 외에는 순수한 감탄사의 모습이 아니다. 형태변화를 하지 않는다는 감탄사의 기본 요건에 맞는 것은 이 정도뿐이고 나머지는 어미를 뒤에 달고 있는 것들이어서 애초는 감탄사가 아니었을 것들이다. 말하자면 편입된 감탄사들인 것이다.

그 결과 남을 부르는 말은 무척 잘게 세분되었다. 부르는 일이 그만큼 조심스러운 일이기 때문일 것이다. 거기에 비해 대답하는 말은 겨우 두세 등급으로만 나뉘어 있는데 그렇더라도 긍정하는 대답의 경우는 아주 낮추는 데서부터 아주 높이는 데까지 다 포괄할 수 있음에 비해 부정하는 대답 쪽은 그렇지 못하다.

즉 '아니요'가 아주 높이는 말은 아니기 때문에 합쇼체를 써야 할 경우를 채울 감탄사가 비어 있는 것이다. 그래서 다음 예문 (4)에서 보듯이 '아닙니다', 아니면 적어도 '아네요'로 이 자리를 채우게 되는데 '아닙니다'나

'아네요'는 아직 감탄사로 다루어지지 않고 있다.[8]

대답하는 말 중 '예'와 '네'가 어떻게 달리 쓰이는지는 그 구분이 뚜렷하지 않다. '네'가 조금 더 상냥하고 공손한 느낌을 준다고 알려져 있는데 '네'와 '예'는 대체로 자유롭게 넘나들 수 있다.

(4) <A> 이 일을 자네가 좀 맡을까?
<B-a> 예, 그러지요.
<B-b> 네, 그러지요.
<C> 아닙니다(/아네요). 저는 그럴 능력이 없습니다.

2.1.8 조사

문법적 관계

조사(助詞)는 명사 뒤에 결합하여 그 명사와 다른 단어 사이의 문법적 관계를 나타내 주는 일을 하는 품사다. 조사는 한국어의 품사 중 독립성이 가장 약한 품사다. 늘 명사에 의존해서만 그 존재를 나타낼 뿐 홀로 쓰일 힘은 없는 품사인 것이다.

(1) a. 나에게 이 편지를 보낸 사람이 누구일까?
b. 이 나라의 장래가 여러분들의 어깨에 매달려 있습니다.
c. 남한강과 북한강이 양수리에서 만나 황해로 흘러간다.

8. 현재 『표준국어대사전』이나 학교문법에서 '응–그래'의 짝으로 '아니–아니요'를 세우고 있는데 '아니요'는 실제로 '아니오' 정도, 즉 하오체 정도의 높임이어서 해요체를 쓸 자리에는 적합하지 않다. '아니요'의 '요'를 '그래요', '아무렴요'의 '요'로 해석하여 이 자리에 앉히고 있는데 '아니요'는 '아니오'가 그렇게 발음되는 것이고, '아녜요(←아니어요)'가 '그래요'나 '아무렴요' 수준의 높임말일 것이다. 어떻든 '아니'의 경칭은 '아니요' 하나로 묶기보다는 '아니네', '아닙니다'까지 자유롭게 풀어야 할 것이다.

격조사와 특수조사

한국어의 조사는 크게 둘로 나뉜다. 그 하나가 격조사(格助詞)다. 앞의 예문 (1)에 보인 조사들이 이에 속하는데 이들이 나타내 주는 문법적 관계가 바로 격(格, case)이라는 문법범주이기 때문이다. 다른 한 종류는 격을 나타내 주지 못하는 것들로서 격조사와 구별하여 특수조사(特殊助詞)라 한다.[9]

특수조사는 격조사와 여러 면에서 차이를 보인다. 우선 그 분포가 더 넓다. 다음 예문 (2)의 '만'에서 보듯이 명사뿐만 아니라 부사나 활용어미 다음에도 결합하는 것이다. 그리고 일정한 의미를 나타내 주는 일을 한다.

(2) a. 떡만 있고 밥은 없었다.
b. 떡만 먹고 밥은 먹지 않았다.
c. 많이만 주면 굶지는 않겠지요.
d. 제발 굶지만 마라.

격조사 및 특수조사의 용법에 대해서는 제6장과 제7장에서 다시 자세히 설명할 기회가 있을 것이다. 그때까지는 조사라면 일단 격조사만을 염두에 두고 얘기해 가고자 한다.

2.2 품사와 문장성분

앞에서 한편으로는 주어, 서술어, 목적어, 보어, 관형어, 부사어, 독립어

9. 특수조사는 보조사(補助詞)라고도 한다. 그런데 '격조사'는 조사의 한 하위류라는 느낌을 주는 데 반해 '보조사'는 조사의 한 종류이기보다 '보조하는 사'라는 느낌을 주어 불편을 준다. '도움토씨'의 한자어 술어인데 '보하는 조사'라고 읽히지 않는 것이다. '특수조사'는 이 점에서 명쾌하여 이점이 있다.

등의 문장성분(文章成分)에 대해 공부하였고, 다른 한편으로는 명사, 대명사, 수사, 관형사, 부사, 감탄사, 조사 등의 품사(品詞)에 대해 공부하였다. 그런데 여기에서 보면 관형어와 관형사, 부사어와 부사와 같이 서로 연관이 있는 용어가 있어 이들의 관계가 무엇일까 하는 의문이 생길 수 있다. 전체적으로 품사와 문장성분의 관계는 또 어떤 것일까에 대해서도 궁금할 수 있을 것이다.

문장성분과 품사

문장성분은 어떤 단어가 당장 그 문장 안에서 어떤 자리에 쓰여 어떤 일을 하느냐, 다시 말하면 현재 그 문장 안의 다른 단어와 어떤 문법적 관계를 가지는가에 따라 분류한 종류들이다. 거기에 비해 품사는 현재의 어떤 자리에서의 쓰임을 기준으로 해서가 아니라 그 바탕이 어떤 문법적 성질을 가지고 있느냐에 따라 분류한 종류들이다. 비유하자면 품사는 본적(本籍)과 같은 것이라면 문장성분은 현주소(現住所)와 같은 것이라 할 수 있다.

관형사와 관형어

먼저 관형어와 관형사를 가지고 예를 들어 보기로 하자. 다음 예문 (1)에서 '많은'이나 '여러'는 다같이 관형어다. 현재를 기준으로 다 뒤에 오는 명사를 꾸미는 일을 하기 때문이다.

(1) a. <u>많은</u> 사람들이 우리 의견에 동의하였다.
    b. <u>여러</u> 사람들이 우리 의견에 동의하였다.

그런데 품사를 따지자면 '여러'는 관형사이지만 '많은'은 관형사가 아니다. '많은'은 '많다, 많아서, 많으니, 많으면, 많고'처럼 어미를 취하는 단어이기 때문에 어미를 취하지 못한다는 관형사의 요건을 충족시키지 못하기 때문이다. 그 바탕을 따져 들어가면 '많다'는 형용사의 성질을 갖추고 있음이 드러나는 것이다. 거기에 비해 '여러'는 그 바탕을 캐 들어가 보아도 어미를 취하지 않으므로 관형사다.

형용사와 문장성분

형용사는 여러 종류의 어미를 취하기 때문에 다음에서 보듯이 여러가지 문장성분이 될 수 있다. 반복하지만 이는 마치 본적은 형용사라는 곳에 고정되어 있지만 이 지방 저 지방으로 현주소를 옮겨다닐 수 있는 것과 흡사한 것이다.

(2) a. 사람들이 참 많구나. (서술어)
   b. 너는 재주가 많아 걱정이 없겠다. (부사어)
   c. 돈이 적고 많음을 사람을 평가하는 기준으로 삼지 않아야 한다. (목적어)

명사와 문장성분

품사에 따라서는 한 가지 문장성분으로밖에 쓰이지 못하는 것이 있다. 관형사, 부사, 감탄사가 그것인데 이들은 조사나 어미를 취할 수 없기 때문에 어떻게 변통을 부릴 수가 없고, 따라서 각각 관형어, 부사어, 독립어로만 쓰이는 것이다. 그러나 나머지 품사는 앞의 '많다'의 예에서 보듯이 여러가지 문장성분으로 쓰일 수 있다. 명사의 경우를 하나 더 보기로 하자.

(3) a. 참새가 떼지어 날아다닌다. (주어)
   b. 그분은 특히 참새를 즐겨 그렸다. (목적어)
   c. 참새의 서식지가 어디인지 아니? (관형어)
   d. 애들이 참새처럼 짹짹거리는구나. (부사어)
   e. 그것은 제비가 아니고 참새입니다. (서술어)
   f. 참새야, 제발 우리 논에는 앉지 마라. (독립어)

국어사전의 품사 표시

품사는 언제나 한결같이 지니고 있는 그 단어 고유의 것이기 때문에 국어사전을 보면 단어마다 품사를 밝혀 놓는다. 그것이 구체적으로 문장 안에서 어떤 자격으로 쓰이든 그 품사의 성질은 그대로 지니고 있기 때문에 '참새'를 명사라 하고, '많다'를 형용사라고 할 수 있는 것이다. 거기에 반해 문장성분은 미리 밝혀 놓을 수 없다. 이들이 주어, 목적어, 관형어 등의 어떤 문장성분으로 쓰일지는 문장을 떠나서는 가늠할 수 없기 때문이다. 이처럼 품사와 문장성분은 밀접한 관계가 있으면서도 그 분류의 기준이 다르고 또 그 용도도 다르다.

제3장 단어의 구조

3.1 단어와 형태소

한국어는 첨가어(添加語)이기 때문에 한 단어 속에 문법적인 요소를 포함하고 있는 경우가 많다. 이것은 단어가 다시 몇 개의 작은 요소로 이루어져 있다는 것을 뜻한다. 실제로 '높-다', '높-고', '높-으니', '높-았-다', '높-이', '높-다랗-다'를 보면 하이픈으로 끊어 놓은 대로 몇 개의 요소들이 모여 있는 것을 쉽게 간파할 수 있다.

단어를 이루는 이런 작은 요소들을 형태소(形態素, morpheme)라 한다. 물론 단어를 이루는 요소를 더 잘게 'ㄴ-ㅗ-ㅍ-ㄷ-ㅏ'로 쪼갤 수도 있다. 즉 음소(音素, phoneme)의 단계까지 쪼개 내려갈 수도 있다. 그러나 음소는 어떤 의미를 대표하는 단위는 아니다. 즉 'ㄷ'이나 'ㅍ' 또는 'ㅗ'가 어떤 의미를 가지고 있지는 않다. 이렇게 의미가 없는 단위는 문법의 단위가 아니어서 이 책은 거기까지는 관심을 두지 않는다. 의미를 가진 가장 작은 단위인 형태소까지만 관심을 가지는 것이다.

한 단어가 몇 개의 형태소로 이루어져 있고, 그럴 때의 그 형태소의 성격은 어떤 것인지 하는 것은 한국어의 성격을 아는 데 필수적이라 할 만하다. 중국어나 베트남어 같은 고립어는 모든 단어가 거의 형태소 하나로 이루어져 있어[1] 이런 쪽으로는 달리 분석을 할 일이 없는 것과 달리 한국어와 같은 첨가어는 단어의 구조만 하여도 상당히 복잡한 규칙으로 이루어져 있기 때문이다. 여기서 그 기본적인 내용을 살펴보고자 한다.

3.2 단일어와 합성어

단일어

단어 중에는 그 자체가 한 형태소이기도 한 것이 있다. '코', '입', '흙', '허리', '저고리' 등은 더 이상 쪼갤 수 없는 단위들이다. 가령 '허리'를 '허'와 '리' 또는 '헐'과 '이'로 쪼개면 아무 뜻도 없어진다. 따라서 '허리'는 더 쪼갤 수 없는 가장 작은 의미 단위요 곧 형태소다. '저고리'는 '저'와 '고리'로 쪼개어도 의미가 있는 것들이 나오지만 그때의 '저'와 '고리'는 '저고리'와는 전혀 연관이 없는 엉뚱한 의미의 것들이다. 즉 그것들은 적어도 '저고리'를 이루는 형태소들은 아니다. 그러므로 '저고리'도 더 작게 분석되지 않는 단위요 곧 한 형태소다. 이처럼 형태소 하나로 이루어진 단어를 단일어(單一語, simple word)라 한다.

합성어

단어 중에는 단일어가 아닌 것들, 즉 형태소가 둘 혹은 그 이상인 것들

1. 한 통계에 의하면 단어 당 형태소의 수가 베트남어는 1.06에 불과하다. 거의 모든 단어가 형태소 하나로 이루어져 있다는 것을 보여 주는 수치인 것이다. 참고로 몇 언어를 더 보이면 영어가 1.68, 독일어가 1.92이며, 많은 것으로는 스와힐리어가 2.55, 그린란드 에스키모어가 3.72다(Haspelmath 2002:5). 한국어에 대한 통계는 아직 나와 있지 않다.

도 있다. 다음 예문 (1)－(3)에서 그 몇 예를 볼 수 있다.

(1) 손-톱, 손-바닥, 손-등, 손-가락, 손-금, 손-목,
(2) 손-톱-자국, 손-톱-깎-이
(3) 손-질, 손가락-질, 헛-손-질

새 단어를 만들 때 계속 새 단일어를 만들어내는 길도 있을 수 있을 것이다.[2] 그러나 그 일은 아무래도 한계가 있을 수밖에 없다. 그것을 극복하는 길의 하나가 예문 (1)－(2)의 것들처럼 이미 있는 단어들을 결합하여 새 개념을 나타내는 단어로 쓰는 길이다. 새 단일어를 만들어내기보다 쉽고 또 이렇게 만들어진 단어는 기억하기도 더 쉬운 장점이 있다. 예문 (3)도 뒤에서 보듯이 약간은 성격이 다르기는 하지만 이 점 마찬가지다.

이처럼 형태소가 둘이나 그 이상이 모여 만들어진 단어를 단일어와 구별하여 합성어(合成語)라 한다. 합성어는 그것을 이루는 형태소의 성격에 따라 다시 복합어(複合語, compound)와 파생어(派生語, derivative)로 나눈다.[3] 앞의 (1)－(2)에 보인 예들이 복합어의 예며, (3)에 보인 것들이 파생어의 예들이다. 복합어와 파생어에 대해서는 뒤에서 좀더 자세히 보기로 하겠다.

---

2. 실제로 영어의 nail, finger, palm 등을 보면 새 단어를 계속 단일어로 만들었다.
3. 여기의 '합성어'와 '복합어'를 뒤바꾸어 사용하는 문법서들도 있다. 여기의 '합성어'에 대당하는 영어 용어는 마땅한 것이 없다.

3.3 형태소의 종류

3.3.1 접사

자립형태소와 의존형태소

형태소가 단어를 이룰 때 그 단어 안에서 하는 역할을 보면 몇 가지 다른 성격을 볼 수 있다. 홀로 한 단어를 이루는 경우가 형태소가 가장 당당한 경우일 것이다. 그러나 많은 경우에는 다른 형태소와 어울려야 한 단어를 이룬다. 이를 구분하여 전자를 자립형태소(自立形態素, free morpheme)라 하고 후자를 의존형태소(依存形態素, bound morpheme)라 한다. 한국어의 경우 명사, 대명사, 수사 등의 체언이나 관형사, 부사, 감탄사 따위는 자립형태소일 수 있는데 동사나 형용사는 형태소 하나로 한 단어가 되는 법이 없다.

접사와 어기

의존형태소 안에서도 형태소의 지위가 다 같지 않다. 한 단어 안에서 그 단어의 중심부를 이루는 것들이 있는가 하면 늘 주변부를 이루는 것들이 있기 때문이다. 다음 예문 (1)과 (2)에서 '-이' 및 '-지'는 주변적인 요소요, 그것들에 결합된 '먹-', '넓-' 등은[4] 비록 의존형태소이긴 하나 그 단어의 중심부를 이루고 있는 것들이다.

(1) 먹-이, 놀-이, 벌-이, 넓-이, 높-이, 길-이

(2) 먹-지, 놀-지, 벌-지, 넓-지, 높-지, 길-지

4. 의존형태소는 '먹-', '-이'처럼 하이픈을 넣어 표기한다. '-겠-'처럼 양쪽에 하이픈을 두는 경우도 있다. 하이픈은 그 자리에 다른 형태소가 결합하여야 그 형태소가 비로소 단어가 된다는 뜻이다.

이들 중 주변부를 이루는 형태소를 접사(接辭, affix)라 하고, 중심부를 이루는 형태소를 어기(語基, base)라 한다. 그런데 접사이든 어기이든 그들 안에서 다시 갈린다. 그들 안에서도 형태소의 지위가 다 같은 것이 아니기 때문이다.

파생접사와 굴절접사

먼저 접사의 경우를 보면 앞의 예문 (1)의 '-이'는 새 단어를 만드는 힘이 있다. '먹다'라는 동사를 '먹이'라는 명사로 바꾸고 '넓다'라는 형용사를 '넓이'라는 명사로 바꾸면서 새 단어를 만들어내고 있는 것이다. 접사 중 이처럼 새 단어를 만들어 내는 접사를 파생접사(派生接辭, derivational affix)라 한다.

그런데 (2)의 '-지'는 이런 힘이 없다. '높다'가 '높지'가 된다고 해서 새 단어가 되는 것은 아니다. '높고', '높으니', '높아서', '높구나'와 같은 것도 마찬가지로 이들은 어떻게 발버둥쳐도 '높다'라는 단어의 테두리를 벗어나지 못한다. 이처럼 새 단어를 만들지 못하는 접사는 굴절접사(屈折接辭, inflectional affix)라 한다. 뒤에서 보게 되듯이 한국어에서는 굴절접사는 곧 어미(語尾)를 뜻한다.

접두사와 접미사 및 어미

접사는 그 놓이는 위치에 따라 접두사(接頭辭, prefix)와 접미사(接尾辭, suffix)로 가르기도 한다. 앞의 (1)-(2)의 예들은 모두 중심부의 뒤쪽에 놓이는 것들인데 그와는 달리 다음의 (3)의 예들에서처럼 중심부의 앞쪽에 놓이는 것들도 있기 때문이다. 앞쪽에 놓이는 것이 접두사요, 뒤쪽에 놓이는 것이 접미사다. (4)에서 접미사의 예를 더 보인다.

(3) 맨발, 맨손, 맨몸, 맨머리, 맨주먹, 맨땅

(4) 덮개, 지우개, 싸개, 씌우개

접사가 이상에서처럼 그 기준에 따라 네 종류로 나뉘면 이론적으로는 파생접두사, 파생접미사, 굴절접두사, 굴절접미사가 다 있어야 하겠는데 한국어에는 굴절접두사는 없다. 따라서 한국어에서 굴절접사라면 곧 굴절접미사를 뜻한다. 일반적으로 이 굴절접미사를 간단히 어미(語尾, ending)라 부른다.

3.3.2 어간과 어근

어기(語基)는 다시 어간(語幹, stem)과 어근(語根, root)으로 갈라 볼 수 있다. 어간은 바로 어미를 취할 수 있는 어기를 가리키며, 어근은 비록 단어의 중심부로서 어기이긴 하나 직접 어미를 취하지 못하는 것들이다.

(1) a. 높다, 높구나, 높아서, 높으니, 높지만
    b. 흔들고, 흔들면, 흔들어서, 흔들지만

(2) a. 깨끗이, 버젓이, 떳떳이, 반듯이, 고요히, 훌륭히, 급히
    b. 깨끗하다, 버젓하고, 떳떳하니, 반듯하게, 고요하며, 훌륭하구나, 급하지만

어간과 어근

앞의 예문 (1)의 예가 어간이 어미를 취한 예들이다. 즉 '높-'이나 '흔들-'은 어간들이다. 이들은 그 뒤에 바로 '-고'나 '-지만'과 같은 어미를 취할 수 있기 때문이다.

이에 비해 (2)의 '깨끗-'이나 '훌륭-' 및 '급(急)-'은 사정이 다르다. (2a)에서 보면 이들은 '-이'나 '-히'와 같은 접사에 비해 단어의 중심부를 이루고 있다. '많이'나 '같이'의 '많-', '같-'과 그 점에서 같은 지위에 속한

다. 그러나 이들은 직접 어미를 취하지 못한다. '깨끗으니', '고요고', '훌륭지만', '급구나'와 같은 활용이 불가능하다. (2b)에서 보듯 '하-'와 같은 다른 말을 취하여 어간의 자격을 얻기 전에는 어미를 취하지 못하는 것이다. 이들을 어간과 구분하여 어근이라 한다.[5]

어근의 다른 예로 다음 예문 (3)의 '두근-', '움직-', '간질-' 등을 들 수 있다. 그리고 뒤에서 보게 되듯이 한국어의 한자어(漢字語)에는 상당히 많은 어근이 있다.

(3) a. 두근거리다, 머뭇거리다, 중얼거리다, 두런거리다, 꾸물거리다
    b. 움직이다, 속삭이다, 번득이다, 끄덕이다
    c. 간지럽다, 부드럽다, 시끄럽다, 어지럽다

어간의 두 가지 용법

한국어에서 어간이라 하면 일반적으로 동사와 형용사의 어간 및 계사 '이다'의 어간만을 가리킨다. 그러나 넓은 의미로 써서 단독으로 단어를 이루는 형태소도 어간의 범주에 넣는 수도 있다. 그러면 '코', '허리', '더'와 같은 것들이 다 어간인 것이다. 그러나 이 책에서는 명사를 어간이라고 부르지는 않으려고 한다. 어간 및 어근은 어기 중 의존형태소인 것만 가리키고 명사처럼 자립형태소인 것은 어기라고만 부르고자 한다. 이를 표로 보이면 다음과 같다.

---

5. 이런 뜻으로 '어근'이라는 용어가 쓰인 것은 일찍이 「한글 맞춤법 통일안」에서 볼 수 있다. '꾸준히', '급하다', '움직이다', '부스러기', '기러기', '간지럽다'의 '꾸준', '급', '움직', '부스럭', '기럭', '간질' 등을 '어원적 어근' 또는 '어근'이라 했던 것이다. Hockett(1958: 240f)에서도 같은 개념으로 root를 쓰고 있다.

(4)

- 형태소
  - 어기
    - 자립어기
    - 의존어기
      - 어간
      - 어근
  - 접사
    - 접두사
    - 접미사

3.4 복합어와 파생어

형태소가 둘이나 그 이상이 모여 새 단어, 즉 합성어를 만드는 절차를 조어법(造語法, word formation)이라 하는데 조어법은 크게 두 가지로 나누어 볼 수 있다. 하나는 어기끼리 결합하여 새 단어를 만드는 방식이요, 다른 하나는 어기에 접사를 결합하여 만드는 방식이다. 전자의 절차를 복합법(複合法, compounding)이라 하고, 후자의 절차를 파생법(派生法, derivation)이라 한다. 그리고 복합법으로 만들어진 단어를 복합어(複合語, compound)라 하고 파생법에 의해 만들어진 단어를 파생어(派生語, derivative)라 한다.

3.4.1 복합어

복합어나 파생어는 새 단어가 어느 품사인가에 따라 복합명사, 복합동사, 복합형용사, 복합부사 및 파생명사, 파생동사, 파생형용사, 파생부사 등으로 부른다. 먼저 복합어의 대표적인 예를 품사별로 보이면 다음과 같다.

같은 품사 안에서 기호를 달리하여 나눈 것은 두 어기의 성격에 따라 나누어 본 것이다.

(1) 복합명사

a. 책상, 반달, 이슬비, 불고기, 새끼손가락, 별똥별, 가위바위보[6]

b. 콧물, 냇가, 핏줄, 고깃국, 아랫목, 치맛바람, 솔방울, 등불, 술자리, 밤길[7]

c. 새언니, 첫사랑, 각살림

d. 작은아버지, 어린이, 젊은이, 건널목, 굳은살, 볼일, 올해

e. 묵밭, 접칼, 접바둑, 덮밥, 늦더위[8]

f. 얼룩소, 물렁뼈, 곱슬머리, 뾰족구두, 알뜰주부, 보슬비[9]

g. 보물찾기, 술래잡기, 줄넘기, 몸가짐, 말다툼, 낙지볶음, 디딤돌, 갈림길, 솎음배추[10]

h. 곳곳, 집집, 마디마디, 색색

---

6. '가위바위보'는 '가위', '바위', '보'가 대등한 자격으로 결합한 복합어다. 세(또는 네) 어기가 이처럼 대등하게 결합하는 예는 예외적이어서 '진선미'(眞善美), '이목구비'(耳目口鼻) 등과 아울러 귀한 예다. '별똥별'은 ((별-똥)-별)로 '별똥'이 먼저 묶인 다음 그 뒤에 '별'이 묶인 것이고, '새끼손가락'은 (새끼-(손-가락))으로 '손가락'이 먼저 묶이고 그 뒤에 '새끼'가 묶인 것으로 대부분 어느 한쪽이 먼저 묶이는 것이 일반적인 현상이다.

7. 이들 복합명사는 사이시옷이 들어간 것들이다. 앞 명사에 받침이 있으면 사이시옷을 안 쓰지만 뒤 명사가 된소리로 나는 것은 사이시옷이 들어간 것으로 해석한다.

8. 이들 복합명사는 명사 앞에 어간이 직접 결합한 것들이다. 특이한 결합 방식이며 그만큼 예도 많지 않다. '늦더위'의 '늦-'을 접두사로 처리하는 수도 있으나 그 '늦-'은 '늦은 더위'의 '늦-'으로 형용사 어간임이 분명하다.

9. 이들은 앞 명사가 어근인 점이 특이하다.

10. 한쪽의 구성요소인 '넘기', '잡기' 및 '가짐', '디딤' 등이 단독으로는 명사 노릇을 하지 않으면서 복합어의 일원으로 쓰이는 특수한 복합명사들이다.

(2) 복합동사 및 복합형용사[11]

a. 낯설다, 겉늙다, 앞세우다, 빛나다

b. 날뛰다, 붙잡다, 얕보다, 얽매다, 굶주리다, 헐뜯다, 검붉다, 희뿌옇다, 굳세다

c. 뛰어나다, 알아보다, 찾아뵙다, 잡아떼다, 떼먹다, 살펴보다

d. 잘나다, 못나다, 바로잡다, 수이보다

e. 쓰디쓰다, 차디차다, 검디검다, 곱디곱다, 맑디맑다[12]

(3) 복합부사

a. 밤낮, 오늘날, 여기저기

b. 온종일, 어느새, 한낱

c. 곧잘, 잘못, 좀더, 또다시

d. 반짝반짝, 소곤소곤, 싱글벙글, 실룩샐룩

e. 고루고루, 조목조목, 구불구불, 띄엄띄엄, 주섬주섬, 희끗희끗

3.4.2 반복복합어: 의성의태어

복합어 중에는 앞의 '고루고루'나 '구불구불'처럼 똑같은 어기를 반복하는 방식으로, 또는 '싱글벙글'처럼 그중 일부에 약간의 변화를 주거나 '맑디맑다'처럼 사이에 이음새 요소를 넣는 방식으로 만든 것도 있다. 이러한 조어법을 반복법(反復法, reduplication)이라 하고 이 방식에 의한 복합어를 반복복합어(反復複合語, reduplicative compound)라 한다.

11. 뒤에서 밝히듯이 복합동사와 복합형용사에서는 어미는 관심사로 하지 않는다. 다시 말하면 어미를 뺀 어간 부분만을 대상으로 단어의 구조를 분석한다.

12. 여기 쓰인 '-디-'는 여기에 보인 몇 형용사 외에도 광범위하게 쓰여 '깨끗하디깨끗하다', '아름답디아름답다' 등 사전에 오르지 않은 것들에까지 폭넓게 쓸 수 있다.

한국어의 반복복합어 중에는 앞 (1h)에 보인 '곳곳', '마디마디'와 같은 복합명사도 있고 (2e)의 '맑디맑다'와 같은 복합형용사도 있으나 대부분 복합부사이며 그것도 대부분 의성의태어(擬聲擬態語)다. 의성어(擬聲語, onomatopoeia)란 사람이나 사물의 소리를 흉내내어 만든 단어요 의태어(擬態語)란 그 모양을 흉내내어 만든 단어인데 이를 묶어 흔히 의성의태어라 한다.[13] 한국어는 이 의성의태어가 발달되어 있다는 것을 한 특징으로 삼을 만큼 그 진용(陣容)이 사뭇 다채롭다.

의성의태어 중에는 '훌떡', '획', '푸드득', '꼬끼오' 등 단일어로 된 것도 없지는 않다. 그러나 대부분 반복복합어인데 그 조어법이 매우 다채롭다. 한편으로는 모음조화를 바탕으로 쌍을 만들고, 다른 한편으로는 된소리와 거센소리로 쌍을 만들 뿐 아니라 그것에 다시 변화를 주어 그 다채로움이 여간 현란하지 않은 것이다. 다음에 제시된 목록에서 그것을 볼 수 있다. (1)이 의성어의 예며, (2)가 의태어의 예다. 그리고 (3)은 의성의태어이되 반복에 변화를 준 것들이다. 그리고 (4)는 모음 및 자음에 변화를 유난히 많이 주어 섬세한 어감(語感)을 특히 세부까지 구별하는 대표적인 예를 따로 보인 것이다.

(1) 까르르까르르, 까옥까옥, 깔깔/껄껄, 깩깩, 꽥꽥, 깽깽/끙끙/낑낑, 꾀꼴꾀꼴, 꿀꿀, 달그락달그락/덜그럭덜그럭, 댕댕/땡땡/뎅뎅, 도란도란/두런두런, 따르릉따르릉, 맴맴, 멍멍, 바스락바스락/버스럭버스럭/부스럭부스럭, 부릉부릉, 뻐꾹뻐꾹, 삐악삐악, 소곤소곤/수군수군, 와글와글, 웅성웅성, 쌩쌩/씽씽, 재깍재깍, 종알종알/중얼중얼/쫑알쫑알/쭝얼쭝얼, 찰싹찰싹/철썩철썩, 칙칙폭폭, 컹컹, 콜록콜록/쿨룩쿨룩, 콩콩/쿵쿵, 팡팡/펑펑/퐁퐁/풍풍, 퐁당퐁당/풍덩풍덩, 홀짝홀짝/훌쩍

13. '의성의태어'에 해당하는 영어 술어(術語)는 없다. 의태어를 가리키는 용어도 마땅한 것이 없다. mimetics 정도를 쓰기는 하나 onomatopoeia만큼 일반화된 용어는 아니다.

훌쩍, 헉헉, 흑흑

(2) 고물고물/구물구물, 꼬불꼬불/ 꾸불꾸불, 꾸벅꾸벅, 나불나불/너불너불, 남실남실/넘실넘실, 대굴대굴/데굴데굴/때굴때굴, 모락모락/무럭무럭, 뭉게뭉게, 반들반들/번들번들, 반짝반짝/번쩍번쩍, 방글방글/벙글벙글, 보슬보슬/부슬부슬, 뱅글뱅글/빙글빙글, 밴들밴들/빈들빈들, 배틀배틀/비틀비틀, 부들부들, 사뿐사뿐, 산들산들/선들선들, 살금살금/슬금슬금, 생글생글/싱글싱글, 살래살래/설레설레, 성큼성큼, 아장아장/어정어정, 어슬렁어슬렁, 쪼글쪼글/쭈글쭈글, 촐랑촐랑/출렁출렁, 콩콩/쿵쿵, 폭신폭신/푹신푹신, 하늘하늘/흐늘흐늘, 한들한들/흔들흔들, 훨훨, 힐끔힐끔

(3) a. 갈팡질팡, 삐뚤빼뚤, 실룩샐룩, 싱글벙글, 싱글생글, 아등바등, 안절부절, 알뜰살뜰, 알록달록, 오순도순,[14] 옥신각신, 올망졸망, 옹기종기, 우글쭈글, 우물쭈물, 울룩불룩, 찌그락째그락, 티격태격, 흘깃할깃
b. 두둥실, 따르릉, 땍때굴, 쿵작작, 푸드득

(4) a. 깜박깜박/깜빡깜빡/껌벅껌벅/껌뻑껌뻑/끔벅끔벅/끔뻑끔뻑
b. 강중강중/겅중겅중/깡충깡충/껑충껑충
c. 하하/허허/호호/해해/헤헤/히히
d. 졸졸/줄줄/잴잴/질질/쫄쫄/쭐쭐/짤짤/찔찔

14. 현행 맞춤법에서 '오손도손'은 인정하지 않고 있는데 '오순도순'의 작은말로 '오손도손'이 인정되어야 할 것이다. 사람들은 오히려 '오순도순'보다 '오손도손'을 더 즐겨 쓰려 하기조차 한다.

3.4.3 파생어

파생어도 품사별로 대표적인 예를 보이면 다음과 같다. 파생어 중 파생명사와 파생형용사는 접두사에 의한 것과 접미사에 의한 것이 있으므로 이를 파생명사(1), 파생명사(2)와 같이 나누어 제시하겠다. 파생동사 중 접미사에 의한 것은 주로 피동동사와 사동동사인데 이에 대해서는 제11장에서 다루기로 하고 여기에서는 예만 몇 보이고자 한다. 파생명사 중 일부는 앞에서 보인 것을 다시 보인 것이다.

(1) 파생명사(1)

a. 맨발, 맨손, 맨몸, 맨머리, 맨주먹, 맨땅
b. 맏아들, 맏형, 맏며느리, 맏사위
c. 외아들, 외딸, 외기러기, 외길, 외마디
d. 암놈, 암탉, 암캐, 암노루
e. 풋고추, 풋밤, 풋사랑, 풋내기
f. 군말, 군소리, 군불, 군기침, 군식구
g. 헛기침, 헛고생, 헛일, 헛수고, 헛걸음
h. 시어머니, 시누이, 시동생, 시댁(媤宅)
i. 양파, 양다래, 양곡(洋曲), 양약(洋藥), 양복(洋服), 양옥(洋屋)

(2) 파생명사(2)

a. 덮개, 지우개, 싸개, 씌우개, 깔개, 베개, 날개
b. 먹이, 놀이, 벌이, 넓이, 높이, 길이, 꺾꽂이, 미닫이, 나들이
c. 꾀꼬리, 뻐꾸기, 개구리, 매미, 귀뚜라미, 누더기, 홀쭉이
d. 까막눈이, 애꾸눈이, 절름발이, 곰배팔이
e. 잠보, 털보, 겁보, 꾀보, 밥보, 느림보
f. 잠꾸러기, 욕심꾸러기, 말썽꾸러기, 심술꾸러기

g. 겁쟁이, 고집쟁이, 멋쟁이, 욕심쟁이, 변덕쟁이, 월급쟁이
h. 과학자, 지휘자, 해설자, 소비자, 애국자, 필자, 학자
i. 음악가, 소설가, 작가, 등산가, 해설가, 독지가(篤志家)
j. 톱질, 바느질, 다림질, 싸움질, 발길질, 곁눈질, 군것질, 손가락질, 딸꾹질
k. 적극적, 소극적, 배타적, 미온적(微溫的), 우호적(友好的), 회의적(懷疑的)[15]

(3) 파생동사(1)
a. 휘날리다, 휘감다, 휘두르다, 휘젓다, 휩싸다, 휩쓸다
b. 헛디디다, 헛보다, 헛되다
c. 치솟다, 치밀다, 치받다, 치닫다
d. 짓누르다, 짓밟다
e. 엇갈리다, 엇나가다
f. 되묻다, 되새기다, 되돌아보다
g. 뒤엎다, 뒤흔들다, 뒤틀다, 뒤섞다

(4) 파생동사(2)
a. 간들간들하다, 두근두근하다, 흔들흔들하다, 흥하다, 망하다, 구하다
b. 간들거리다, 두근거리다, 쫑알거리다, 머뭇거리다, 만지작거리다
c. 간들대다, 두근대다, 쫑알대다, 으스대다, 비비대다
d. 반짝이다, 깜박이다, 속삭이다, 움직이다, 끄덕이다

15. '-적'이 결합된 단어는 명사로 분류된다. '우호적이 아니다', '우호적으로', '우호적이다'와 같이 조사 및 '이다'를 취하는 특징 때문이다. 그러나 취하는 조사가 매우 한정되어 있고, 꾸밈도 '매우 우호적으로'처럼 부사의 꾸밈을 받아 명사 치고는 특이한 명사라고 할 수 있다.

e. 떨어뜨리다, 깨뜨리다, 흩뜨리다, 자빠뜨리다, 무너뜨리다

f. 밟히다, 먹히다, 뽑히다, 꺾이다, 묶이다, 쌓이다, 꼬이다, 둘러싸이다

g. 눕히다, 앉히다, 먹이다, 끓이다, 속이다, 높이다, 식히다, 넓히다

(5) 파생형용사(1)

a. 새빨갛다, 새까맣다, 새하얗다, 새파랗다, 샛노랗다

b. 시뻘겋다, 시꺼멓다, 시퍼렇다, 싯누렇다

(6) 파생형용사(2)

a. 고요하다, 조용하다, 깨끗하다, 화려하다, 다정하다, 씩씩하다

b. 멋지다, 기름지다, 값지다

c. 슬기롭다, 향기롭다, 이롭다, 해롭다, 공교롭다, 괴롭다

d. 사랑스럽다, 자랑스럽다, 복스럽다, 어른스럽다, 걱정스럽다, 창피스럽다

e. 정답다, 꽃답다[16]

f. 의심쩍다, 수상쩍다, 미심쩍다, 멋쩍다

(7) 파생부사

a. 많이, 좋이, 적이,[17] 굳이, 멀리, 널리, 빨리, 길이, 높이, 깊이, 고이, 반가이, 외로이, 슬피, 바삐[18]

---

16. '-답다'는 "국문과 학생답다", "과연 너답다", "이창호답다"처럼 새 단어를 만들어 내지 않으면서 쓰이기도 한다.

17. '적이'는 '적다'에서 파생되었으면서도 그 의미는 '많다' 쪽으로 바뀌어 "적이 놀랐다"라고 하면 많이 놀랐다는 뜻이다. '적이'를 '저으기'로 쓰는 일이 많은데 이는 잘못이다.

18. 이들 파생부사 중에는 '멀-이→멀리', '빠르-이→빨리', '곱-이→고이', '슬프-이→슬피' 등 변칙적인 변화를 겪은 것들이 많이 섞여 있다.

b. 깨끗이, 따뜻이, 반듯이,[19] 꼿꼿이, 꿋꿋이, 느긋이, 지긋이,

c. 고요히, 가만히, 조용히, 다행히, 당연히, 마땅히, 무사히, 엄격히, 확고히, 확실히, 급히, 족히

3.5 한자어

한국어에는 한자어(漢字語)가 매우 많다. 전체 어휘의 반 이상이 한자어인 것이다. 이들 한자어는 한국어의 일부로 동화되었으면서도 그들대로의 질서도 가지고 있다. 특히 새 단어를 만들 때는 고유어(固有語)와 다른 면을 보여 준다.

한자어 중에도 다음 (1)에서 보는 바와 같은 단일어가 많이 있지만 한자어는 복합어가 주류를 이룬다. 복합어가 주류를 이룰 뿐만 아니라 어근으로 이루어진 복합어가 유난히 많다. 다음 (2)의 예들이 그것이다.

(1) a. 산(山), 강(江), 문(門), 벽(壁), 은(銀), 형(兄), 기(旗), 정(情), 복(福), 한(恨), 미(美), 즉(卽)

b. 산호(珊瑚), 포도(葡萄), 보살(菩薩), 주저(躊躇), 방불(彷佛)[20]

c. 모순(矛盾), 총각(總角), 어차피(於此彼)

(2) a. 춘추(春秋), 수족(手足), 명암(明暗), 고저(高低), 장단(長短), 목

---

19. '반드시'(必)와 의미가 다르다. '반드시'는 '꼭'이란 의미며, '반듯이'는 "반듯이 누워라"에서 보듯 '반듯하게'의 뜻이다.

20. 중국어는 한 음절, 곧 한 자(字)가 한 형태소인 단음절어(單音節語)이므로 한자어에서는 2음절이나 그 이상으로 된 단어가 단일어인 경우는 극히 예외적이다. (1b)의 이 예들은 그 예외의 것들로 중국어에서도 단일어인 예들이다. 이들 외에 (1c)의 '모순(矛盾)'이나 '총각(總角)' 따위는 중국어에서는 복합어였겠으나 한국어 안에서는 단일어로 구실하는 예들이다.

석(木石), 자매(姉妹), 이목구비(耳目口鼻)

b. 교문(校門), 교사(校舍), 교정(校庭), 교복(校服), 교모(校帽), 교기(校旗), 교가(校歌), 교훈(校訓), 교칙(校則), 교지(校誌, 校紙, 校地), 교풍(校風), 교단(校壇), 교장(校長), 교우(校友)

c. 학교(學校), 등교(登校), 하교(下校), 개교(開校), 휴교(休校), 폐교(閉校), 입교(入校), 퇴교(退校), 본교(本校), 분교(分校), 타교(他校), 모교(母校), 향교(鄕校)

앞 (2)의 '춘'(春), '이'(耳), '명'(明), '교'(校) 등을 보면 접사는 아니다. 단어의 중심부를 이루는 것들이다. 그러나 이런 것은 (1)의 '산'(山) 등과는 달리 혼자서 단어 노릇을 할 힘은 없다. 단어라면 명사일 터인데 "그 춘(春)에는"이나 "저 교(校)를"과 같은 말이 성립하지 않는다.[21] 이들에 어미가 결합할 가능성은 더구나 없다. 이럴 때 이들과 같은 성격의 무리를 묶어 부를 수 있는 이름이 바로 어근(語根)이다.

한자어에는 이처럼 어근으로 이루어진 복합어가 많다. 많을 뿐 아니라 그 어근들의 조어력(造語力)이 매우 뛰어나다. 앞 (2b−c)의 '교'(校)를 예로 보아도 앞쪽이나 뒤쪽에서 무척 많은 단어를 만들어내는 것을 볼 수 있다. 어근이 많다는 것과 아울러 조어력이 크다는 것을 한자어의 큰 특징이라 할 만하다.

3.6 활용형

앞에서 단어를 형태소 몇 개로 이루어졌는가, 또 그 형태소의 성격이 무

21. '부모'나 '남녀'의 '부' '모', '남', '녀'를 서류 등에서 독립시켜 쓰는 수가 있으나 이들도 어근이다. "그 남(男)이 우리 부(父)를 만나"와 같은 말이 성립되지 않기 때문이다.

었이냐에 따라 단일어, 복합어, 파생어로 나누어 보았다. 복합어와 파생어를 묶는 이름으로 합성어를 내보이기도 하였다. 이를 표로 보이면 다음 (1)과 같다.

(1) 단어의 종류

- 단어
  - 단일어
  - 합성어
    - 복합어
    - 파생어

이렇게 표를 만들어 놓고 곰곰이 따져 보면 단어의 종류 중 이 분류표의 어디에도 끼지 못한 것이 있음을 알 수 있다. '덮지', '덮으니', '덮어서', '덮는다'와 같이 어미를 취하고 있는 단어들이 그것이다. 앞에서 파생어는 파생접사가 결합되어 있는 단어라고 정의하였다. 그러므로 어미, 즉 굴절접사가 결합한 '덮지' 따위는 파생어가 아니다. 그렇다고 복합어는 더구나 아니요 '덮-'이란 형태소와 '-지'라는 형태소가 결합한 것이니 단일어도 아니다. 앞의 분류표 어디에도 들어갈 곳이 없는 것이다.

파생어의 두 가지 의미

이것을 해결하는 길 하나는 파생어의 정의를 넓히는 것이다. 어떤 접사든 접사가 들어가 있는 단어는 파생어라고 하여 문을 넓히면 '덮지', '덮어서'들도 파생어에 들어가게 된다. 실제로 이런 체계를 택하는 문법서들도 있다. 그러나 이 책에서는 이 체계를 따르지 않는다.

단어의 구조를 분석할 때는 일반적으로 두 방면으로 나누어 한다. 하나는 조어법(造語法, word formation) 쪽이요 다른 하나는 굴절법(屈折法, inflection) 쪽이다. 조어법 쪽은 어간까지만 본다. 그러니까 새 단어가 만들어지는 데까지만 소관(所管)한다. 앞 (1)의 분류표는 이 조어법 분야를 위한 분류표다.

어떤 단어에 어떤 어미가 어떻게 결합하느냐 하는 것은 조어법 쪽에서는 관심이 없다. 그러므로 만일 '덮으니', '덮고', '덮는다' 등이 앞의 표 (1)에 들어가려면 어미는 떼고 '덮-'만 들어가야 한다. 그런데 '덮-'은 형태소 하나로 이루어져 있으므로 단일어로 들어가게 된다. 결과적으로 이 체계에서는 어미가 붙었어도 '덮으니', '덮고', '덮는다'는 단일어다. 이 책은 이 체계를 따른다. 이미 앞에서 '낯설다', '굶주리다'를 복합어로 다루었던 것도 이 체계에서였던 것이다.

어형

한 단어가 어미를 취하여 여러 모습으로 나타날 때 그 하나하나를 그 단어의 어형(語形, word-form)이라 한다. '덮으니', '덮고', '덮는다', '덮습니다' 하나하나가 모두 '덮다'라는 단어의 한 어형들이다.[22] 이렇게 한 어간이 여러 어미를 취하여 여러 어형을 만드는 일이 곧 굴절이다. 굴절은 형태변화(形態變化)라고도 하고 어미변화(語尾變化)라고도 한다. 그리고 그것이 특히 동사나 형용사와 같은 용언의 굴절일 때는 일반적으로 활용(活用, conjugation)이라고 한다. 따라서 활용에 초점을 맞추면 어형은 활용형(活用形)이라고 부르게 된다. 단일어냐 파생어냐 등을 따질 때 이 활용형은 대상 밖이지만, 활용형은 활용형대로 뒤에서 여러모로 상세히 살펴보게 될 것이다. 그에 앞서 활용을 담당하는 어미에 대해 다음 절에서 자세히 살펴

22. 여러 어형을 포괄하는 대표를 어휘소(語彙素, lexeme)라 하여 단어보다 좀더 엄격한 의미로 쓰는 수가 많다. 사전에 표제어로 오르는 것은 실은 이 어휘소다. '덮으니', '덮는다'와 같은 어형은 사전에 오르지 못하고 그것을 대표하는 일종의 추상체인 '덮다'가 사전에 오르는 것이다. 어휘소는 음소(音素), 형태소(形態素)와 같은 계열의 용어인데 이왕 이 계열로 이름을 맞추려면 '어소'(語素)라는 것이 더 적합할 것이다. 그러나 일반적으로 '어휘소'가 널리 쓰이는데 이 책에서는 '단어'를 그대로 쓰고 이 용어는 가급적 쓰지 않고자 한다.

보기로 하겠다.

3.7 어미의 종류

한국어는 어미(語尾, ending)가 매우 발달되어 있어 그 종류도 많고 그 기능도 매우 복잡하게 분화되어 있다. 따라서 각 어미들의 성질을 알려면 우선 이것들을 몇 갈래로 나누어 볼 필요가 있다. 여기에서는 먼저 이들 어미를 그 분포와 기능에 따라 어떻게 분류할 수 있는지를 보기로 한다.

3.7.1 어말어미와 선어말어미

어미는 단어의 끝에 붙는 요소라는 뜻으로 붙여진 이름이다. 다음 예문 (1)에서만 보아도 어미인 '-다', '-구나', '-으니', '-으면', '-아서', '-고', '-은' 등은 모두 그 단어 끝에 결합되어 있다. 그야말로 '단어의 끝' 자리가 어미의 자리인 것이다. 그런데 어미 중에는 비록 끝 쪽이긴 하여도 이렇게까지 단어의 맨 끝에 놓이지는 않는 것들이 있다. 즉 다음 예문 (2)에서 보듯이 '-았-'이나 '-겠-', '-더-', '-으시-' 등은 그 뒤에 다른 어미를 하나씩 더 두고 있다.

(1) 많-다, 많-구나, 많-으니, 많-으면, 많-아서, 많-고, 많-은
(2) 많-았-다, 많-겠-구나, 많-더-구나, 많-으시-고

따라서 어미는 일단 이 두 종류를 구별할 필요가 있다. 그래서 전자를 어말어미(語末語尾, final ending)라 하고, 후자를 선어말어미(先語末語尾, prefinal ending)라 한다. 선어말어미란 어말어미 앞에 오는 어미라는 뜻이다. 이 선어말어미는 반드시 그 뒤에 어말어미가 와야지 그것 없이 '많았',

'많더', '많겠', '많으시' 식으로 쓰일 수는 없다. 어말어미는 '-구나', '-으니' 식으로 앞에만 하이픈을 붙이면서 선어말어미에는 '-겠-' 식으로 뒤쪽에도 하이픈을 붙이는 것은 이 때문이다.

3.7.2 문말어미와 문중어미

한국어 어미의 주종을 이루는 것은 어말어미다. 선어말어미는 10% 정도이고 나머지는 모두 어말어미인 것이다. 그런 만큼 어말어미는 다시 몇 갈래로 갈라 볼 필요가 있다.

문말어미와 문중어미

앞에서 한국어는 SOV 언어로서 서술어가 문장 끝에 놓이는 언어라고 하였다. 이것은 곧 어말어미는 한 단어의 끝을 이룰 뿐 아니라 한 문장의 끝을 장식하는 요소라는 뜻이기도 하다. 다음 예문 (1)에서 보듯이 어말어미는 그 단어의 끝이면서 동시에 그 문장의 끝이기도 하다.

(1) a. 이 공원에는 비둘기가 참 많<u>구나</u>.
    b. 그 사람은 말이 너무 많았<u>다</u>.
    c. 누가 돈이 더 많겠<u>니</u>?

그러나 어말어미 중에는 단어의 끝이기는 하지만 문장의 끝은 아닌, 즉 한 문장을 끝맺음하는 힘은 없는 어미들이 있다. 다음 예문 (2)에서 그 예를 볼 수 있다.

(2) a. 너는 친구가 많<u>아서</u> 좋겠다.
    b. 진희는 꿈도 많<u>고</u> 능력도 있었다.
    c. 이번 폭우에 많<u>은</u> 농토가 물에 잠겼다.

앞에서 어말어미냐 아니냐는 그 어미로 한 단어가 끝나는지의 여부를 기준으로 삼았었다. 그런데 이번에는 그 어미로 문장이 끝나느냐 끝나지 않느냐로 어미를 갈라 보고 있다. 따라서 어말어미라는 이름에 맞추어 문장의 끝에 놓이는 어미는 문말어미(文末語尾)라 부를 수 있을 것이다. 그리고 문장 끝, 즉 문말에 오지 못하는 (2)의 어미들은 결국 문장 가운데에, 즉 문중(文中)에 오는 어미들이므로 문중어미(文中語尾)라 부를 수 있을 것이다.

종결어미와 연결어미

문말어미는 흔히 종결어미(終結語尾)로 불러 왔다. 그것으로 한 문장이 종결되는, 다시 말하면 한 문장을 종결시키는 기능을 하는 어미라는 뜻이다. 그런데 이 종결어미 계열로 문중어미에 해당되는 용어는 마땅한 것이 없었다.[23] 종래 좀 다른 의미로 쓰여 오기는 하였으나 연결어미(連結語尾)를 그 이름으로 쓸 수 있을 것이다.[24] 한 문장을 종결시키는 것이 아니라 다른 문장에 이어 주고 결합시켜 주는 일을 하는 어미라는 뜻이다. 이 책에서는 이러한 뜻으로 연결어미라는 용어를 종결어미와 짝을 지어 쓰고자 하며, 그때그때 필요에 따라 문말어미와 문중어미도 함께 쓰고자 한다.

3.7.3 병렬어미와 내포어미

종결어미와 연결어미 중 그 종류가 더 많고 그 하는 일이 더 복잡하게

---

23. '비종결어미'라는 용어가 간혹 쓰이기는 하였으나 이는 마치 '흑'과 '백' 대신 '흑'과 '비흑'으로 나누는 식이어서 그리 탐탁한 용어라 하기 어렵다.

24. 종래의 연결어미는 이른바 전성어미(轉成語尾)를 뺀 개념이었다. 여기에서의 연결어미는 후술할 명사형어미, 관형사형어미, 부사형어미 등의 전성어미를 포괄하는 넓은 의미로, 다시 말하면 '문중어미'와 똑같은 의미로 쓰자고 제안하는 것이다.

분화되어 있는 것은 연결어미다. 따라서 연결어미는 다시 분류해 볼 필요가 있다.

연결어미는 두 문장을 연결해 주는 어미인데 그 연결의 방식에 따라 일단 둘로 갈라 볼 수 있다. 두 문장을 대등하게 연결하는 어미와 그렇지 않은, 다시 말하면 두 문장 중 하나를 다른 한 문장에 종속적으로 연결해 주는 어미로 가르는 것이 그것이다. 다음 (1)과 (2)에서 각각 그 예를 볼 수 있다.

(1) a. 언니는 어제 떠났고, 오빠는 아직 있어.
　　b. 이것은 무엇이며, 저것은 무엇이냐?

(2) a. 여기는 좁으니 밖으로 나가자.
　　b. 너도 참새가 짹짹거리는 저 소리가 들리지?

앞의 (1a)에서 보면 "언니는 어제 떠났(다)"와 "오빠는 아직 있어"는 대등하게 연결되어 있다. 그래서 이들은 "오빠는 아직 있고, 언니는 어제 떠났어"라고 앞뒤 문장의 순서를 바꾸어도 같은 의미의 문장이 된다. (1b)도 마찬가지다.

그런데 (2)의 경우는 다르다. (2a)의 경우 '밖으로 나가자'가 더 중심 자리에 있고 '여기는 좁으니'는 그것을 꾸며 주고 떠받들어 주는 자리에 있다. 말하자면 '밖으로 나가자'가 주인 자리에 있고 '여기는 좁으니'는 그것에 딸려 있는, 종속되어 있는 요소인 것이다. (2b)의 경우도 마찬가지로 '너도 저 소리가 들리니'가 주인이요 '참새가 짹짹거리는'은 거기에 종속적인 요소다.

연결어미는 이렇듯 어떤 문장을 다른 문장에 결합하게 해 주되, 두 문장을 대등한 관계로 이어 주기도 하고 주종(主從)의 관계로 결합시켜 주기도 한다. 즉 임무를 각각 그렇게 나누어 맡고 있는 것이다. 이를 구분하여 대등한 관계로 이어 주는 연결어미를 대등 연결어미, 주종 관계로 결합시켜 주는 연결어미를 종속 연결어미로 나눌 수 있다. 뒤에서 공부할 절(節, clause)의 개념을 도입한다면, 대등 연결어미는 문장을 대등절(對等節)로 바꾸어 주는, 그래서 두 문장을 대등절과 대등절로 결합하게 해 주는 어미이며, 종속 연결어미는 문장을 종속절(從屬節)로 바꾸어 주는, 그래서 두 문장을 종속절과 주절(主節)로 결합하게 해 주는 어미다.

그런데 이 책에서는 대등 연결어미와 종속 연결어미 대신 각각 병렬어미(竝列語尾)와 내포어미(內包語尾)라는 용어를 쓰고자 한다. 뒤에서 공부하게 되듯이 두 문장이 대등하게 결합되는 것은 다른 말로 두 문장이 병렬(竝列, conjoining)된다는 것을 뜻하는 것이며, 두 문장이 주종 관계로 결합된다는 것은 종속절이 주절에 내포(內包, embedding)된다는 것을 뜻하기 때문이다.[25]

3.7.4 명사형어미, 관형사형어미 및 부사형어미

한 문장이 다른 문장에 종속적으로 내포될 때는 그 문장이 일단 한 단어의 자격으로 바뀌어야 한다. 그래야만 주인 문장, 즉 주절의 한 문장성분으로 내포될 수 있는 것이다. 그런데 이럴 때 그 문장이 어떤 단어의 자격을 가지게 되느냐에 따라 내포어미는 다시 몇 갈래로 갈린다. 명사형어미, 관형사형어미, 부사형어미가 그것이다.[26]

명사형어미

명사형어미(名詞形語尾)는 한 문장을 명사와 같은 자격으로 바꾸어 주

25. 물론 병렬 연결어미와 내포 연결어미가 더 정확한 이름이기는 할 것이다. 그러나 병렬과 내포는 어차피 연결어미의 소관이므로 각각 병렬어미와 내포어미로 줄여 불러도 혼동을 일으킬 염려가 없을 것이다.

26. 더 정확히는 명사형 내포어미, 관형사형 내포어미, 부사형 내포어미라 해야 할 것이나 이들은 어차피 내포어미에만 해당되는 분류이므로 간편하게 줄여 부른다.

는 어미를 말한다. 다시 말하면 한 문장을 명사절(名詞節)로 바꾸어 주는 어미가 곧 명사형어미다. 다음 (1)과 (2)에서 보듯이 '-음'이나 '-기'는 그 문장을 명사와 같은 자격으로 바꾸고, 그로써 그 뒤에 조사를 취하여 주절에서 주어나 목적어 등과 같은 일을 하게 해 주고 있다.

(1) a. 사람들은 그때까지 전쟁이 끝났음을 모르고 있었다.
b. 그대가 있음에 내가 있네.

(2) a. 우리는 날이 밝기만 기다렸다.
b. 여기에서는 하루를 보내기가 집에서 한 달 보내기보다 힘들다.

관형사형어미

관형사형어미(冠形詞形語尾)는 한 문장을 관형사와 같은 자격으로 바꾸어 주는 어미를 말한다. 즉 관형사절(冠形詞節)로 바꾸어 주는, 그래서 그 문장으로 하여금 뒤에 오는 명사를 꾸미게 해 주는 어미가 곧 관형사형어미다. 다음 예문 (3)-(5)에서 보면 '-는'이나 '-을', '-ㄴ'은 각각 '해가 진다'와 '최 선생이 상을 받는다' 및 '교통이 편리하다'와 같은 문장을 관형사형의 문장으로 바꾸어 뒤에 오는 '광경'과 '차례' 및 '곳'과 같은 명사를 꾸미게 해 주고 있다.

(3) 해가 지는 광경이 너무나 아름다웠다.
(4) 다음은 최 선생이 상을 받을 차례입니다.
(5) 학교는 마침 교통이 편리한 곳에 있었다.

부사형어미

부사형어미(副詞形語尾)는 한 문장을 부사와 같은 자격으로 바꾸어 주는 어미를 말한다. 즉 한 문장을 부사절(副詞節)로 바꾸어 뒤에 오는 문장

따위를 꾸미게 해 주는 어미가 곧 부사형어미다. 부사형어미는 앞의 명사형어미나 관형사형어미보다 가짓수가 많고 각 어미가 나타내는 의미도 여러 갈래로 갈리는데 그중 대표적인 몇 예를 보면 다음 (6)－(12)와 같다.

(6) 오늘은 바쁘니 내일 만나자.
(7) 나는 숨이 차서 더 못 걷겠구나.
(8) 월급을 타면 책상부터 하나 사야겠다.
(9) 최 박사는 누가 뭐라고 해도 뜻을 굽히려 하지 않았다.
(10) 누구나 쉽게 찾아올 수 있도록 새로 큰 안내판을 만들어 세웠다.
(11) 이 방 청소 좀 하게 마루에 나가 계세요.
(12) 꽃잎들이 눈이 내리듯이 하늘하늘 떨어지고 있었다.

3.7.5 어미 분류표

이상에서 보아 온 어미의 종류를 분류표로 만들어 보면 다음과 같다. 이 어미들의 좀더 자세한 용법은 뒤에서 여러 장(章)에 결쳐 다시 살펴보게 되지만 한국어의 문법 구조를 알려면 무엇보다 이와 같은 어미의 큰 틀을 바로 알고 있을 필요가 있다. 한국어 문법의 많은 현상이 이들 어미에 의해 결정되기 때문이다.

(1) 어미의 종류

- 어미
  - 종결어미(문말어미)
  - 연결어미(문중어미)
    - 병렬어미
    - 내포어미
      - 명사형어미
      - 관형사형어미
      - 부사형어미

제4장 명사와 수사

4.1 보통명사와 고유명사

여느 언어에서와 마찬가지로 한국어에도 보통명사(普通名詞)와 고유명사(固有名詞)의 구별이 있다. 보통명사는 특별한 제약이 없는 명사이고, 고유명사는 사람 이름, 나라나 도시 및 강이나 산, 바다, 호수, 섬 등의 지명(地名), 회사나 상품의 이름 등 각종 이름을 나타내는 명사인 점도 여느 언어와 다를 바가 없다.

다만 한국어의 고유명사는 표기상으로 그것을 구별해 주는 어떤 장치도 없다. 영어처럼 첫 자를 대문자를 쓰는 장치도 없고, 한때는 밑줄을 그어 구별하였으나 지금은 그 방식도 채택하지 않고 있다. 대표적 고유명사의 예를 몇 개만 보기로 하자.

(1) a. 세종(世宗), 이순신, 주시경, 김소월, 원효(元曉), 사임당(師任堂), 추사(秋史), 홍길동, 춘향

b. 고구려, 경주, 평양, 동해, 태백산맥, 소백산, 추풍령, 섬진강, 내린

천, 소양호, 울릉도, 중국, 프랑스, 로마

c. 태극당, 해태, 누비라(자동차), 칼(KAL), 일조각(출판사)

이들 고유명사에서 하나 지적될 만한 것은, 특히 지명의 경우 '소백산', '섬진강', '소양호', '울릉도' 등에서 고유명사에 '산(山)', '강(江)', '호(湖)'와 같은 보통명사가 결합되어 있다는 점이다. 이것들 없이 '소백', '섬진', '소양'만으로 쓰이는 일은 거의 없다.

이러한 습관 때문에 외국 지명을 받아들일 때에도 '에베레스트산', '나일강', '바이칼호'와 같이 보통명사를 덧붙이게 된다. 이는 그냥 'Everest', 'Nile', 'Baikal'만으로도 고유명사로 쓰이는 외국의 관습과 대조적이라 할 만하다. 그리고 섬 이름의 경우 우리는 '울릉도', '연평도', '진도'와 같이 '도(島)'를 결합하는데 외국 섬 이름을 받아들일 때는 '카프리섬', '발리섬', 하와이섬 등 '섬'을 취하는 것도 특이하다.

고유명사에서 하나 더 주의할 것은, 너무 당연한 이야기이지만 고유명사는 명사의 한 종류라는 점이다. 명사의 자격이 없는 것은 고유명사가 될 수 없다. '만남의 광장'이나 '노래를 사랑하는 사람들', '맑게 살기 운동 협의회' 같을 것을 고유명사라고 이해하는 경우들이 있으나 잘못이다.

이들은 '고유 명칭'이긴 하나 한 단어가 아니라 몇 개의 단어가 모여 이루어진 구(句)이기 때문에 명사일 수 없고 따라서 고유명사일 수 없다. 고유명사는 한 단어이기 때문에 붙여 쓰는데 이들은 띄어 써야 할 구(句)인 것이다. '청소년의 인권을 위한 법률' 따위의 법령 이름을 고유명사로 생각하여 붙여 쓰려 하는 것도 따라서 잘못이다. 고유 명칭이 다 고유명사는 아닌 것이다.

4.2 의존명사

분포의 제약

한국어의 보통명사에는 의존명사(依存名詞)라는 특이한 부류가 있다. 대부분의 명사는 그 분포에 제약을 받지 않고 자유롭게 쓰일 수 있는 데 반해 의존명사는 그 앞에 반드시 관형어가 있어야 한다는, 다시 말하면 관형어 다음이 아니면 분포할 수 없다는 제약이 있다.

(1) a. 너는 달콤한 과일을 좋아하는구나.
    b. 너는 과일을 좋아하는구나.

(2) a 너는 달콤한 <u>것</u>을 좋아하는구나.
    b. *너는 <u>것</u>을 좋아하는구나.

(3) a. 달콤한 <u>줄</u> 알았더니 아니네.
    b. *<u>줄</u> 알았더니 아니네.

앞의 예문에서 보면 예문 (1)의 '과일'은 '달콤한'이란 관형어의 꾸밈을 받을 수도 있으나 (1b)에서 보듯이 그것이 없어도 정상적인 문장이 된다. 그런데 예문 (2)의 '것'이나 (3)의 '줄'은 그렇지 못하다. 관형어 없이 단독으로 쓰이면 '것'이나 '줄'은 정상적인 문장을 만들지 못하는 것이다.

의존명사 목록

'과일'과 같이 분포에 제약을 받지 않고 단독으로 자유롭게 쓰일 수 있는 명사를 의존명사와 대립시켜 말할 때는 자립명사(自立名詞)라 한다. 한국어의 명사 대부분은 자립명사다. 그러나 의존명사도 꽤 많은 편인데 먼저 그 목록을 보면 다음과 같다.

(4) a. 것, 데, 바, 이
b. 턱, 노릇, 나름, 때문
c. 수, 적, 리, 지, 법, 나위
d. 줄, 체, 척,
e. 김, 통, 바람
f. 따름, 나름, 뿐
g. 대로, 만큼, 겸, 양, 듯이

분포 제약이 적은 '것'

의존명사는 분포의 제약이 있다는 것이 특징이라고 하였지만 그 분포의 제약도 한결같지 않다. 앞의 목록 중 (4a)의 '것'은 그 제약이 가장 적은 것으로서, 이들은 조사(격조사)도 여러 종류의 조사를 자유롭게 취하며 관형어도 어느 시제의 것이나 자유롭게 취한다. '것'을 예로 보면 다음 예문 (5)에서 보듯이 앞에 오는 관형어가 '읽는', '읽을', '읽은', '읽던'처럼 여러 시제의 모습으로 쓰일 수 있고, 뒤에 오는 조사도 '것이', '것과', '것을', '것에서', '것입니다', '것의' 등 자유롭게 쓰이는 것을 볼 수 있다.

(5) a. 이걸 먼저 읽는 것이 좋겠어요.
b. 오늘 읽을 것과 내일 읽을 것을 다 준비해 두어라.
c. 지금까지 읽은 것에서 무엇이 가장 기억에 남나요?
d. 그게 제가 학생 때 즐겨 읽던 것입니다.
e. 나는 네가 읽은 것의 절반도 못 읽었어.

조사 쪽의 제약

그런데 나머지들은 이처럼 자유롭게 쓰이지 못하고 그것도 조금씩 그 사정이 다르다. 우선 조사 쪽으로 보면, (4b)의 것들도 제약이 많은 편이나 (4c)의 '수'나 '적' 따위는 '이'만 취하고, (4d)의 '줄', '체' 따위는 '을'만을 취하며, (4e)의 '김', '바람' 따위는 '에'만을 취한다. 그런가 하면 (4f)의 '따름', '뿐' 따위는 계사 '이다'밖에 취하지 못하며, (4g)의 '대로', '만큼' 따위는 아예 어떤 조사도 취하지 못하기조차 한다.[1]

(6) a. 다리가 아파 더 이상 걸을 수가 없구나.
b. 나도 거기에 몇 번 가 본 적이 있어요.
c. 누나가 이것을 모를 리가 없다.
d. 이리로 이사 온 지가 몇 년이 되었지요?

(7) a. 한 번 오더니 떠날 줄을 모르는구나.
b. 무슨 바람이 불었는지 오늘은 아는 체를 하더라.
c. 그렇게 잘난 척을 해서 무엇에 쓰겠니?

(8) a. 설악산에 온 김에 낙산사까지 들려가자.
b. 언니가 너무 고집을 피우는 통에 다들 혼이 났다.
c. 청중들이 갑자기 기침들을 해 대는 바람에[2] 연주회가 엉망이 되었어요.

(9) a. 네가 합격하였다니 그저 기쁠 따름이다.
b. 저희야 형의 의견을 따랐을 뿐이지요.

---

1. 그러면서도 그 앞에 관형어가 온다는 조건이 충족되므로 명사이긴 하다.
2. 의존명사 '바람'은 '바람이 분다', '겨울바람에 혼이 났다' 등의 '바람'과는 의미도 다르고 분포의 제약도 다른 별개의 단어다. '깜빡 잠이 드는 바람에', '너무 급히 먹는 바람에', '차가 갑자기 서는 바람에' 등 어떤 사건의 원인을 나타내는 표현으로 쓰기도 하고, '잠옷 바람으로', '러닝셔츠 바람으로', '버선 바람으로'처럼 덜 갖춘 옷차림을 나타내는 표현에도 쓰인다.

(10) a. 아는 만큼 보인다.
b. 본 대로, 느낀 대로 쓰세요.
c. 산소도 돌아볼 겸 어른들도 찾아뵐 겸 고향에 한 번 다녀와야겠구나.
d. 우리 팀이 4강에 오르자 모두들 천하를 얻은 양 기뻐하였다.
e. 달이 뜨는 것을 보거든 임을 본 듯이 여기소서.

시제에서의 제약

한편 관형어 쪽으로 보아도 (4a)의 의존명사 외에는 일반적으로 다음 몇 예문에서 보듯이 한정된 시제만을 취한다.

(11) a. 젊은이들이 자주 가는(/간/갈/가던) 데가 어디지요?
b. 친절을 베풀어 주는(/준/줄/주던) 이를 만났다.

(12) a. 산에 다니는(/다닌/*다닐/*다니던) 지가 5년 되었습니다.
b. 그 사람들이 이 사실을 알(/*아는/*안/*알던) 턱이 없다.
c. 우리가 너를 잊을(/*잊는/*잊은/*잊던) 리가 있겠니?
d. 나는 거창한 목표 없이 그저 즐길(/즐겼을/*즐기는/*즐긴/*즐기던) 따름이다.

후속 서술어의 제약

의존명사 중에는 그 뒤쪽에 오는 서술어를 자유롭게 취하지 못하는 것들도 있다. ‘줄’의 경우는 ‘알다’나 ‘모르다’하고만 어울리고, ‘리’나 ‘턱’, ‘나위’의 경우는 주로 ‘없다’하고만(의문문일 때는 ‘있다’하고만) 어울리는 것이 그 한 예다.

(13) a. 나도 그것쯤은 할 줄(을) 안다.
b. 나는 그것도 할 줄(을) 모른다.

(14) a. 우리 막내가 똑똑하다는 거야 두말할 나위가 없지.
b. 그렇게만 된다면 두말할 나위가 있겠니?

의미의 추상성

한편 의존명사는 자립명사처럼 그 의미가 분명하게 잡히지 않는 특징도 있다. 가령 '작은 것'의 '것'이 무엇을 가리키는지는 '책'이나 '세계', '일', '소망' 따위의 자립명사만큼 명쾌하지 않다. "더 작은 것으로 주세요"라고 할 때는 그나마 그 상황에 따라 구체적일 수 있지만 "아는 것이 힘이다"라고 할 때처럼 추상적인 의미로 쓰이는 때가 많기 때문이다. 앞의 예문에 나온 '턱', '줄, '나위', '따름' 따위는 더욱 그 의미 규정이 쉽지 않다.

의존명사는 형식명사(形式名詞)라 하기도 하고 불완전명사(不完全名詞)라고도 한다. 모두 앞에서 본 의존명사의 어떤 한 가지 특징에 초점을 맞춘 이름들인데 그만큼 의존명사는 자립성이 없다는 특징 외에도 구체적인 의미가 없고 이것저것 제약이 많은 형식적이고 불완전한 명사라고 요약할 수 있다.

4.3 수량 단위 의존명사

의존명사 중에는 앞에서 본 것들 외에 좀 특수한 부류가 한 가지 더 있다. 다음 예문 (1)에서 보는 바와 같이 수량(數量)의 단위(單位)를 나타내는 일련의 단어들이 그것이다. 이들은 자립성이 없고 반드시 그 앞에 관형어를 동반하고서라야 문장에 나타날 수 있다는 점에서 앞에서 본 의존명사와 같다.

그런데 이 의존명사는 그 앞에 '작은'이나 '읽을'과 같은 일반적인 관형어는 오지 못하고 '한', '다섯' 및 '여러', '몇'과 같은 수량 관련의 관형어만 올 수 있다. 그런가 하면 조사와의 결합에서는 이들은 아무 제약이 없다. 앞에서 본 의존명사와는 확연히 구별되는 독특한 부류인 것이다. 이를 구별해 부르고자 할 때는 '수량 단위 의존명사', 또는 줄여서 '수량 의존명사'라 한다.

의미 자질

한국어에는 이 수량 의존명사가 여러 종류로 세분되어 있다. 다음 몇 예만 보아도 무엇을 세느냐에 따라 그 단위를 나타내는 단어가 각각 달리 쓰이는 것을 볼 수 있다.

(1) a. 강아지 한 마리를 사 왔다.
  b. 군인 네 명과 학생 일곱 명에게 훈장을 주었다.
  c. 장미가 한꺼번에 아홉 송이나 피었다.
  d. 만화책을 몇 권 빌려 올까?.
  e. 연필 한 자루로 그림을 여러 장 그렸다.
  f. 자동차 한 대가 집 한 채보다 비싸구나.
  g. 배 한 척의 크기가 아파트보다 크더라.
  h. 수저 한 벌, 양복 한 벌, 구두 두 켤레, 그리고 책상 한 개를 장만하였다.

이들 단어는 그램(g)이나 미터(m)처럼 수량의 단위를 나타내 주는 일을 담당하되 그 쓰임이 매우 세분되어 있어 각각 어떤 특정 부류의 명사하고만 어울린다. 가령 (1a)의 '마리'는 개나 개구리나 새 등의 동물에게만 쓰고, 사람에게는 '마리' 대신 '명'을 써야 하고,[3] 나무 같은 식물이나 책상 같은 무생물은 또 다른 것을 써야 한다.

이것은 거꾸로 만일 '권'이 쓰였으면 그 단위의 대상이 책이나 노트 따위일 것이라는 것을 알 수 있고, '켤레'이면 신발 종류일 것이며, '벌'이라면 옷이나 수저 따위, '척'이면 선박 종류일 것이라는 짐작을 할 수 있다는 뜻이기도 하다. 그만큼 이들 단어는 수량 단위뿐만 아니라 그 단위의 대상이 되는 명사의 의미자질(意味資質)까지를 나타내 주는 기능도 가지고 있다.

분류사

이러한 점 때문에 이들 수량 단위의 단어들을 따로 분류사(分類詞, classifier)라 부르기도 한다. 다만 분류사는 "한 학교에 몇 학급이", "파 한 뿌리를 사다가", "냉면 한 그릇", "커피 두 잔" 등의 '학교', '학급', '뿌리', '그릇', '잔'과 같은 자립명사도 포괄하는 개념이다.

그러므로 수량 단위의존명사는 전부 분류사이지만 그 역(逆)은 진(眞)이 아니다. 즉 분류사라고 다 의존명사는 아니다. 그러나 엄격한 구분이 필요치 않을 때는 수량 의존명사 대신 분류사를 써도 큰 무리가 없을 것이며, 이 책에서도 꼭 필요한 경우가 아니면 편의를 좇아 수량 의존명사를 쓰는 대신 분류사라는 용어를 쓰고자 한다.

분류사 중에는 그 분포의 제약이 비교적 적은 것도 없지 않다. '개(個)'가 그 대표라 할 만하다. 즉 '개'는 다음 (3)에서 보듯이 여러 종류의 명사와 잘 어울린다. 그러나 전체적으로는 분류사는 어떤 특정 종류의 단위만 나타내 준다는 공통점을 가진다. 다음 (2)에서 몇몇 용례를 더 보인다.

(2) a. 밤 한 톨과 쌀 한 톨
  b. 성냥 한 개비와 담배 한 개비[4]

---

3. 존대해야 할 사람이라면 '명' 대신 '분'을 써야 한다. '선생님 두 분이 새로 오셨다', '이번에는 아홉 분만 모시자'처럼.
4. '담배 한 가치'의 '가치'는 '개비'의 잘못된 말임.

c. 보약 한 첩

d. 비단 한 필과 광목 세 필

e. 방 한 칸

f. 책 한 질(帙)

g. 논문 한 편과 시(詩) 두 편, 그리고 한 폭의 그림

h. 점심 한 끼와 저녁 두 끼

i. 한 살 된 아가와 칠십팔 세의 할아버지

j. 삼십 리 내지 사십 리

k. 오징어 한 축(=20 마리)

l. 북어 한 쾌(=20 마리)

m. 조기 한 두름(=20 마리)

n. 고등어 한 손(=두 마리)

o. 곶감 한 접(=100 개)

(3) 손가락 한 개, 귀 한 개, 넥타이 한 개, 필통 한 개, 접시 한 개. 사과 한 개, 돌멩이 한 개, 고드름 한 개, 철교 한 개, 가게 한 개, 회사 한 개, 도시 한 개, 속담 한 개, 전화번호 한 개

고유어계 수사 또는 한자어계 수사와의 어울림

앞에서 보듯이 분류사는 그 앞에 수사(또는 수사에서 파생한 '한', '두', '세' 등의 관형사)만을 취한다.[5] 그런데 이때 그 수사의 쓰임에는 몇 가지 제약이 따른다. 먼저 분류사가 고유어냐 한자어냐에 따라 '다섯', '설흔'과 같은 고유어 계통의 수사와만 어울리는가 하면 '오', '삼십'과 같은 한자어 계통의 수사와만 어울리는 현상이 있다.

---

5. 앞으로 이것을 특별히 구분할 필요가 없을 때는 편의상 '수사'로 묶어 부르기로 한다.

(4) a. 비둘기 다섯 마리 / *비둘기 오 마리
b. 신 세 켤레 / *신 삼 켤레
c. 아홉 살 / *구 살
d. 이십구 세(歲) / *스물아홉 세
e. 사십 리(里) / *마흔 리

앞의 예에서는 고유어계는 고유어계끼리, 한자어계는 한자어계끼리 어울리는 것을 볼 수 있다. 그런데 분류사에 따라서는 이 규칙을 지키지 않는다. 특히 한자어계 분류사는 (5)에서 보듯이 두 계열의 수사를 다 취하기도 하고, 심지어 (6)에서처럼 앞의 규칙을 반대로 적용하기도 한다.[6] 그리고 (7)에서 보면 "아홉 시 오 분 삼 초"에서 왜 '시'만 다른 길을 걷는지 그 규칙을 종잡기 어려울 때도 있다. 관용적(慣用的)이라고 할 수밖에 없을 것이다.[7]

(5) a. 환자 일 명(名) / 환자 한 명
b. 벽돌 이십 개(個) / 벽돌 스무 개
c. 성경 오십 권(卷) / 성경 쉰 권
d. 백지 육십 장(帳) / 백지 예순 장

6. '일', '이', '삼' 등 그 크기가 작으면 한자어계를 피하는 경향을 보인다.
7. 굳이 이유를 찾자면 '시'는 일상적으로 쓰이는 단위임에 반해 '분'이나 '초'는 공적(公的)인 용도로 쓰이는 편이라는 점을 들 수 있을 듯하다. '환자 한 명/환자 일 명'처럼 두 계열이 다 쓰이는 경우에도 고유어계가 좀더 일상어적인 용도로 쓰이고 한자어계가 좀더 공적인 용도로 쓰이는 구분이 있는데 전체적으로 어느 계열의 수사를 취하느냐 하는 것은 이것과 관련이 있을 법하다. '벽돌 이십 개', '백지 오십 장'과 달리 '벽돌 삼 개', '백지 일 장'이 부자연스러운 것도 이런 작은 수량은 공적인 용법에는 잘 등장하지 않는 것과 관련이 있어 보인다.

(6) a. 벽돌 세 개 / *벽돌 삼 개
b. 백지 한 장 / *백지 일 장
c. 한약 세 첩(貼) / *한약 삼 첩
d. 보약 한 제(劑)[8] / *보약 일 제

(7) a. *구 시(時) / 아홉 시
b. 오 분(分) / *다섯 분
c. 삼 초(抄) / *세 초

한편 미미한 것이지만 다른 한 제약도 있다. '셋'과 '넷'에서 파생된 관형사가 '세/서/석'과 '네/너/넉'으로 분화되어 의존명사에 따라 이중 어느 하나하고만 어울린다는 제약이 그것이다.[9]

(8) a. 세, 네 {개, 자루}
b. 서, 너 {되, 말, 푼}
c. 석, 넉 {대, 자, 잔, 달, 냥}

이상에서 수량 단위 의존명사(내지 분류사)는 의존명사의 한 종류이면서도 그 종류도 많고 그 용법도 꽤 복잡한 것을 볼 수 있다. 이것은 한국어의 한 특징이기도 하다. 이에 대해서는 뒤에서 수사를 다룰 때 다시 살펴보기로 하겠다.

8. 흔히 '제(劑)'를 '재'라 하나 '재'는 '제'의 잘못.
9. 근래 이것들을 '세 말', '세 잔' 식으로 '세'와 '네'로 단순화하려는 경향이 있다.

4.4 수사의 종류

한국어의 수사(數詞)는 고유어(固有語) 계열과 한자어(漢字語) 계열이 있다. (1)과 (2)에서 각각 그 예를 볼 수 있다. 그리고 (3)에서 보듯 구체적인 수를 나타내지 않고 막연한 수, 또는 모르는 수를 나타내는 이른바 부정수사(不定數詞, indefinite numeral)도 있다.

(1) a. 하나, 둘, 셋, 넷, 다섯, 여섯, 일곱, 여덟, 아홉, 열, 열하나, 열둘, 열셋, … 열아홉
b. 스물, 서른, 마흔, 쉰, 예순, 일흔, 여든, 아흔

(2) a. 일, 이, 삼, 사, 오, 육, 칠, 팔, 구, 십, 십일, 십이, 십삼 … 십구
b. 이십, 삼십, 사십, 오십, 육십, 칠십, 팔십, 구십
c. 백, 천, 만, 십만, 백만, 천만, (일)억, (일)조

(3) 몇, 여럿, 모두

4.4.1 고유어계 수사와 한자어계 수사

고유어 계열은 '아흔아홉'까지만 있으며, '백' 이상의 단위는 한자어로 되어 있다.[10] 따라서 100이 넘는 수는 다음 (1)에서처럼 두 계열을 혼합해 쓰기도 하고 한자어끼리 결합해 쓰기도 한다.

(1) a. 백하나, 백둘, 백셋 … 백열, 백열하나 … 백스물, 백설흔 … 백아

---

10. 옛 문헌에 보면 '백'과 '천'의 고유어로 각각 '온'과 '즈믄'이 쓰였는데 한자어에 밀려 생명을 잃고 말았다.

흔아홉 … 이백하나, 삼백하나

b. 백일, 백이, 백삼 … 백십, 백십일 …백이십, 백삼십 … 백구십구 … 이백일, 삼백일

두 계열의 수사 체계는 기본적으로 다같이 십진법(十進法)이긴 하지만 몇 가지 특기할 만한 차이도 있다. 특히 (2)에서 보듯이 한자어 '이십', '삼십'은 말하자면 '둘열(2×10)', '셋열(3×10)' 식으로 규칙적인데 반해 고유어는 '스물', '서른', '마흔' 등과 같이 '하나'에서 '열'까지의 수와 동떨어진 독자적인 이름으로 되어 있다. 그러나 이들 10단위나 그 이상의 단위에 10 이하의 수가 결합할 때는 '열하나'(10+1) '십일'(10+1), '백셋'(100+3), '백삼'(100+3)에서와 같이 더하기 방식을 취한다는 점은 공통적이다.

(2) 고유어 10단위	한자어 10단위
스물	이십(2×10)
서른	삼십(3×10)
마흔	사십(4×10)
쉰	오십(5×10)
예순	육십(6×10)
일흔	칠십(7×10)
여든	팔십(8×10)
아흔	구십(9×10)

한편 한자어에서 '십', '백', '천'에서 '천만'까지는 다음 예문 (3)에서 보듯이 그 앞에 '일(1)'을 붙이지 않고[11] 사용하는데 '억'부터는 예문 (4)에서

11. 영수증 등 공식적인 문서에는 이 경우에도 '일천원 整', '적군 1백명 생포'처럼

보듯이 보통 '일(1)'을 붙여 부르는 것도 특징적이라 할 만하다.

(3) a. 십(*일십)의 십(*일십) 배는 백(*일백)이고, 다시 그 열 배는 천(*일천)이다.
b. 십 원(*일십 원)을 투자하여 십만 원(*일십만 원)을 벌었다고?
c. 천만 원을[12] 어디서 꾸어 오지?

(4) a. 적어도 일억 원(*억 원)은 있어야 되겠어요.
b. 한 해 예산이 일조 원(*조 원)을 넘었답니다.

4.4.2 기본수사와 서수사

수사는 수량 자체를 나타내기도 하지만 순서를 나타내기도 한다. 이들을 구분하여 전자를 기본수사(基本數詞, cardinal)라 하고 후자를 서수사(序數詞, ordinal)라 한다. 서수사에서도 고유어 계열과 한자어 계열이 각각 다른 체계를 이룬다. 즉 고유어 계열은 다음 (1)에서 보듯이 기본수사에 '째'를 결합해 만들고, 한자어 계열은 (2)에서 보듯이 기본수사 앞에 기계적으로 '제(第)'를 덧붙여 만든다.

(1) a. 첫째, 둘째, 셋째 … 열째, 열한째, 열두째 … 스무째, 스물한째, 스물두째 … 서른째, 마흔째 … 아흔아홉째,[13] 몇째
b. 제가 이 집 셋째 딸이에요.

'일(1)'을 붙인다.

12. '일천만 원'이라고는 안 하지만 이 경우는 굳이 쓰려면 아주 못 쓸 것은 없는 듯하다.

13. '첫째'는 예외적이다. 그러나 '열'이 넘으면 '열첫째'가 아니고 '열한째'가 되고, '둘째'도 열 이상에서는 '두째'가 된다는 것, 그리고 '스물째'가 아니라 '스무째'라는 것에 유의해야 한다.

c. 첫째, 일찍 일어날 것. 둘째, 이부자리를 잘 정돈할 것.

d. 여기서부터 열두째 칸에 가 넣어 두세요.

(2) a. 제일, 제이, 제삼 … 제십, 제십일 … 제이십, 제삼십 … 제구십구, 제백, 제이백, 제이백오십칠

b. 한국의 제2 도시인 부산이 나의 제2 고향이다.

c. 「제3의 사나이」라는 영화 생각나니?

d. 제7회 한국 동요 낭독회를 시작하겠습니다.

앞에서 보듯이 '제일', '제이'의 '일', '이'는 아라비아 숫자로 표기되는 것이 일반적이다. 그리고 '제일', '제이'의 '제'를 생략하고 쓰는 일도 흔히 있다.

(3) a. 저희들은 47회 졸업생들입니다.

b. 이번 3차 회담에서는 결말이 나겠지요.

c. 1학년 2반 집합!

끝으로 고유어계 수사의 쓰임에서 하나 특기해 두어야 할 것이 있다. '하나', '둘', '셋', '넷'이 명사 앞에 쓰일 때 '한', '두' '세', '네'와 같이 모습을 바꾸어 관형사의 신분이 되는 것이 그것이다.[14] '열하나', '스물하나', '열둘', '스물둘'의 경우도 마찬가지다.[15]

(4) a. 한 사람, 열한 사람

---

14. '한', '두', '세', '네'는 품사로는 관형사로 분류되지만 그 쓰임은 수사의 테두리에서 보는 것이 낫다.

15. 여기에 더하여 '세'와 '네'는 뒤에 오는 명사에 따라 '서/석', '너/넉'의 모습을 띠기도 한다는 것은 앞에서 본 바 있다.

b. 두 노인, 스물두 노인
c. 세 청년, 서른세 청년
d. 네 학교, 마흔네 학교

명사 앞에서 관형사로 모습을 바꾸는 것은 부정수사 '여럿'과 '모두'에서도 볼 수 있다. 즉 이들도 각각 '여러'와 '모든'으로 모습을 바꾸어 관형사로 쓰인다. 이들 부정수사의 용법은 뒤에서 절을 달리하여 다루고자 한다.

4.5 고유어계 수사와 한자어계 수사의 분포

가볍게 세는 작은 수 - 고유어

두 계열의 수사는 자유롭게 넘나들며 쓰이기도 하지만 각기 자기 고유의 영역을 따로 가지고 있기도 하다. 우선 가볍게 작은 수를 셀 때는 주로 고유어 수사가 쓰인다.

(1) a. 하나, 둘, 셋, 넷, 다섯, 여섯. 아니, 하나가 모자라네.
b. (구령 붙여 앞으로 갓!) 하나, 둘, 셋, 넷, 하나 둘 셋 넷, 하나 둘 셋 넷.

그런데 고유어 수사는 어차피 99까지밖에 없지만 그 안에서도 쓰임이 위축되는 경향이 있다. 그 하나는 다음 (2a)식으로 수가 큰 앞쪽을 한자어 수사로 바꾸어 말하는 경우다. 특히 백 이상의 큰 수와 만나면 이 경향이 더 두드러진다.

(2) a. 칠십둘(/일흔둘), 팔십아홉(/여든아홉)

b. 학생 삼백구십이 명(/학생 삼백아흔두 명)

수학적 쓰임 - 한자어

수학적인 쓰임에서는 다음 (3)에서처럼 고유어 수사도 쓰이나 그것은 매우 한정적이며, 일반적으로는 (4)에서처럼 한자어 수사가 널리 쓰인다.

(3) a. 둘에 일곱을 더하면 아홉이지? 그걸 다시 셋으로 나누면 셋이지?
b. 다섯에 몇을 곱하면 열다섯이 되지?

(4) a. 3 : 1 (삼 대 일)
b. 7+8=15 (칠 더하기 팔은 십오)
c. 12×30=360 (십이 곱하기 삼십은 삼백육십)
d. 팔 일(8×1)은 팔, 팔 이(8×2) 십육, 팔 삼(8×3) 이십사, 팔 사(8×4) 삼십이[16]

사람 및 물건 지칭 - 고유어

수사는 그 단독으로 그 수에 해당하는 사람 및 물건을 가리키는 기능이 있는데 이 기능은 고유어 수사만 가진다. 즉 다음 (5)의 '하나', '둘', '셋', '열하나' 등은 모두 그 수의 사람을 가리키는데[17] 이 자리에 '일', '이', '삼', '십일'은 쓰이지 못한다. '몇', '여럿'도 고유어 수사와 보조를 같이 함을 (5e-f)에서 볼 수 있다.

16. 구구법(九九法)의 일부임.

17. 물건을 가리키는 예도 "돌 하나가 이렇게 무겁구나", "하나 더 줘", "산 하나가 몽땅 없어졌네", "별 하나, 나 하나", "둘만 더 가져와" 등에서 볼 수 있는데 사람을 가리키는 용법만큼 넓게 쓰이지는 않는다. 거의 '하나'만 예외일 뿐 가령 "나머지 둘은 어디 있지?"의 '둘'이 물건을 가리키기는 어렵다.

(5) a. 어디 가서 하나(/*일)만 더 불러와.
b. 저 둘은(/*이는) 만나기만 하면 티격태격해.
c. 셋(/*삼)이 길을 걸으면 반드시 내 스승이 있다.[18]
d. 우리 열하나가(/*십일이) 뭉치면 강팀이겠지?
e. 몇이면 이 바위를 움직일 수 있을까?
f. 여럿이 먹으니 밥맛이 나는구나.

나이

그러나 수사 단독으로 나이를 가리킬 때는 고유어계와 한자어계가 다같이 쓰인다. 다만 이럴 때에도 그것은 십 단위에서일 뿐 단(單) 단위가 섞인 나이에서는 고유어계만 허용된다.

(6) a. 인생은 마흔(/사십)부터.
b. 저분은 여든(/팔십)도 넘으셨겠어요.
c. 이번 5월로 만 스물여덟(/*이십팔)이야.

아라비아 숫자

아라비아 숫자는 한자어 수사로 읽는 것이 원칙이다. 6이면 '육'으로 읽어야지 '여섯'으로 읽지 않아야 하는 것이다. 따라서 다음의 (7b), (8b)와 같은 표기는 피하여야 한다.

(7) a. 모두 마흔여섯 사람입니다.
b. 모두 46 사람입니다.

---

18. "三人行 必有我師焉"(논어)의 번역인데 '삼인(三人)'이 '사람' 없이 그냥 '셋'으로 대응됨에 주목할 필요가 있다.

(8) a. 같은 반에 권 씨가 일곱이나 있었다.
b. 같은 반에 권 씨가 7이나 있었다.

한국어의 수사는 고유어 수사와 한자어 수사가 병용(倂用)되는 데서 오는 많은 제약이 따른다. 그만큼 그 용법이 복잡한데 다음 절에서 이에 대한 좀더 자세한 내용을 볼 수 있다.

4.6 수량사 구문

네 가지 유형

수사는 앞 절의 예문 (5)에서처럼 그 단독으로 쓰이기도 하지만 더 일반적으로는 '다섯 사람'이나 '여학생 다섯', 또는 '여학생 다섯 명'처럼 다른 명사와 어울려 하나의 구(句)를 이루어 쓰인다. 이러한 구를 수량사구(數量詞句)라 한다. 한국어의 수량사구는 다음 (1)의 네 가지 유형으로 나타난다. (2)는 그 구체적인 예문을 하나씩 보인 것이다.

(1) a. 수사 - 명사
(예: 다섯 청년, 세 노인, *한 벽돌, *일곱 장미)
b. 명사 - 수사
(예: 청년 다섯, 노인 셋, 벽돌 하나, *장미 일곱)
c. 명사 - 수사 - 분류사
(예: 청년 다섯 명, 노인 세 분, 벽돌 한 개, 장미 일곱 송이)
d. 수사 - 분류사 - 의 - 명사
(예: 다섯 명의 청년, 세 분의 노인, 한 개의 벽돌, 일곱 송이의 장미)

(2) a. 다섯 청년이 꼬마 하나를 못 당하는구나.
b. 청년 다섯이 꼬마 하나를 못 당하는구나.
c. 청년 다섯 명이 꼬마 하나를 못 당하는구나.
d. 다섯 명의 청년이 꼬마 하나를 못 당하는구나.

유형별 용법

앞의 네 가지 유형 중 가장 널리 쓰이는 것은 (1c)의 유형이다. 이 유형이 제약을 가장 적게 받으며 가장 자연스럽게 쓰이는 것이다. (1d)만 하여도 문어적(文語的)인 표현으로서 일반 대화에서는 그리 널리 쓰이지 않는다.

(1b)는 그 수량사구의 명사가 사람이라면 (1c)만큼 자연스럽게 널리 쓰인다. 그런데 그 자리에 사람 이외의 명사가 오면 제약이 따른다. 수사가 '하나'일 때는 그나마 괜찮은데 '둘'이나 '셋' 이상만 되어도 '벽돌 셋', '장미 일곱'과 같은 표현은 어색해진다.

(1a)는 전체적으로 활발히 쓰이지 않는 유형이지만 여기서도 특히 명사가 사람이 아니면 쓰이기 어렵다. '다섯 창문', '세 비둘기' 같은 구성이 불가능한 것이다. "다섯 학교가 모여", "세 고속도로가 만나는 곳" 등의 쓰임이 있기는 한데 이는 얼마간 의인화(擬人化)하는 표현일 것이다.

고유어계 수사와 한자어계 수사

이 수량사구에서도 고유어계 수사와 한자어계 수사가 분포상의 제약을 받는다. (1a-b)에서처럼 분류사 없이 쓰일 때는 고유어 수사만 쓰인다. '오(五) 장정'이나 '삼(三) 노인' 또는 '장정 오'나 '노인 삼'과 같은 말은 쓸 수 없는 것이다.

그리고 (1c-d)에서처럼 분류사가 쓰일 때는 앞에서 수량 단위의 의존명사(분류사)를 볼 때 보았듯이 그 분류사가 고유어계냐 한자어계냐에 따라 같은 계통의 수사를 요구하는 경우가 있다. 다음 예문 (3)과 (4)의 예와 같이 동일한 의미의 분류사가 고유어계와 한자어계로 짝을 이루고 있을 때가 그 전형적 예라 할 만하다. (7)은 두 계열이 다 허용되는 경우인데 대체로 분류사가 한자어계일 때 이 경우가 많다.[19]

(3) a. 한 살, 두 살, 열아홉 살 / *일 살, *이 살, *십구 살
    b. 일 세(歲), 이 세, 십구 세 / *한 세, *두 세, *열아홉 세

(4) a. 한 해, 두 해, 아홉 해 / *일 해, *이 해, *구 해
    b. 일 년(年), 이 년, 구 년[20] / *한 년, *두 년, *아홉 년

(5) a. 삼십 리(里) / *서른 리
    b. 십오 원[21] / *열다섯 원

(6) a. 장미 일곱 송이 / *장미 칠 송이
    b. 칼 다섯 자루 / *칼 오 자루
    c. 강아지 세 마리 / *강아지 삼 마리

(7) a. 필통 이십 개(個) / 필통 스무 개

---

19. 앞에도 지적하였듯이 이때에도 수량이 적은 수사일 때는 오히려 고유어계 쪽을 택하는 경향이 있다. 즉 '책 한(/두/세/네/다섯) 권'이 '책 일(/이/삼/사/오) 권'보다 훨씬 자연스럽고, '종이'의 경우는 '종이 한(/두/석/넉/다섯) 장(帳)'만 자연스러울 뿐 '종이 일(/이/삼/사/오) 장'은 이상하다.

20. '년(年) 월(月) 일(日)' 중 고유어계와 한자어계가 제대로 짝을 이루는 것은 '년-해'뿐이다. '월'의 경우는 '한 달', '두 달'의 짝으로 '일 개월', '이 개월'이 대신 쓰이고 '일 월', '이 월'은 별로 쓰이지 않는다. 이들이 one month, two month로 읽히지 않고 January, February로 읽히기 때문일 것이다. 한편 '일 일', '이 일', '삼 일' 등의 짝은 '하루', '이틀', '사흘', '나흘', '닷새', '엿새', '이레' '여드레', '아흐레' 등 전혀 다른 체계의 어휘들이다.

21. 현재 '원'을 한글로 써서 '圓'과 구별하려 하지만 '원'은 한자어 '원(圓)'으로 보아야 할 것이다. '열다섯 원'이 안 되는 것도 그것으로 설명된다.

b. 책 오십 권(卷) / 책 쉰 권

c. 헌병 일 명(名) / 헌병 한 명

d. 복사지 사십 장(帳) / 복사지 마흔 장

e. 트럭 삼십 대(臺) / 트럭 서른 대

한국어가 이처럼 수량사구를 네 가지씩이나 만들어 쓴다는 것은 꽤 특징적이라 할 만하다. 한국어는 그만큼 수량사구가 발달한 언어라 할 수 있다. 앞에서 한국어는 분류사가 발달되어 있다고 하였는데, 특히 (1c)와 같은 구성, 즉 <명사 – 수사 – 분류사> 구성의 수량사구를 통해 어떤 종류의 명사든, 이른바 '셀 수 있는 명사'이든 아니든[22] 다 같은 방식으로 셀 수 있다는 것은 한국어의 한 특이한 면이라 할 만하다.

4.7 부정수사

부정수사

한국어의 부정수사(不定數詞)는 고유어계로 '몇', '여럿', '모두'가 있다. 이들은 앞에서 본 수량사구의 네 유형을 거의 그대로 따른다. 그 점에서 이들이 수사라는 것도 확인된다. 이들 중 '여럿'과 '모두'는 명사 앞에서는 마치 '하나', '둘' 등이 '한', '두'와 같은 관형사의 모습으로 바뀌듯이 각각 '여러'와 '모든'으로 바뀐다. 이 점도 이들이 수사임을 보여 주는 특징이라 할 수 있다. 다만 '모두'는 뒤에 분류사를 취하지 못하는데 이것은 '모두'가 의미적으로 그 속에 분류사를 내포하고 있기 때문일 것이다.

22. 한국어에는 이러한 구분이 적용되지 않지만 영어 등에서는 '가산명사'(可算名詞, count noun)와 '집합명사'(集合名詞, mass noun) 등의 구분이 있다.

(1) a. 몇 남자가 덤벼들어 겨우 싸움을 말렸다.
b. 남자 몇이 덤벼들어 겨우 싸움을 말렸다.
c. 남자 몇 명이 덤벼들어 겨우 싸움을 말렸다.
d. 몇 명의 남자가 덤벼들어 겨우 싸움을 말렸다.

(2) a. 여러 선배가 찾아와 격려해 주었다.
b. 선배 여럿이 찾아와 격려해 주었다.
c. 선배 여러 명이 찾아와 격려해 주었다.
d. 여러 명의 선배가 찾아와 격려해 주었다.

(3) a. 모든 신입생에게 일일이 꽃을 달아 주었다.
b. 신입생 모두에게 일일이 꽃을 달아 주었다.

복합수사

한국어의 수사에는 부정수사처럼 막연한 수는 아니지만 그렇다고 일반 수사처럼 고정된 하나의 수를 나타내는 것도 아닌 종류도 있다. '한둘', '대여섯', '두서넛'처럼 수사 두 개 내지 세 개를 복합하여 만든 종류가 그것이다.

이들은 그 언저리의 수를 가리키는 의미를 나타낸다. 즉 '대여섯'이면 기본적으로 '다섯'이나 '여섯' 중의 하나라는 뜻을 가지지만 엄격히 그 범위를 한정하기보다 넷이나 여섯까지도 포괄하는 융통성을 가지고 쓸 수 있는 것들이다.

한편 이와 다른 유형이면서도 그 언저리의 수를 나타내는 부류가 또 있다. '다섯'쯤의 뜻을 나타내는 '댓'이 그 하나다. 그리고 열(十)이 좀 넘는다는 뜻의 '여남은'도 있다.

이들은 비록 '댓'과 같은 예외가 있으나 복합수사(複合數詞)의 이름으로 부를 수 있다. 이것들은 앞에서 본 '몇', '여럿'과는 그 성격이 다르나 정확히 어느 특정 수(數)를 대표하지 않는다는 점에서 부정수사의 일종이라 보아도 좋을 것이다. 다만 이 책에서는 특별한 경우가 아니면 복합수사라 하여 앞의 일반 부정수사와 구별해 부르고자 한다.

고유어계 복합수사

먼저 고유어계 복합수사의 목록을 보이면 다음 (4)와 같다. 이 고유어계들은 뒤에서 볼 한자어계들과 달리 그 형태들이 얼마간씩 변모된 것이 특이하다. 즉 '하나둘'이나 '셋넷' 식의 규칙적 결합은 거의 없고 '서넛', 심지어는 '예닐곱' 같은 특별한 형태를 취하고 있는 것이다. '다섯'이 '댓'으로 모양을 바꾸어 다른 의미로 쓰이는 것도 특이하다.[23]

(4) a. 댓
b. 한둘, 두셋, 서넛, 네댓(너덧),[24] 대여섯, 예닐곱, 일고여덟, 여덟아홉
c. 두서넛, 서너너덧
d. 여남은[25]

이들의 용법은 고유어계 수사의 것을 그대로 따른다. 명사 앞에 쓰일 때 '둘'이 '두'로, '셋'이 '세'로 바뀌는 현상도 같다. 또 뒤에 '-째'를 결합하여 서수사를 만드는 방법도 같다.

(5) a. 모인 사람이 댓은 되겠어요.
b. 서른 댓 살 된 건장한 남자였어요.

---

23. '댓'이 '대여섯'의 축약형일 가능성을 추적해 봄 직하다.
24. '너댓'이라고도 하는데 이것은 비표준어다.
25. 중세국어에 '二十餘'의 뜻으로 '스므나믄'이 널리 쓰였는데 국어사전에 '스무남은'은 올라 있지 않다. 살려 쓸 수 있지 않을까 한다.

(6) a. 부탁을 하는 사람이 한둘이어야 말이지.
b. 한두 명이 와서는 어림도 없겠어.

(7) a. 서넛이 모여 무슨 재주로 당을 만들겠어요?
b. 원서를 서너 곳에 냈어요.

(8) a. 나이가 예닐곱은 되어 보이더구나.
b. 매일 아침 운동장을 예닐곱 바퀴 뛰어 보세요.

(9) a. 연락하자 바로 여남은이나 모였다.
b. 그 많던 기와집이 겨우 여남은 채밖에 안 남았어요.

(10) a. 서너째는[26] 되겠지.
b. 일고여덟째밖에 안 된다나 봐요.

한자어계 복합수사

고유어계 복합수사와 짝이 되는 한자어계도 있다. 이들은 다음 (11)에서 보듯이 아주 규칙적인 조합으로 만들어진다. 특히 십 단위, 백 단위 등에서도 규칙적으로 복합수사가 만들어지는 것은 고유어계에는 없는 현상이다. '여(餘)'를 결합한 '십여', '백여'도 '여남은'과 짝을 이룬다. 다만 '구십'은 없는데 이는 '90'과 혼동되어 '구 내지 십'이라는 의미를 살릴 수 없기 때문일 것이다.

(11) a. 일이, 이삼, 삼사, 사오, 오륙, 육칠, 칠팔, 팔구[27]

---

26. 국어사전에 '서너째'로 되어 있으나 '서넛째'라고 해야 과거 '네째'라 하던 것을 '넷째'로 고친 것과 부합할 것이다.

27. 이들을 아라비아 숫자로 표기할 때는 '5, 6명', '2, 3만' 식으로 쉼표를 넣어 '56

b. 일이백, 이삼백 … 일이천, 이삼천 … 일이만, 이삼만

c. 십여, 백여, 천여, 만여

그런데 이들 한자어계는 '그 언저리'라는 융통성 있는 의미를 나타내는 힘이 고유어계보다 약하다. '오륙 명'이라고 하면 5명 내지 6명이라는 뜻이 좀더 강한 것이다. 그리고 이들은 뒤에 직접 조사를 취하는 일이 활발치 못한 편이다. 그러나 다음 (13)과 같은 수량사구의 유형은 여느 수사의 것과 일치한다.

(12) a 그 사람 말은 십중팔구가 거짓말이야.

b. 그 아파트 값이 오륙에서 칠팔은[28] 될걸.

(13) a. 학생 사오 명이 교실에 남아 청소를 하고 있습니다.

b. 이 지하철 공사는 아직 삼사 년 더 걸려야 완공됩니다.

c. 고국을 떠난 지 십여 년 만에 처음으로 귀국 길에 올랐다.

명', '23만'과 혼동하는 일이 없도록 해야 한다. 그리고 이렇게 아라비아 숫자로 쓴다면 '9, 10'도 가능하다.

28. '오륙백만 원', '칠팔백만 원', 또는 '오륙억 원', '칠팔억 원'의 뜻으로 이렇게 말하는 용법이 널리 쓰이고 있다.

제5장 대명사

5.1 1인칭 대명사

어느 언어에서나 그렇듯이 한국어에서도 인칭대명사(人稱代名詞, personal pronoun)가 대명사의 주종을 이룬다. 인칭대명사는 화자(話者)를 가리키는 1인칭 대명사, 청자(聽者)를 가리키는 2인칭 대명사, 그 이외의 사람 및 사물을 가리키는 3인칭 대명사가 있다.[1] 이 장에서는 먼저 이들을 차례로 하나씩 살펴보고, 뒤에서 인칭대명사 이외의 나머지 종류를 보기로 하겠다.

1. 여기서 '화자', '청자'라 할 때는 액면 그대로 '말'을 하고 듣는 사람만 가리키지는 않는다. 글을 쓰고 그것을 읽는 사람까지 포함하는 개념인 것이다. 다시 말하면 '발신인'(addresser), '수취인'(addressee)의 개념이다. 그리고 따로 주의를 환기해 두고 싶은 것은 3인칭 대명사에 사람뿐 아니라 사물도 포함된다는 점이다. 영어의 it로 표현되는 사물도 3인칭 대명사에 포함된다는 평범한 사실을 '인칭'의 '人'에 잘못 얽매어 흔히 잊고 있는 경향이 있다.

1인칭 대명사의 종류

한국어의 1인칭 대명사에는 다음과 같은 것이 있다.

(1)

	단수	복수
평 칭	나	우리
겸양칭	저	저희

한국어의 대명사는 경어법과 긴밀히 연결되어 있다. 즉 어느 인칭의 대명사라도 경어법에 따라 형태가 나뉘어 있다. 1인칭 대명사에서도 평칭(平稱) 외에 겸양칭(謙讓稱)이 따로 있다. 겸양칭이란 말을 듣는 상대, 즉 청자(聽者)에게 존경을 나타내기 위해 자신을 낮추어 말하는 형태를 말한다. 다음 (2)–(3)에서 '나'와 '우리'가 상대를 대등하게, 또는 낮추어 대하면서 하는 말에 쓰인 것과 달리 '저'와 '저희'는 상대를 높여 말해야 하는 상황에 쓰인 것이다.

(2) a. 네가 <u>나</u>를 찾았니?
   b. 할머님이 <u>저</u>를 찾으셨어요?

(3) a. 얘, 걱정 말아라. <u>우리</u>가 도와주겠다.
   b. 선생님, 염려 마세요. <u>저희</u>가 도와 드리겠습니다.

복수형 '우리'

복수형인 '우리'는 일차적으로 앞의 (3a)에서처럼 화자가 복수라는, 다시 말하면 화자가 화자 스스로와 제삼자가 묶인 다수(多數)라는 뜻을 가지지만 그 용법이 그리 단순치 않다. 우선 다음 (4)에서 보듯이 청자까지 포함해서 '우리'라 할 수도 있다.[2]

(4) a. 언니, 내일 우리 스키 타러 갈까?
b. 우리 셋이 함께 가자.
c. 여러분, 우리의 농토는 우리가 지킵시다.

'우리'의 특수 용법

한국어의 '우리'는 이보다 더 독특한 용법도 가지고 있다. 다음 (5)에서 보듯이 가족 관계나 공동 소유 개념이 있는 것에 대해서 '우리'를 쓰는 용법이 그것이다. 영어라면 '나의/내(my)'를 쓸 자리에 '우리(our)'를 쓰는 것이다.

(5) a. 우리 가족, 우리 아빠, 우리 언니, 우리 손자, 우리 고모, 우리 조카, 우리 집사람(안사람), 우리 남편, 우리 큰댁, 우리 외가, 우리 처가, 우리 시댁, 우리 시댁 어른들
b. 우리 집, 우리 논, 우리 학교, 우리 반, 우리 회사, 우리 동네, 우리 고향, 우리 시골

이러한 용법의 '우리'는 비록 자기 한 개인에게만 관계되는 것일지라도 그대로 적용된다. 가령 무남독녀라면 그에게 아빠라면 결코 '우리'의 아빠일 수 없는데 이럴 때에도 '내 아빠'라고 하지는 않는다. 단 두 오누이의 경우에도 '우리 오빠'일 뿐 '내 오빠'는 성립하지 않는다. 이 규칙은 '우리 집사람', '우리 남편', 또는 '우리 마누라'에서 더 잘 드러나지만[3] '우리 처

---

2. 언어에 따라서는 1인칭 복수에 청자가 포함되느냐 않느냐에 따라 별개의 형태를 쓰고, 그 각각을 '포괄 1인칭'(inclusive first person), '배타 1인칭'(exclusive first person)이라 구별하여 부른다. 한국어의 '우리'는 한 형태로 두 가지 용법을 다 수행하는 셈인데, 청자를 포함하는 '우리'를 굳이 구별해 부르려면 '포괄 1인칭 대명사'라고 할 수 있을 것이다. 같은 1인칭 복수이면서도 '저희'는 포괄 1인칭 대명사로 쓰이지 않는다. 청자를 '저희'에 포함시키면 청자를 낮추어 말하는 꼴이어서 부적절하기 때문일 것이다.

가'나 '우리 시댁'에서도 잘 드러난다. 또 노총각이 혼자 사는 자기 개인 소유의 집이라고 해서 "내 집이야"나 "내 집이 불이 나서 혼이 났어"라고 말하지도 않는다. 공동 소유일 수 없는 경우에도 하나의 규칙으로서 '우리'가 쓰이는 것이다.[4]

앞의 (5)에 쓰인 '우리'도 청자에 따라서는 겸양칭 '저희'로 바뀐다. 즉 청자에게 존대를 나타내야 하는 경우에는 '저희 부모님', '저희 집', '저희 학교', '저희 반' 등으로 '우리'를 '저희'로 바꾸어야 하는 것이다.

그런데 이때는 '저희' 대신 '저의/제'를 써서 "저의 언니예요", "제 집사람입니다"처럼 쓰는 경우가 있다. 말하자면 이때는 예외적으로 '우리' 대신 '나의/내'를 쓰는 셈이다.

5.2 2인칭 대명사

2인칭 대명사의 종류

한국어의 2인칭 대명사는 1인칭 대명사보다 복잡하고 그 용법도 꽤 까다롭다. '너'와 '너희'는 그대로 '나'와 '우리'의 짝이 되어 간명하나 그 나머지는 짝이 지어지지 않는다. 2인칭 대명사에는 겸양칭이 없고 경칭(敬稱)이 있는데 그것이 하나만이 아니어서 그 어느것도 '저'의 짝은 아닌 것이다. 이를 우선 표로 보이면 다음과 같다.

---

3. 자기 남편을 '우리 그이'라 하기도 한다. 그러나 '아내'의 경우는 '우리 아내'라 하지는 않는다. ('아내'의 경우는 '내 아내'도 잘 안 쓰지만 "그때 그 여자가 지금의 내 아내다"처럼 쓰일 수는 있는데 이때 '내 아내'는 되어도 '우리 아내'는 이상하다.)

4. 부모의 차, 또는 가족 공동의 차를 '우리 차'라 하는 것과 구별하여 자기 개인용 차를 '내 차'라 할 수 있듯이 '우리'와 '나의(내)'를 원 의미대로 구별해 쓰는 용법도 없지 않다. '내 집 마련'처럼 특수한 상황에서 '우리' 자리에 '내'가 쓰이기도 한다.

(1)

	단수	복수
평 칭	너	너희
경 칭	자네, 당신, 그대, 댁, 귀하	

'자네'

경칭으로 대표적인 것은 '자네'와 '당신'이다. 그런데 이것들은 상대방을 '너'라고 할 때보다는 높여 주기 때문에 그 점에서 경칭이긴 하나 1인칭 '저'처럼 그렇게 전적으로 상대방을 높이지는 않는다는 점에서 좀 어정쩡한 경칭이라 할 만하다.

'자네'는 친구 사이에서도 쓰지만 드문 편이고, 아들 친구나 제자, 또는 사위 정도로 나이 차이가 많이 나는 사람에게 쓴다. 그러니 상대를 '너'라 할 때보다 높여 준다고 쓰는 말이지만 하위자(下位者)에게 쓰는 말이라는 벽은 넘지 못한다.

(2) a. 자네가 벌써 대학을 졸업했다고?
  b. 자네 아버지하고 나하고는 이웃에서 형제처럼 지냈지.

'자네'는 청자가 나이가 들 만큼 들어 '너'라 하기 어렵다고 해서 쓰는 말이기 때문에 청자가 적어도 20대는 되어야 쓸 수 있다. 그렇기 때문에 화자도 자연히 나이가 들어야 쓸 수 있는 말이다. '자네'는 화자나 청자가 여자일 때에는 잘 쓰이지 않는다. 그만큼 쓰임의 폭이 좁다고 할 수 있다. 더욱이 근래에는 그 쓰임이 점차 줄어들고 있다.[5]

5. '자네'는 스스로 나이가 들었다는 것을 드러내기 때문에 어떤 권위를 풍기는 면이 있다. 권위자연(權威者然)하는 것을 싫어하는 풍조가 '자네'의 쓰임을 위축시키는 요인일 수 있을 것이다.

'당신'

'당신'은 '자네'보다도 상대방을 더 높여 주는 경칭이다. 특히 (3)에서처럼 부부 사이에서 쓰이는 '당신'은 상대가 충족해 할 정도로 충분히 높이는 기능을 한다.

(3) a. 여보, 당신도 진우네 아빠처럼 일요일마다 등산을 하세요.
  b. 여보, 당신 내일 여학교 동창회에 간댔지?

'당신'은 (4)에서처럼 글에서도 상대를 상위자로서 높여 주는 기능을 한다. 비록 이 종류의 '당신'은 주로 책 제목이나 광고문 등에서 불특정인(不特定人)에게 쓰인다는 제약이 있지만 이 방면에서는 가장 널리 쓰이는 경칭이다.

(4) a. 『당신의 우리말 실력은?』 (이기문의 저서 이름)
  b. 작은 차를 타는 당신이 아름답습니다. (소형 자동차 광고)
  c. 위험은 바로 당신 곁에 있습니다. (표어)

그러나 대부분의 경우 '당신'은 경칭으로서의 기능이 안정되어 있지 못하다. 오히려 '당신'이라 불리는 당사자가 스스로 높임을 받기는커녕 제대로 대우받지 못한다는 불쾌감을 느낄 수도 있다. 무엇보다 이때의 '당신'은 '자네'와 마찬가지로 상위자에게 쓰는 말은 아니기 때문이다.

그러면서도 '자네'는 그 용법이 분명하여 적어도 '자네'라 불리는 사람이 불쾌해할 일은 없는 데 비해 '당신'은 그 쓰임의 경계가 불분명하여 좀 더 높여 줄 수도 있을 터인데 겨우 '당신'이라고 하는구나 하는 생각을 품을 수 있는 소지(素地)가 있다. 실제로 '당신'은 많이 높여 주어야 다음 예문 (5) 정도인데 이때 '-시-'나 '-습니다'와는 안 어울리며, 아예 (6)처럼 반말과 어울리기도 한다.

(5) a. 이봐요, 이쪽 일 당신이 좀 맡아요(/*맡으세요/*맡으십시오).
b. 거기 당신 이름이 뭐랬지요(/*뭐라셨지요/*뭐라셨습니까)?

(6) a. 당신 같은 엉터리는 생전 처음 보겠어.
b. 당신이 뭔데 남의 일에 참견이야?

'당신'은 한국어의 대명사 중 가장 미묘한, 쓰기가 여간 조심스럽지 않은 대명사다. 그야말로 '당신'이라고 불렀다가 "누구보고 당신이라는 거야?" 라는 시비(是非)에 휘말릴 수 있는, 위험을 안고 있는 대명사인 셈이다.

'그대'

2인칭 대명사의 경칭으로 '그대'도 있으나 이것은 고풍스러움을 드러내는 시어(詩語)로서 일반 대화에는 쓰이지 않는다. 그리고 이 역시 상대가 상위자일 때에는 쓰지 않는다.

(7) a. 내 마음은 호수요 그대 저어 오오. (김동명, 「내 마음은 호수」)
b. 그대들의 앞날에 영광 있으라.

'댁'과 '귀하'

또다른 경칭으로 '댁'(宅)도 있다. 그러나 이것도 그 쓰임이 매우 제약되어 있다. 잘 모르는 사람에게만 쓸 뿐 친분이 있는 사람에게는 쓰지 않는 것이 그 하나다. 그리고 좀 고풍스러운 느낌을 풍겨 젊은이 층에는 잘 안 어울린다는 제약도 있다. 그러나 '댁'은 상위자에게 쓰지 못한다는 제약은 없다.

(8) a. 이거 댁의 우산인가요?

b. 댁의 전화번호 좀 알려 주시겠어요?
c. 댁이 저질러 놓은 일이니 댁이 알아서 하시오.

마지막으로 '귀하'(貴下)는 2인칭 대명사의 경칭 중 가장 등급이 높은 경칭이다. 그러나 '귀하'는 편지 등에서나 쓰이는, 그 쓰임이 극히 한정되어 있는 대명사다.

(9) 귀하가 주문하신 물품을 오늘 부쳤음을 알려 드립니다.

경칭의 공백

한국어의 2인칭 대명사는 이상에서 보듯 여러 등급으로 분화되어 있지만 정작 상위자에게 자유롭게 쓸 수 있는 경칭은 없다. 해요체나 합쇼체를 써야 할 상위자에게 쓸 2인칭 대명사는 없는 것이다. 이럴 때는 직접 명사를 쓰면서 그 공백을 메운다.

(10) a. 이건 어머니가 드세요.
b. 과장님은 언제 휴가를 떠나십니까?
c. 선생님께 뭐 하나 여쭤 보고 싶어요.

(11) a. 아저씨들은 저 차를 타시고, 할머님들은 이 차를 타세요.
b. 여기가 어르신의 고향이신가요?
c. 손님이 찾는 물건은 벌써 다 팔렸습니다.

앞의 (10)은 친족 관계나 사회적 신분으로 부르는 호칭을 쓴 경우다. 그리고 (11)은 그럴 수 없는 사람에게 관용되는 호칭을 쓴 것인데 상대방의 나이에 맞추어 '아저씨', '아주머니', '할아버지', '할머니'라 하는 것이 그 중 널리 쓰인다.[6] '어르신'은 상대를 최대한 높여 부르는 명사이며, '손님'은 상점 등에서 널리 쓰인다.

어떻든 이들 어느것도 대체할 만한 대명사가 없다. 경칭의 경우 2인칭 대명사는 많은 부분을 공백으로 남겨 놓고 명사로 하여금 그 임무를 대행케 하고 있는 것이다. 한국어의 대명사는 3인칭에서도 그 쓰임이 활발치 못함을 뒤에서 곧 보게 되거니와 이 2인칭 경칭에서의 제약도 한국어 대명사의 특성인 그러한 제약의 한 모습이라 할 수 있다.

5.3 3인칭 대명사

3인칭 대명사의 종류

한국어의 3인칭 대명사는 꽤 복잡하게 되어 있다. 이를 먼저 표로 보이면 다음 (1)과 같다.

(1)

		근칭	중칭	원칭
3인칭 대명사	사물대명사	이것	그것	저것
	처소대명사	여기	거기	저기
	시간대명사	이때	그때	접때
	인물대명사	얘, 이이, 이분, 이놈	걔, 그이, 그분, 그놈	쟤, 저이, 저분, 저놈
	대용대명사	이	그	저

3인칭 대명사는 우선 근칭(近稱), 중칭(中稱), 원칭(遠稱)의 구분이 있

6. 이 호칭은 쓸 때 조심해야 한다. 젊은 여인이 '아주머니'라는 호칭을 듣고 불쾌해 할 수도 있고, 가게에서 '할아버지'라고 했다고 해서 사려던 물건을 안 사고 나오는 일도 있기 때문이다.

다. 근칭은 '이것', '이분'처럼 화자 쪽에 가까이 있는 것을, 중칭은 '그것', '그분'처럼 청자 쪽에 가까이 있는 것을, 그리고 원칭은 '저것', '저분'처럼 화자와 청자 양쪽에서 다 먼 것에 있는 것을 가리키는 대명사다. 한국어의 3인칭 대명사는 대부분 관형사 '이', '그', '저'에 명사 따위가 결합하여 이루어진 것들인데 근칭, 중칭, 원칭의 구분은 바로 이 '이', '그', '저'가 가지고 있는 의미에서 유래된 것이다.

3인칭 대명사는 사물대명사(事物代名詞), 처소대명사(處所代名詞), 시간대명사(時間代名詞), 인물대명사(人物代名詞)로도 나눈다. '이것', '그것,' '저것'처럼 사물을 가리키는 것과 '여기', '거기', '저기'처럼 처소를 가리키는 것,[7] '이때', '그때', '접때'처럼 시간을 가리키는 것, 그리고 '이분', '그분', '저분'처럼 사람을 가리키는 것의 구분이 있기 때문이다.

거기다가 인물대명사에는 다시 평칭(平稱)과 경칭(敬稱), 극경칭(極敬稱)의 구분이 있다. 즉 평칭의 '얘', '걔', '쟤',[8] 중칭의 '이이', '그이', '저이', 극경칭의 '이분', '그분', '저분'이 있다. 그뿐만 아니라 비칭(卑稱)의 '이놈', '그놈', '저놈'도 있는데 뒤에서 보듯이 이것들은 인물대명사 외에 사물대명사로도 쓰인다.

근칭, 중칭, 원칭

근칭, 중칭, 원칭의 구분은 3인칭 대명사에 골고루 적용된다. 먼저 근칭, 중칭, 원칭의 대표적 용례를 몇 보이면 다음과 같다.

(2) <A> (자기 바로 앞에 놓인 숟가락을 가리키며) <u>여기</u> 있는 <u>이것</u>이 무엇이

---

7. '이리', '그리', '저리'도 처소를 가리키며 '여기', '거기', '저기'와 비슷한 짜임을 보이지만 이들은 부사다.

8. 국어사전들에서는 '얘' 등을 '그 아이' 등의 준말이라고 하여 대명사로 다루지 않고 있으나 이들은 한 단어로 굳어져 독자적인 의미를 가진 대명사로 쓰이고 있다. 중년이 넘은 여자들끼리도 "쟤 왜 저러니?"라고 하는데 이때의 '쟤'를 '저 아이'의 준말이라고 할 수는 없다.

겠어요?

<B> 그것이 무엇인지 모를 사람이 어디 있겠어요?

<A> (두 사람한테서 다 떨어져 있는 꽃병을 가리키며) 그러면 저기 있는 저것은 무엇이겠어요?

이들 중 '그'가 결합된 '그것', '그분' 따위는 중칭으로만 쓰이지 않고 화자와의 거리에 관계없이 이미 서로 알고 있거나 앞에서 말한 대상을 가리키는 기능으로도 널리 쓰인다. 특히 '그것'은 앞에서 말한 사항을 다시 가리키는 용법이 있어 그중에서도 대표적인 3인칭 대명사라 할 만하다.

(3) a. 그때 우리한테 그것이 없었다면 큰일이었을 거야.
b. 그것은 제가 보관하고 있습니다.
c. 이번 시합에서 누가 우승할지, 그것은 아무도 모르지요.
d. 너 그것을 말이라고 하니?

(4) a. 어제 학교에 오셨던 학부형 말이야, 그분 참 인상에 남아.
b. 걔(그애)는 늘 지각이잖아요?

앞의 (3)과 (4)에서의 기능은 대명사의 이른바 대용(代用, anaphora)의 기능이다. 근칭, 중칭, 원칭으로서의 기능은 무엇을 직접 가리키는 지시(指示, deixis)의 기능임에 비해 이들의 기능은 이미 앞서 나온 것을 다시 받는 기능인 것이다.

처소대명사

한편 처소대명사(處所代名詞) '여기', '거기' '저기'는 장소를 가리키는 것이 다를 뿐 '이것', '그것', '저것'과 비슷한 용법을 보인다. 여기에서도 '거기'는 중칭으로서의 지시 기능뿐만 아니라 (5b)에서와 같은 대용의 기능도 가진다. 또 특수하게 (6)에서처럼 '당신'쯤으로 부를 수 있는 상대방을 우회적으로 표현하여 2인칭 대명사로 쓰기도 한다.

(5) a. 얘, 여기보다 거기가 더 좋겠다. 이리 오지 마. 내가 그쪽으로 갈게.
b. 나도 거기 가 봤는데 거기야말로 정말 꼭 가 봐야 할 곳이더라.
c. 고향 땅이 여기서 몇 리니 되나? 푸른 하늘 끝닿은 저기가 거기인가(거긴가)?

(6) 거기, 이리 좀 와 봐요. 거기가 몇 살이라고 그랬지요?

시간대명사

시간대명사(時間代名詞) '이때', '그때', '접때'는[9] 처소대명사와 평행적일 듯하나, 이들은 원근(遠近)의 기준이 그처럼 뚜렷하지 않고 또 주로 대용적인 용법으로 쓰인다.

(7) a. 이 사진 좀 봐. 그런데 이때가 언제였지?
b. 이때까지 나는 한 번도 시험에 떨어져 본 일이 없어.

(8) a. 지금 돌이켜보면 그때가 제일 좋았어.
b. 다음 주에 태풍이 온다는데 그때까지는 일을 끝냅시다.

(9) a. 사과가 접때보다 더 크고 더 맛있네요.
b. 접때 울릉도에서 만난 젊은 부부 생각나니?[10]

9. 시간대명사는 지금까지 한국어 문법서에서 대명사로 다루어 오지 않았으나 다른 대명사들이 갖춘 조건들을 다 갖추고 있다.

10. (9b)에서와 같은 '접때'를 국어사전에서 부사로 처리하고들 있으나 '접때에'의 '에'

'이놈', '그놈', '저놈'

'이놈', '그놈', '저놈'은 그 쓰임이 좀 복잡하다. 가장 대표적인 용법은 사람을 낮추어 말하는 비칭으로서의 용법이다. 그러나 다같이 낮추더라도 예문 (10)에서처럼 상스럽게 낮추는 경우와 그와는 달리 (11a)에서처럼 겸양으로 낮추는 일종의 겸칭(謙稱)으로 쓰거나 아니면 (11b)에서처럼 귀여움을 나타내는 일종의 애칭(愛稱)으로 쓰는 경우도 있다.

(10) a. 이놈이 어디에다 대고 행패야.
  b. 도둑이야! 저놈을 잡아라!

(11) a. 이놈은 제 막내입니다.
  b. 그놈 참 귀엽게도 생겼구나.

'이놈', '그놈', '저놈'은 앞 (1)의 표에서 일단 인물대명사에 넣어 두었지만 이들은 사물에도 쓰인다. 다음에서 보듯 개나 새, 또는 빵 등을 가리키는 일에 이들이 자연스럽게 쓰인다. 그리고 이때는 비하(卑下)하는 뜻이 별로 없다.

(12) a. 이놈 좀 봐. 제 새끼한테 젖도 안 주고 짖기만 하네.
  b. 저놈이 또 왔네. 모이를 주니 재미가 붙었나 봐.
  c. (빵을 가리키며) 그놈으로 하나만 더 주세요.

인물대명사와 성

한국어의 대명사는 근본적으로 성(gender)에 따른 구별이 없지만, 인물

가 생략(또는 융합)된 것으로 보고 '접때'는 대명사로 보아야 할 것이다, 이는 '네가 왔을 때'의 '때'가 부사일 수 없음과 같다. '저때'라는 형태는 없다. '입때'는 있으나 이것은 어느 경우에나 격조사를 취할 수 없어 '이때'와는 달리 부사다.

대명사 중 '이이', '그이', '저이'는 주로 남성에게만 쓰인다. 이에 짝이 되는 여성 지칭의 대명사는 없다.

'그'도 남성에게만 쓰인다. 이에 짝이 되는 여성 지칭 대명사로는 '그녀' 등이 있는데 소설 등에 한정적으로 쓰인다. '이놈', '그놈', '저놈'은 대개 남자만을 가리키지만[11] 애칭으로 쓰일 때는 그런 제약이 없다.

'이', '그', '저'

'이', '그', '저'는 외형상으로는 3인칭 대명사의 원형(原型)이면서도 그 쓰임은 매우 제약되어 있다. 특히 '이'나 '저'는 단독으로는 사람이나 사물을 직접 지시하지 못한다. 다만 이들에 복수접미사 '-들'이 결합되면 사람을 가리킨다.

(13) a. 이들을 보십시오. 저들보다 얼마나 더 순진합니까?
b. 그들의 운명은 그들에게 맡깁시다.

그러나 '이', '그', '저'는 앞에 나온 사항을 다시 받는 대용의 기능을 함으로써 대명사의 명맥은 유지한다. 이 점을 근거로 앞의 표 (1)에서 이들을 대용대명사(代用代名詞)라 하여 별개의 부류로 분류하였다. 그러나 이때에도 그 쓰임이 그리 활발한 편은 아니다. 특히 '저'의 쓰임은 위축되어 있다.

(14) a. 이보다 더 좋을 수는 없을 거야.
b. 우리보고 잘못이라니 이는 한마디로 적반하장(賊反荷杖)이라고 할 수밖에 없군요.

11. 이때의 짝으로는 '이년', '그년', '저년'이 쓰이나 이 경우는 비하(卑下)의 정도가 더 크다.

c. 이에 대한 비판은 제3장에서 상세히 논하겠다.

(15) a. 그야 그때 가 봐야 알지.
b. 그로 말미암아 모든 일이 허사가 되고 말았다.
c. 그와 같은 실수는 다시 하지 않겠다.

(16) a. 내가 해도 저보다는 잘하겠다.
b. 이도 저도 아니면 어떻게 하겠다는 거야?

'그'는 특히 소설 등에서는 주인공이 처음부터 '그'로 일관되는 일이 많다. '그'는 거의 글에만 쓰여 (18)에서와 같은 일반 대화에 쓰이면 부자연스럽다.

(17) a. 그는 매사(每事)에 빈틈이 없는 사람이었다.
b. 그의 말재주는 누구나 알아주었다.

(18) a. ??너 그에게 전화했니?
b. ??그가 어제도 찾아왔다며?

'씨'

앞의 표에는 없지만 3인칭 대명사로 '씨'(氏)도 있다. '그'보다는 경칭에 속하나 글에 한정되어 쓰일 뿐 아니라 전체적으로 널리 쓰이지 않는다. 한편 다음 예문(20)에서 보듯이 '씨'는 2인칭 대명사로 쓰이는 수도 있다.

(19) 김광일 박사의 신작(新作)을 읽었다. <u>씨</u>의 필치는 언제 보아도 힘이 있다.

(20) 씨에게 다시 묻노니 씨는 과연 이런 논쟁을 벌여 무엇을 얻겠다는 것인가?

3인칭 대명사의 공백

한국어의 3인칭 대명사에서 하나 특징적인 것은 앞의 명사를 뒤에서 대명사로 대체하는 일이 규칙적이지 않을 뿐 아니라 아예 그 길이 봉쇄되어 있는 경우가 많다는 점이다. 많은 경우 (21)에서처럼 명사를 그대로 반복하는 것이 규칙에 맞는 것이다. 다음 예문에서 뒤쪽의 '진호'나 '진달래' 및 '한강'을 대명사로 대체할 방도가 한국어에는 없다('진호' 자리에 '언니'나 '아저씨'가 와도 마찬가지다).

(21) a. 우연히 서점에서 진호를 만났어요. 그런데 진호는 내일 못 온대요. 어떡하지요? 진호가 꼭 있어야 하는데.

b. 앞산에 진달래가 피기 시작하였다. 진달래는 개나리와 거의 같은 때 피지만 사람들이 시(詩)를 지어 바치는 쪽은 으레 진달래다. 사실 진달래만큼 사람을 설레게 하는 꽃도 드물다.

c. 한강은 우리나라 4대 강의 하나다. 그러나 그 비중으로 치면 한강이 단연 으뜸이다. 한강은 특히 조선이 한성(漢城)에 도읍을 정하면서 점차 그 비중이 커지기 시작하였다.

인명을 그대로 반복하기 어려울 경우에는 (22)에서처럼 '선생님'과 같은 칭호(稱號)가 일종의 대명사 역할을 한다. 그러나 이것들은 대명사는 아니다. 물론 (23)에서처럼 '그'가 대명사 일을 제대로 하기도 하나[12] 그것은 한정된 문체의 글에서만 가능하다.

---

12. 그나마 철저히 '그'로 일관하지 못하고 '이효석'이 뒤섞여 나오는 점이 주목된다.

(22) 일석 이희승 선생님께서는 언제나 맑고 잔잔한 호수 같은 심상(心象)으로 우리 앞에 다가서신 분이다. 선생님만 떠올리면 어느새 마음이 맑아지고 옷깃을 여미게 된다. 선생님께서는 우리 같은 속기(俗忌)투성이 서생(書生)은 도무지 가질 수 없는 넓고 큰 뜻을 지니시어 한평생을 곧고 바른길만 걷다가 가셨다. 이제 선생님을 다시 뵈올 수 없다는 생각에 절로 눈시울이 뜨거워짐을 막을 길이 없다. (김용직, 「길이며 빛이신 큰 스승님」)

(23) 이효석의 문학은 당대의 현실 속에서 부족 혹은 결손을 인식하는 데서 출발했다고 할 수 있다. 이 점은 그의 소설뿐만 아니라 비소설 산문을 꼼꼼히 읽어 보는 사람들에 의해서 쉽게 확인될 수 있을 것이다. 여기서 부족 혹은 결손이라 함은 이효석이 살던 시대에 우리나라가 처해 있던 상황을 특징짓던 물질적 가난은 물론이요 정신적 빈곤까지 내포한다. 이 결손감은 더러 그로 하여금 현실에 대해서 절망하게 했지만, 또 더러는 이 민족적 궁핍을 극복하기 위해서 문화 창조의 필요성이 절실하다는 것을 인식하게 했다. (이상옥, 『이효석』)

5.4 부정대명사 및 의문대명사

대명사 중에는 인칭대명사와 달리 일정하게 정해진 것이 없이 쓰이는 이른바 부정대명사(不定代名詞, indefinitive pronoun)도 있고, 반드시 의문문을 동반하고 쓰이는 의문대명사(疑問代名詞, interrogative pronoun)도 있다.

먼저 의문대명사의 예를 보기로 하자. 의문대명사로는 '누구', '어디', '언제', '무엇', '어느것', '어느분'이 있다.[13]

(1) a. 너희들 중 누가(←누구가) 컴퓨터를 제일 잘하니?
b. 이번 소풍은 어디로 갈까?
c. 약혼 날짜는 언제가 좋겠습니까?
d. 무엇을 도와 드릴까요?
e. 둘 중 어느것이 더 마음에 드니?
f. 이번 주례는 어느분에게 부탁드릴까요?

부정대명사의 대표라 할 만 것은 '아무'다. '아무'는 단독으로도 쓰이고, '아무데', '아무것', '아무개' 등으로 복합어를 이루어 쓰이기도 한다.

(2) a. 이 얘기는 아직 아무한테도 하지 않았어.
b. 너는 정말 아무것도 모르고 있구나.
c. 다리 아픈데 아무데나 가서 좀 앉자.
d. 아무데 사는 아무개가 보내서 왔다면 알아서 잘해 줄 거다.

그런데 한국어의 의문대명사는 부정대명사로도 쓰이는 특징이 있다. 의문문을 동반하지 않으면서 불특정한 대상을 가리키는 일을 하는 것이다. 특히 '누구'와 '어디'는 다음에서 보듯 각각 '아무' 및 '아무데'와 거의 같은 뜻으로 쓰이면서 서로 넘나들기도 하는 것을 볼 수 있다.

(3) a. 누가 왔나 봐요.
b. 누구 나 좀 도와 줘.[14]

---

13. 많은 국어사전에서 '어느것'을 한 단어로 올리지 않고 있으나 '이것', '그것', '아무것'과 마찬가지의 복합어로 보지 않을 근거가 없다. '어느것'은 일찍부터 『우리말본』(최현배)이나 『국어대사전』(이희승) 등에 대명사로 올라 있었다. '어느분'도 '어느것'과 묶어 보아야 할 것이다.

c. 누구 참한 사람 하나 없을까?
d. 이 얘기는 아직 누구(/아무)한테도 하지 않았어.
e. 이런 정도는 누구(/아무)나 할 수 있을 겁니다.

(4) a. 이번 주말에는 어디 좀 조용한 곳에 가 쉬다 오고 싶구나.
b. 아무리 찾아봐도 어디(/아무데)에도 없는데.
c. 워낙 명산(名山)이라 어디(/아무데)를 보아도 좋구나.

(5) a. 뭐(←무엇) 좀 신나는 일 없을까?
b. 나는 무엇이든 잘 먹어.
c. 그 말을 듣자 김 순경은 무엇에 쫓기듯 황급히 돌아갔다.

(6) a. 언제 한가할 때 한번 놀러 와.
b. 언제라도 도움이 필요하면 연락 주세요.

(7) a. 슈베르트가 작곡한 피아노곡은 어느것이나 좋아합니다.
b. 나는 어느것도 마음에 들지 않는구나.
c. 그 돈으로는 어느것을 사도 마찬가지일 거야.

(8) a. 이 일은 어느분이 맡아도 힘들 겁니다.
b. 양심이 곧은 분이면 어느분이라도 좋겠지요.

---

14. 주어 자리에 '누구'가 쓰일 수 있는 것도 부정대명사의 한 특징이다. 의문대명사라면 '누가'가 되어야 하기 때문이다.

5.5 재귀대명사

한국어의 대명사 중에는 재귀대명사(再歸代名詞, reflexive pronoun)도 있다. 재귀대명사란 앞에 나온 말, 즉 선행사(先行詞, antecedent)를 다시 받되 일반 대명사와 구별되는 특유의 형태를 띤 대명사를 가리키는데[15] 한국어의 재귀대명사는 3인칭에서만 나타난다. 다음 (1)에서 보면 1인칭과 2인칭에서는 일반 대명사가 그대로 쓰이는 자리에서 3인칭의 경우는 (2)에서처럼 특별한 형태의 대명사가 쓰이고 있다. 이때의 '저'나 '자기'가 곧 재귀대명사다.[16]

(1) a. 나는 내 고향이 어디인지도 몰라.
    b. 너는 네 고향이 어디인지도 모르니?

(2) a. 진호는 제(←저의) 고향이 어디인지도 몰라요.
    b. 저이는 자기 고향이 어디인지도 몰라요.

'당신'

한국어의 재귀대명사는 앞의 '저', '자기' 외에 '당신'이 하나 더 있다. 이들 셋은 그들 선행사의 경어법 등급이 어디에 속하느냐에 따라 갈린다. '저'가 가장 낮은 등급에 속하고, '자기'가 중간 단계, 그리고 '당신'이 가장 높은 등급에 속한다.[17]

---

15. 재귀대명사는 '재귀사'(再歸辭, reflexive)라고도 한다. 그러나 재귀사는 대명사 외에 재귀동사 등도 포괄하는 좀더 넓은 의미로도 쓰인다.

16. 영어에서는 "I wash myself", "Do look after yourself"처럼 1인칭과 2인칭에도 재귀대명사가 있다.

17. '저'와 '당신'은 앞에서 본 3인칭 대명사의 '저' 및 2인칭 대명사의 '당신'과 형태가 같지만 이것들은 그것들과 그 기능이 완전히 다른 별개의 대명사들이다.

(3) a. 재는 왜 좋은 제(자기) 목소리를 두고 남의 흉내를 내려고 그러지?
b. 중도 제(자기) 머리는 못 깎는다.
c. 스님도 자기(??제/??당신) 머리는 못 깎는다.

(4) a. 오빠는 요즘 자기(??제) 방에서만 살아요.
b. 김 과장은 늘 자기(??저)를 미남으로 생각하고 있었다.

(5) a. 할머니는 이제 당신 고향이 어디인지도 모르세요.
b. 그분은 당신에게 온 편지를 하나도 버리지 않고 보관하고 계셨다.
c. 외할아버지께서는 당신이 하시는 말씀은 다 옳다고 우기셨다.

앞의 예문들에서 '저', '자기', '당신'의 쓰임이 선행사에 대한 존대의 정도에 따라 달리 쓰이는 것을 볼 수 있다. 다만 '저'가 쓰이는 자리에는 '자기'도 쓰일 수 있다. 그러나 역시 '저'가 더 낮추어 말한다는 어감의 차이가 있고, 또 (4) 및 (3c)에서 보듯이 너무 낮추어 말하기 어려운 상황에서는 '저'를 쓸 수 없다.

'당신'은 정중하되 얼마간 고풍스러운, 또는 전래적(傳來的)인 분위기를 풍긴다. 그래서 가령 중고등학교 학생이 (5)와 같은 문장을 쓴다면 어울리지 않는다. 또 선행사가 '장관님', '사장님' 같은 현대풍의, 또는 공적(公的)인 대상일 때도 '당신'은 잘 쓰이지 않는다.[18] 이래저래 세 재귀대명사 중에서는 '자기'가 가장 널리 쓰인다.[19]

---

18. 이때는 "사장님은 이제 사장님 고향이 어디인지도 모르셔"처럼 선행사를 그대로 반복하는 것이 일반적이다.

19. 근래 부부 사이에서 쓰이는 "자기 이거 좀 도와 줘" 따위의 '자기'는 표준어가 아닐뿐더러 2인칭 대명사로서 재귀대명사가 아니다.

선행사의 조건

한국어의 재귀대명사는 원칙적으로 선행사가 주어일 때 쓰인다. 따라서 만일 재귀대명사 앞에 두 개의 명사가 있을 때는 주어가 그 자귀대명사의 선행사가 되는 것이 일반적이다. 다음 (6)에서도 '자기'는 '영미'를 받을 뿐 '정혜'를 받을 수 없다.

(6) a. 영미는 정혜한테 자기 자동차로 가자고 했다.
    b. 영미는 정혜보다 자기 동생을 더 좋아한다.

5.6 대명사의 복수형

한국어의 대명사는 기본적으로 단수와 복수가 별개의 형태로 구분되는 언어가 아니다. 겨우 '우리', '저희', '너희'만 복수형이 따로 마련되어 있는 정도다. 그러나 복수접미사 '–들'을 결합하여 복수를 나타내는 길은 폭넓게 열려 있다.

'–들'은 명사에도 널리 쓰이는데 명사에 쓰일 때와 대명사에 쓰일 때 좀 다른 점이 있다. 명사의 경우에는 '–들'이 비록 그 명사가 복수임을 나타내 주기는 하지만 그 힘이 절대적은 아니다. 명사들은 복수인 것이 '–들'이 없이도 쓰이는 수가 많아 '–들'의 기능이 그만큼 약한 것이다. 한 예로 다음 (1a)의 '책'은 실제로 복수임에도 아예 '–들'을 쓸 수 없으며, (1b)의 '사람들'의 '–들'은 별로 하는 일이 없다. (2)의 '–들'처럼 제 몫을 하는 경우도 있으나 전체적으로 '–들'의 용도가 그리 막강하다고 하기 어렵다.

(1) a. 책을 여러 권 샀구나.
    b. 다친 사람(/사람들)이 많대.

(2) a. 무슨 사람들이 체면이 그렇게 없지.
b. 방학 동안 무슨 책들을 읽으셨어요?

그러나 대명사의 경우는 '-들'이 그 구분을 확실히 해 준다. 한 예로 '자네'나 '그분'이 실질적으로 여러 명을 가리키는 일은 없다. 그러려면 반드시 '-들'을 써야 한다. 그리고 앞에서 보았듯이 '이들', '그들', '저들'의 '-들'은 복수의 의미뿐 아니라 그 쓰임을 더 자유롭게 해 주는 기능도 한다.

(3) a. 자네가 그랬지?
b. 자네들이 그랬지?

(4) a. 그분의 전화번호 아세요?
b. 그분들의 전화번호 아세요?

(5) a. 이것 좀 치워 줘.
b. 이것들 좀 치워 줘.

(6) a. 그 사병은 그것이 자기한테 온 선물인지 모르고 있었다.
b. 사병들은 그것들이 자기들한테 온 선물인지 모르고 있었다.

(7) a. *이(/*저)를 어디로 보낼까요?
b. 이들(/저들)을 어디로 보낼까요?

다만 이미 복수형으로 되어 있는 '우리', '저희', '너희'에 다시 '-들'이 결합하여 쓰일 때는 사정이 좀 다르다. 이때는 명사에 '-들'이 결합될 때와 비슷한 것이다. 즉 (8)에서처럼 '-들'이 별 기능을 하지 못하는 경우가 있는가 하면, (9)에서처럼 '-들'이 없을 때와는 완연히 구별되는 의미로 쓰이는, 따라서 꼭 필요하게 쓰이는 일도 있다.

(8) a. 저 사람이 우리(/우리들)보고 그러는 거니?
b. 그 일은 저희(/저희들)에게 맡기세요.
c. 너희(너희들) 학교가 이번에 우승하였다며?

(9) a. 저희들 집은 각각 다른 방향이어요.
b. 너희들 엄마들도 다 이 학교 출신들이시지?

대명사 중에는 '-들'을 취하지 못하는 것들도 많다. '여기'와 같은 처소대명사, '이때'와 같은 시간대명사, 그리고 '아무'나 '어디'와 같은 부정대명사나 의문대명사들이 그러하다. 의미상 복수로 표현하기 어려운 것들이기 때문일 것이다.

제6장 격조사

앞에서 보았듯이 조사(助詞)는 크게 격조사(格助詞)와 특수조사(特殊助詞)로 나뉜다. 그러나 한국어는 조사가 발달되어 있는 것으로 특징을 삼을 수 있을 만큼 조사는 그 세부에 들어가면 그 수도 많거니와 그 쓰임도 매우 다양하다. 조사는 한국어 문법에서 차지하는 비중이 워낙 크므로 이를 몇 갈래로 갈라 상세히 살펴볼 필요가 있다. 여기서는 먼저 격조사를 종류별로 하나씩 보아 가기로 하겠다.

6.1 주격조사

주격조사(主格助詞)는 한 문장의 주어 자리에 쓰이는 조사다. '이/가'가[1] 대표적인 주격조사다.

---

1. 역사적으로는 '이'가 먼저부터 쓰였고 '가'는 16세기 무렵에 발생하여 그 후 '이'는 자음(받침) 뒤에, '가'는 모음 뒤에 쓰이게 되었다. 앞으로 '이'를 주격조사의 대표로 삼아 기술해 가겠다.

(1) a. 비가 온다.
b. 바람이 분다.

(2) a. 어떻게 사느냐가 가장 어려운 문제다.
b. 그의 판단이 옳았음이 이내 드러났다.

'께서'

주격조사로는 '이' 외에 '께서'도 있다. '께서'는 주어가 존대를 받을 대상일 때 그에 대한 존대의 뜻을 나타내기 위해 쓰인다. 한편 단체나 기관이 주어일 때는 '에서'가 주격조사로 쓰이기도 한다.

(3) a. 교장 선생님께서 졸업생들에게 감명 깊은 축사를 해 주셨다.
b. 증조할아버지께서 이 비석을 쓰셨답니다.

(4) a. 그때 마침 나라에서 장님을 위한 큰 잔치를 벌였습니다.
b. 당국에서 책임을 지겠지요.

보어 자리의 주격조사

주격조사는 명사가 주어 일을 하지 않는 자리에 쓰이기도 한다. 즉 다음 예문 (5)에서처럼 보어 자리에도 쓰이는 것이다. 그러나 보어 자리에 주격이 쓰이는 것은 다른 언어에서도 볼 수 있는 보편적인 현상이다.

(5) a. 누가 반장이 되었니?
b. 낙엽송은 상록수가 아니다.

특수 용법

주격조사는 다음 예문 (6)과 (7)에서처럼 특이한 자리에 쓰이기도 한다. 이 자리에 왜 주격조사가 쓰이는지는 쉽게 설명되지 않는다. (6)의 경우는 '싶다'가 서술어일 때 흔히 볼 수 있는 현상으로 주격조사가 쓰이면 그 명사를 더 선명하게 부각시키는 효과가 있는 듯하나 (6b)에서처럼 대격조사 '을'이 쓰이는 것이 더 정상적일 것이다. 그리고 (7)의 경우는 어느쪽 조사도 쓰이지 않는 것이 더 정상적일 것이다.

(6) a. 갑자기 라일락 향기가 맡고 싶구나.
  b. 갑자기 라일락 향기를 맡고 싶구나.

(7) a. 나는 그 말이 싫지가 않았다.
  b. 나는 그 말이 싫지를 않았다.
  c. 나는 그 말이 싫지 않았다.

6.2 대격조사

대격조사(對格助詞) '을/를'은[2] 목적어 자리에 쓰이는 조사다. '목적격조사'라고 부를 수도 있겠으나 일반적으로 대격조사라 한다. 어떤 행위가 미치는 대상을 가리키는 격조사라는 뜻이다.

(1) a. 무슨 선물을 받았니?
  b. 오전에는 음악을 듣고 오후에는 책을 읽었어요.

---

2. '을'은 자음(받침)으로 끝나는 명사 다음에, '를'은 모음으로 끝나는 명사 다음에 쓰인다. 앞으로 '을'을 대표로 삼는다. 앞으로 필요할 때마다 밝히겠으나 다른 단서가 없는 한 일관하여 자음(받침) 다음의 형태를 대표로 삼아 나가겠다.

동족목적어

대격조사는 이른바 동족목적어(同族目的語, cognate object) 자리에도 쓰인다. 동사 중에는 "꿈을 꾸다", "잠을 자다", "웃음을 웃다", "춤을 추다"처럼 그 동사와 같은 계열의 의미를 지닌 목적어를 거느리는 것들이 있다. 이런 목적어를 동족목적어라 한다. 동족목적어는 기본적으로 자동사인 '웃다', '자다'에 쓰이고 타동사라고 하여도 이 종류의 목적어만 취하는 '꾸다', '추다' 등과만 어울리는 특수한 목적어인 셈이다.

(2) a, 새해 무슨 좋은 꿈을 꾸셨나요?
b. 너는 아무데서나 잠을 잘 자는구나.
c. 무엇이 좋아 저렇게 호쾌한 웃음을 웃지?

특수 용법

대격조사의 특수한 용법 중에는 다음 예문 (3)에서와 같은 것도 있다. '가다', '걷다', '다니다', '뛰다', '기다', '날다', '떠나다', '지나다' 등의 이동동사(移動動詞) 앞에 쓰여 마치 이들 자동사를 타동사인 것처럼 쓰이게 하는 용법이 그것이다.

(3) a. 어디를 그리 바삐 가니?
b. 경치가 좋으니 한 시간을 걸어도 피곤한 줄 모르겠구나.
c. 하늘을 나는 것이 인류의 오랜 꿈이었다.
d. 너는 어느 학원을 다녔니?

대격조사의 중출

대격조사의 다른 한 특수한 용법은 다음 예문 (4)에서와 같이 한 문장에 대격조사가 중출(重出)하는 용법이다.

(4) a. 인부들이 나무를 밑동을 잘랐다.
b. 창호가 송아지를 엉덩이를 걷어찼다.

이들 문장의 '나무'와 '밑동' 또는 '송아지'와 '엉덩이'는 전체와 부분의 관계에 있는 것들이다. 그럴 때 양쪽에 '을'이 쓰인 것인데 이는 전체를 얘기하였다가 그것을 더 세부적으로 표현하고자 해서 생기는 양식일 것이다. 따라서 (4a)는 말하자면 '나무를'과 '밑동을' 사이에 쉼표를 두면 좋을, 다시 말하면 그 사이에 "더 정확히 말하자면"과 같은 말이 숨어 있는 문장인 셈이며, 그 점에서 이들의 대격중출은 특수할 것이 없다고 할 수 있다.

이는 예문 (4)를 피동문으로 바꾸어 보면 더 잘 드러난다. 피동문에서는 (5)에서 보듯 주격조사가 중출하는 문장으로 바뀌는데 그 사정이 매우 비슷함을 볼 수 있다.

(5) a. 나무가 밑동이 잘렸구나.
b. 송아지가 엉덩이가 철조망에 긁혔어요.

6.3 처격조사

처격조사(處格助詞)는 처소(處所)를 나타내 주는 것을 주된 임무로 하는 조사다. '에'가 대표적인 처격조사다. 그러나 처격조사에는 '에' 이외에도 몇 개 더 있다. 이들의 용법을 하나씩 따로 보아 가기로 하자.

6.3.1 '에'

뒤에서 보게 되듯이 '에'는 꽤 여러가지 의미를 나타내는데 그중 대표적인 것은 무엇이 위치한 공간적(空間的)인 범위를 나타내 주는 일이다.

(1) a. 열쇠를 어디에 두었니?
b. 어제는 종일 집에 있었다.
c. 대영박물관은 런던에 있고, 루브르박물관은 파리에 있다.

지향점

'에'는 공간적인 범위 외에 다음 (2)에서와 같이 무엇이 향하는 곳을, 즉 그 지향점(指向點)을 나타내 주기도 한다. 그런가 하면 (3)에서처럼 시간적(時間的) 범위를 가리키는 일에도 널리 쓰인다.

(2) a. 이 책은 어디에 보낼 거니?
b. 이번 여름방학에는 외가에 다녀오자.

(3) a. 나팔꽃은 아침에 피었다가 저녁에 진다.
b. 저는 이번 8월에 졸업합니다.

단위

'에'는 어떤 단위(單位)를 나타내 주기도 한다. 이들 단위도 결국은 범위를 가리키기 때문일 것이다.

(4) a. 올림픽은 4년에 한 번씩 열린다.
b. 이 감 한 접에 얼마지요?
c. 이 시계가 하루에 1분씩 빨라진다.

추상적 공간

'에'는 다음 예문에서처럼 딱히 어떤 구체적인 공간이 아닌 것에도 쓰인다. 얼마간 추상적인 공간이라 할 수 있을 것이다.

(5) a. 그 글은 내 마음에 들지 않는다.
b. 아스피린이 심장병 예방에 효과가 있다지?
c. 확실히 우리 가곡에 정겨운 노래가 많아요.

이유격조사

'에'는 앞에 보인 용법과는 아주 다른 의미를 나타내 주기도 한다. 이유나 원인을 나타내 주는 용법이 그것이다. 이들을 따로 이유격조사(理由格助詞)라고 하여 처격조사와 분리하는 수도 있는데 그만큼 특이한 의미라 할 만하다.

(6) a. 천둥소리에 모두 깜짝 놀랐다.
b. 그 사람의 거만한 태도에 모두 마음이 상하고 말았다.

관용구

이상에서만 보아도 '에'의 용법은 꽤 다채롭다. 이러한 특성에서 연유되었을 법한데 '에'는 다음 (7)-(8)에서 보는 바와 같은 관용구를 구성하여 앞 명사와 한 덩어리로 굳어진 단위처럼 쓰이는 일이 많다. 그러가 하면 (9)에서와 같이 뒤쪽으로 일정한 동사의 활용형과 묶여 관용구를 이루기도 한다.

(7) 돈 때문에, 소리치는 바람에, 까부는 통에, 생각난 김에, 망해가는 판에, 고향에 왔던 차에, 시험 기간 중에, 그 밖에

(8) 순식간에, 졸지에, 천만에, 얼떨결에, 홧김에, 세상에

(9) 에 대하여(대해서), 에 대한, 에 관하여(관해서), 에 관한, 에 의하여

(의해서), 에 의한, 에 의하면, 에 따라, 에 비하여

6.3.2 '에게'

앞에서 본 '에'와 밀접한 관계에 있는 또하나의 처격조사로 '에게'가 있다. '에게'는 여격조사(與格助詞)라 하여 오랫동안 처격조사와 구별하여 오기도 하였다. 그러나 '에게'는 근본적으로 '에'와 그 기능이 같다. 즉 다음 예문들에서 보듯이 '에게'는 동물이나 사람처럼 감정이 있는 명사, 즉 유정명사(有情名詞) 뒤에 결합된다는 점이 무정명사(無情名詞) 뒤에 쓰이는 '에'와 다를 뿐 그 하는 일에서는 차이가 없다.[3]

(1) a. 그 편지를 어디에 보냈니?
    b. 그 편지를 누구에게 보냈니?

(2) a. 화초에 물 좀 주렴.
    b. 아이들에게 물 좀 주렴.

(3) a. 이번 산불의 피해 상황을 국회에 보고하였다.
    b. 이번 산불의 피해 상황을 장관에게 보고하였다.

(4) a. 이번 일의 책임은 전적으로 회사에 있습니다.
    b. 이번 일의 책임은 전적으로 저에게 있습니다.

---

3. '에게'만을 따로 가리키기 위해 여격조사라는 용어를 쓸 필요가 있을 때가 있다. 그러나 그럴 때에도 그것은 곧 유정명사와 어울리는 처격조사라는 점을 전제로 하고 써야 할 것이다.

'께'

'에게'는 그 앞에 오는 명사가 존대를 받을 대상이면 '께'로 바뀐다. 이 점은 존대의 대상이 될 수 없는 무정명사 뒤에 쓰이는 '에'에서는 기대할 수 없는 일이다.

(5) a. 이번 산불의 피해 상황을 장관님께 보고하겠다.
  b. 이번 일의 책임은 전적으로 회장님께 있습니다.

6.3.3 '한테'와 '더러'

'에게'와 거의 같은 성질을 가진 조사로 '한테'와 '더러'가 있다. 다음 예문 (1)을 보면 세 조사는 거의 같은 뜻으로 쓰이면서 서로 넘나드는 관계를 보인다.

(1) a. 이걸 누구에게 물어볼까?
  b. 이걸 누구한테 물어볼까?
  c. 이걸 누구더러 물어볼까?

그러나 세 조사가 언제나 자유롭게 넘나드는 것은 아니다. '한테'는 구어적(口語的)인 성격이 커 동물에는 '에게'보다 더 자연스럽게 쓰이는 면이 있는 반면 '더러'는 동물에는 못 쓰며, 특히 '더러'는 그 뒤의 서술어가 '묻다', '말하다', '시키다' 정도로 극히 제약되어 있다.

(2) a. 어린 새끼들{한테, ?에게, *더러} 아직 풀은 주지 마라.
  b. 너{한테, 에게, *더러} 무슨 책임이 있겠니?
  c. 누구{한테, 에게, 더러} 당신이라는 거야?

6.3.4 '에서'와 '에게서' 및 '한테서'

앞에서 본 처격조사에 '서'가 덧붙은 것들도 처격조사로 쓰인다. '서'가 덧붙음으로써 그 의미가 확연히 구별되어 이들은 이들대로 또하나의 부류를 이루는 것이다. 즉 '서'는 지향점의 방향을 바꾸어 준다. '에', '에게', '한테'는 이쪽에서 저쪽으로 가는 방향을, 그래서 도달점(到達點)을 가리키는 것들이었는데 반해 이들에 '서'가 덧붙은 '에서', '에게서', '한테서'는 반대로 저쪽에서 이리로 오는 방향을, 그래서 그 출발점(出發點)을 가리키는 것이다.[4]

(1) a. 선수단이 부산에 왔다.
  b. 선수단이 부산에서 왔다.

(2) a. 누나한테 형한테서 편지가 왔다.
  b. 누나한테서 형한테 편지가 왔다.

앞의 예문에서 "부산에 왔다"와 "부산에서 왔다"는 이동의 방향이 정반대다. "누나한테 왔다"와 "누나한테서 왔다"의 경우도 마찬가지다.

이를 다음 예문에서 좀더 보기로 하자. 여기에서도 '에서'가 그 앞의 명사가 무엇의 출발점임을 나타내 주는 것을 쉽게 확인할 수 있다. 그리고 그러한 특성 때문에 도착점을 나타내 주는 '까지'와 호응하여 쓰이는 일도 많음을 볼 수 있다.

(3) a. 우리는 옛날 많은 문물을 중국에서 들여왔다.
  b. 그는 이제 모든 공직(公職)에서 물러났다.

4. '더러'에는 '서'가 덧붙는 일이 없어 '더러서'라는 조사는 없다.

(4) a. 서해에서 동해까지 관통하는 고속도로가 뚫렸다.
b. 우리는 매일 세 시에서 다섯 시까지 연습하였다.

6.3.5 '에'와 '에서'

이상의 예들에서와는 달리 '에'와 '에서'의 의미 차이가 그리 선명하게 드러나지 않을 때도 있다. 다음 예문들이 그러한 부류의 것들이다.

(1) a. 이 화분은 거실에 놓읍시다.
b. 거실에서 뛰지 마라.

(2) a. 한 달 동안 벽장에 숨겼다.
b. 한 달 동안 벽장에서 살았다.

(3) a. 나는 그때 제주도에 있었다.
b. 나는 그때 제주도에서 근무하였다.

"중국에서 들여왔다"에서처럼 출발점을 가리키는 '에서'들은 가령 영어로 번역하고자 한다면 그 뜻이 명쾌하여 어려움을 겪을 일이 없을 것이다.[5] 그에 비해 이들 예문 (1)－(3)의 '에서'는 '에'와 어떻게 달리 번역하여야 할지 쉽지 않다. 실제로 한국어를 배우는 외국인들이 가장 어려워하는 것 중의 하나가 이들 '에서'와 '에'의 구별이다. 그만큼 두 조사의 의미 차이는 매우 미미하다.[6]

---

5. 대개 from을 써서 쉽게 해결할 수 있을 것이다.
6. 영어라면 in이면 in, at이면 at 어느것 하나를 두 조사에 다같이 쓸 수밖에 없을 것이다.

‘에’와 ‘에서’는 그 뒤에 오는 서술어가 무엇이냐에 따라 선택되는 특징을 보인다. 즉 뒤에 오는 서술어가 ‘두다’, ‘앉다’, ‘눕다’, ‘숨다’, ‘모이다’, ‘있다’, ‘많다’ 등이면 ‘에’가 선택되지만, 그 서술어가 ‘놀다’, ‘공부하다’, ‘회의하다’, ‘연설하다’, ‘일하다’, ‘근무하다’, ‘싸우다’, ‘자라다’, ‘죽다’, ‘만나다’, ‘기다리다’, ‘헤어지다’ 등과 같은 동사이면 ‘에서’가 쓰여야 하는 것이다.

이렇게 뒤에 오는 서술어에 따라 그 분포가 갈린다는 것은 ‘에’와 ‘에서’가 어떤 의미 차이가 있다는 뜻일 것이다. 비록 명쾌히 분석해 내기는 어렵지만 ‘서’는 그 뒤에 오는 서술어들이 ‘놀다’와 같이 좀더 넓은 공간을 필요로 하는 동사들이라는 점으로 보아 ‘에’가 나타내 주는 공간을 좀더 넓혀 주는, 그 공간의 범위가 좀 넓음을 나타내 주는 기능을 한다고 규정할 수 있을 법하다.[7] 어떻든 비록 의미가 아주 비슷하여도 ‘에서’가 ‘에’와 구별되는 별개 조사라는 점은 분명하다.

6.4 구격조사

구격조사(具格助詞)는 무엇을 만들 때 쓰이는 도구나 재료 및 어떤 일을 하는 수단을 나타내 주는 조사로서 ‘으로/로’가 있다.[8] 다음 예문 (1)의 ‘도끼로’의 ‘도끼’는 도구임을, (2)의 ‘콩으로’의 ‘콩’은 재료임을, (3)의 ‘꾀로’의 ‘꾀’는 수단임을 보여 주는데 그 일을 하는 것이 바로 구격조사 ‘으로’의 임무다.

---

7. ‘거주하다’는 ‘에서’를 취할 법한데 ‘에’를 취하며, ‘살다’는 두 가지 조사를 다 취한다. “아파트에 거주하는”, “청주에 살고 있는”, “시골에서 사는 사람은” 등. 그러므로 ‘넓은 공간’이라는 조건도 그 선을 명쾌히 긋기 어려운 한계가 있다.
8. ‘로’는 모음으로 끝나는 명사 다음에, ‘으로’는 자음(받침)으로 끝나는 명사 다음에 쓰인다. 앞으로 ‘으로’를 대표로 삼는다.

(1) a. 도끼로 장작을 패 본 일이 있니?
b. 무슨 장비로 이 긴 터널을 뚫었을까?
c. 붓으로 편지를 써 보내던 시대에서 컴퓨터로 이메일을 주고받는 시대가 되었다.

(2) a. 콩으로 메주를 쑨다고 해도 안 믿는구나.
b. 종이로 만든 인형들인데 그럴듯하지?

(3) a. 토끼는 꾀로 그 위기를 벗어났다.
b. 그 사람은 죽음으로 자기의 결백을 증명하려 하였다.
c. 그렇게 우격다짐으로 밀어붙이면 안 되지요.

그런데 '으로'는 앞에서와는 다른 의미로도 쓰인다. 앞의 '으로'는 '을 써서'나 '을 가지고'로 대치되는 의미로 쓰였는데 그것과는 달리 '때문에', '으로 말미암아'의 의미로 쓰이는 경우가 그 하나다. 그러나 이들도 넓게 보면 수단의 일종을 나타내는 것이기는 하다.

(4) a. 가뭄으로 농작물의 피해가 여간 크지 않답니다.
b. 그의 타계(他界)로 사업에 차질이 생기지 않을 수 없을 것입니다.
c. 김 선수의 복귀로 팀이 활기를 되찾았다.

6.4.1 향격조사

'으로'는 구격조사 외에 향격조사(向格助詞)라는 이름으로 불리는 수도 있다. 그만큼 앞에서 본 것과는 아주 달리 방향이나 지향점 및 통과 지점을 가리키는 데 쓰이는 '으로'도 있다.

(1) a. 섬진강은 남쪽으로 흘러 남해로 들어간다.
    b. 뒤로 물러서지 말고 끝까지 앞으로 밀고 나가게.

(2) a. 고속도로로 가지 말고 국도로 돌아가자.
    b. 잔디밭으로 다니지 말 것.

추상적 지향점

다음 예문의 '으로'는 또 좀 다른 의미를 나타낸다. 이것도 결국은 지향점을 나타내는 것이기는 하나 그리로 향한다는 의미가 그리 선명하게 드러나지 않은 채 예정된 공간이나 시간의 범위를 가리켜 주는 점이 좀 특이한 것이다. 특히 (4)의 '으로'는 추상적인 지향점을 나타내 주어 그 의미가 잘 잡히지 않는다.

(3) a 저는 제일 지망을 일찍부터 이 학과로 정하였습니다.
    b. 내일 만나는 시간은 아홉 시로 하겠어요.

(4) a. 저희는 내일 가기로 했어요.
    b. 이제부터는 우리에게 협조하기로 약속했습니다.[9]

변성격조사

'으로'는 지향점이긴 하나 그쪽으로 간다는 의미이기보다 그쪽으로 변한다는 의미로 쓰이기도 한다. 이것을 따로 변성격조사(變成格助詞)라고 하여 그 점을 부각시키는 일도 있는데 그렇게 별개 조사로 구분하기보다는

---

9. 좀 속어적(俗語的)이긴 하지만 "가는 방향으로 했어요", "협조하는 방향으로 약속했어요"와 같은 표현이 있는데 이때의 '방향으로'가 '가기로', '협조하기로'의 의미를 드러내 주는 데는 좋은 구실을 하는 듯하다.

향격조사의 한 용법으로 보는 것이 나을 것이다.

(5) a. 전원(田園) 같던 논밭이 아파트 단지로 바뀌고 말았다.
    b. 형은 입사(入社)하자 곧 과장으로 승진하였다.

6.4.2 자격격조사

'으로'는 자격을 나타내 주기도 한다. 대체로 '의 자격으로'로 풀 수 있는 의미로 쓰이는 것이다. 이런 '으로'를 흔히 구격조사와 구분하여 따로 자격격조사(資格格助詞)라 부르기도 한다.

(1) a. 함 박사는 대가족의 맏아들로 태어났다.
    b. 나는 여기서 사병으로 3년을 근무하였다.

(2) a. 새 감독으로 윤 코치가 발탁되었다.
    b. 저런 애는 며느리로 삼았으면 좋겠지?

'으로서'

자격을 나타내는 '으로' 뒤에는 '서'를 덧붙여 쓰는 일이 많다. 특히 '으로' 뒤에 '의'나 '가'와 같은 조사가 하나 더 붙을 때는 '서'가 거의 필수적으로 덧붙는다.

(3) a. 학생으로서의 본분을 잊지 말아야 한다.
    b. 형으로서가 아니라 선배로서 하는 말인데 대학만은 꼭 가거라.
    c. 이것이 말하자면 이 글의 결론으로서 중요한 골자는 여기에 다 요약되어 있다.

그런데 이 '으로서'는 실제 발음으로는 [으로써]로 나는 경향이 있다. 그래서 다음 예문 (4)의 '으로써'와 이 '으로서'를 혼동하는 수가 종종 있다. 그러나 '으로써'는 수단을 나타내는 '으로'에 '써'가 결합한 것으로 '을 써서', '을 가지고'의 뜻이어서 '으로서'와는 판연히 다른 조사다.

(4) a. 여기 묻힌 이들은 죽음으로써 나라를 지킨 용사들이란다.
    b. 그때 그는 임기응변으로써 그 위기를 모면하였다.
    c. 이렇게 함으로써 죄책감을 조금이나마 덜어 보려 하였습니다.

6.4.3 관용구

'으로'는 처격조사 '에'와 비슷하게 관용구를 구성하는 일이 많다. 그 대표적인 예를 보면 다음과 같다.

(1) a. 주로, 대체로, 진실로, 정말로, 참으로, 저절로, 자유자재로, 건성으로, 통째로, 억지로, 막무가내로, 차례로, 날로, 밤낮으로, 덕택으로, 적극적으로, 소극적으로, 전적으로
    b. 으로 하여금

앞의 예 중 '으로 하여금'은 현재 이렇게 띄어 쓰면서 '하여금'을 부사로 다루고 있으나 '으로 하여금'은 '으로하여금'으로 묶여 조사로 쓰인다고 보는 것이 더 좋을지 모른다. '하여금'이 부사로서는 너무나 특이한 종류이기도 하지만 '으로 하여금'이 워낙 밀착되어 있기 때문이다.

한편 '적극적으로', '전적으로'처럼 '-적'이 결합된 단어는 어느것이나 자유롭게 '으로'와 어울리는 성질을 보인다. '우호적으로', '능동적으로', '극적으로', '개략적으로', '포괄적으로' 등.

다음 예문의 '알기로'나 '것으로'도 일종의 관용적인 표현이다. "내가 아

는 바로써는" 또는 "옳은 학설로서"와 같은 구격조사 본연의 의미가 없는 것은 아니나 그 의미가 그렇게 잘 드러나지 않고 아주 굳어진 표현처럼 쓰이기 때문이다.

(2) a. 내가 알기로는 박 선생은 아직 미혼이다.
　　b. 얼마 전까지도 다들 그 학설이 옳은 것으로 믿고 있었다.

6.5 속격조사

속격조사(屬格助詞) '의'는 명사와 명사 사이에서 두 명사를 소유주(所有主)와 소유물(所有物)의 관계로 묶어 주는 일, 다시 말하면 소속 관계를 나타내 주는 일을 주된 임무로 하는 조사다. 다음 예문에서 보면 '누님'은 '결혼반지'의 소유주요 '결혼반지'는 그 '누님'에 소속되어 있다. '한국'과 '산하'의 관계도 비슷하다.

(1) a. 누님의 결혼반지
　　b. 한국의 산하(山河)

'의'의 의미

그러나 '의'를 중심으로 한 앞뒤 명사의 의미 관계는 그렇게 단순하지 않다. 소유주와 소유물의 관계가 아닐 때에도 '의'가 쓰이되 그 쓰임의 범위가 여간 다양하지 않은 것이다. 다음 예문만 보아도 '의'가 나타내는 의미를 한두 가지로 추출해 내는 일이 어렵다는 것을 알 수 있다.[10]

---

10. 여기서는 이들의 의미를 세분하는 일은 워낙 복잡하기도 하려니와 일정한 틀을 세우기도 어려워 생략하기로 하겠다.

(2) a. 부모님의 꾸중
b. 아이들의 장래
c. 독서의 계절
d. 고구려 벽화의 연구
e. 사랑의 편지
f. 이별의 슬픔
g. 오늘의 요리
h. 실수(失手)의 연속
i. 하나의 목표
j. 한 줌의 흙
k. 7년만의 외출

한편 속격조사는 두 명사 사이에 쓰인다는 점이 특이하다. 지금까지 앞에서 본 조사들은 다 명사와 서술어 사이의 관계를 나타내 주는 것들이었다. 그것이 격조사의 정상적인 모습이기도 하다. 그런데 속격조사는 명사 사이에서 명사끼리의 관계를 나타내 준다.

관형격조사

속격조사 '의'로 묶이는 두 명사의 문법적 관계는 꾸미고 꾸밈을 받는 관계로 요약할 수 있다. 즉 '의'의 기능은 앞 명사로 하여금 뒤 명사를 꾸미면서 그들을 한 명사구(名詞句)로 묶어 주는 일이라 할 수 있다. 이 점을 들어 속격조사를 관형격조사(冠形格助詞)라 부르기도 한다.

속격조사는 이처럼 문법적 관계를 나타내 주는 일을 그 주된 기능으로 하는 조사다. 어떤 의미를 나타내 주는 것은 부차적인 것에 불과하다. 앞의 예문 (2)에서 보는 바와 같이 여러가지 의미의 자리에 '의'가 쓰이는 것도 '의'의 이러한 성격 때문일 것이다.

이는 다음 예문들에서처럼 '의' 앞에 다른 조사가 쓰였을 때 더 두드러지게 나타난다. 이때의 '의'는 두 명사를 더 큰 명사구로 묶어 주는 일을 도울 뿐 어떤 의미를 나타내 주는 것으로는 보이지 않기 때문이다.

(3) a. 아내와의 약속
b. 자식으로서의 도리
c. 일상(日常)으로부터의 탈출
d. 적지(敵地)에서의 승리

(4) 어디로 가느냐의 문제로 고민하는 것이 아니야. 어디든 갈 수 있느냐 없느냐의 문제로 고민하는 거지.

한국어에서는 (3)의 예문들에서 '의'를 빼면 명사구가 성립되지 않는다. 이는 Gift from the Sea[11]와 같은 구성이 자유로운 영어와 비교하면 한국어의 한 특징이라 할 만하다. 한국어는 "바다의 선물"은 가능하나 "바다로부터 선물"은 불가능한 것이다. 그래서 동원되는 것이 '의'며, 그만큼 '의'의 주된 기능을 두 명사를 명사구로 묶어 주는 일이라 할 수 있다.

6.6 공동격조사

공동격조사(共同格助詞)는 두 명사가 서로 짝이 되어 어떤 일에 관여할 때 그 두 명사를 한 덩어리로 묶어 주는 일을 하는 조사다. '과/와'가[12] 공

11. A. S. M. Lindbergh의 수상집(1955)의 제목임. 한국어 번역판의 제목은 『바다의 선물』로 되어 있다.
12. 모음으로 끝나는 명사 다음에는 '와'가 쓰이고 자음(받침)으로 끝나는 명사 다음에는 '과'가 쓰인다. 앞으로 '과'를 대표로 삼는다.

동격조사의 대표라 할 만하나 '하고'도 있다. 이들은 자유롭게 넘나들 수 있으나 '하고'는 구어적인 용법에 쓰인다는 제약이 있다. 즉 다음 예문 (1c)와 같은 경우는 "고대하고 현대의 조화"라고 하기는 어렵다.

(1) a. 개와 고양이가(/개하고 고양이가) 싸운다.
b. 남희와 명호는(/남희하고 명호는) 어렸을 때부터 이웃에서 오누이처럼 지냈다.
c. 개관 10주년 특별전 – 고대와 현대의 조화

두 명사 사이에서 두 명사를 묶어 준다는 점에서 공동격조사는 속격조사와 상통한다. 그러나 공동격조사로 묶이는 두 명사의 관계는 속격조사 때와 비교하여 훨씬 단순하다. 공동격조사로 묶이는 두 명사는 대등한 관계에 있기 때문에 그 사이에 속격조사에서 볼 수 있었던 복잡한 의미 관계가 생길 일이 전혀 없다. 그래서 공동격조사로 묶이는 두 명사는 언제든 서로 자리를 바꿀 수도 있다. 앞 예문의 '개와 고양이'를 '고양이와 개'로 바꾸어도 그만인 것이다.

대칭동사

공동격조사의 쓰임은 서술어와 깊은 연관이 있다. 우리의 행위나 어떤 상황 중에는 '만나다'나 '사이가 좋다'처럼 혼자서는 할 수 없는 것들이 있다. 마주 소리를 내 줄 손뼉이 있어야 비로소 성립하는 것이다. 다음 (2)에 보인 동사와 형용사 및 구들이 그 대표적인 것인데 공동격조사는 바로 이들이 서술어일 때 쓰인다.

(2) a. 만나다, 헤어지다, 어긋나다, 사귀다, 결혼하다, 싸우다, 다투다, 부딪치다, 대화하다, 통화하다, 악수하다
b. 바꾸다, 바뀌다, 교환하다, 구별하다, 구별되다, 구분하다, 구분

되다

c. 닮다, 같다, 비슷하다, 다르다

d. 친하다, 가깝다, 어울리다, 조화(調和)되다

e. 사이가 좋다, 사이가 나쁘다, 사이가 멀다, 교분(交分)이 두텁다, 친교(親交)를 맺다

앞의 (2)에 보인 동사(및 형용사)를 대칭동사(對稱動詞)라 하는데 공동격조사는 결국 이들 대칭동사와 어울려 쓰이는 조사라 할 수 있다. 그러나 일반 동사도 공동격조사를 취하는 수가 있다. 즉 다음 예문의 '의지하다', '돕다'와 같은 일반 동사들이 '서로'라는 부사와 어울림으로써 대칭동사처럼 쓰이기도 하는 것이다.

(3) a. 최 군과 아주머니는 서로 의지하며 살았다.

b. 창수와 석호가 그때부터는 서로 돕고 지냈다.

c. 수희와 영미는 이상하게도 서로 미워한다.

지금까지 보인 공동격조사 구문은 'A와 B가(는)'의 구성으로 된 것인데 이것은 언제든 'A가(는) B와' 또는 'B가(는) A와'의 구성으로 바뀌어 쓰일 수도 있다.

(4) a. 개와 고양이가 싸운다.

b. 개가 고양이와 싸운다.

c. 고양이가 개와 싸운다.

(5) a. 남희와 명호는 매우 친하다.

b. 남희는 명호와 매우 친하다.

c. 명호는 남희와 매우 친하다.

(6) a. 한국 사람과 몽골 사람은 비슷하다.[13]

b. 한국 사람은 몽골 사람과 비슷하다.

c. 몽골 사람은 한국 사람과 비슷하다.

접속격조사

'과'는 두 명사를 묶어 주는 점에서는 같으나 공동격조사 때와는 달리 두 명사를 병렬(竝列) 관계로 묶어 주는 기능을 할 때도 있다. 이때는 두 명사가 '서로 묶여' 어쩐다는 의미가 아니라 두 명사가 각각 어떤 같은 일에 연결되어 있다는 뜻이 된다.

(7) a. 3번과 12번이(/3번하고 12번이) 결석하였다.

b. 나는 사과와 포도를(사과하고 포도를) 좋아한다.

앞의 예문에서는 '3번'과 '12번'이 서로 힘을 합칠 필요가 없다. 따로따로 결석할 수 있다. '사과'와 '포도'도 따로따로 좋아할 수 있다. 이는 공동격조사의 경우 '개'와 '고양이'가 서로 힘을 모아야, 서로 한 팀이 되어야 싸우는 일이 성립되는 것과는 대조적이다. 앞의 예문 (7)에서 보듯이 이때에도 '하고'가 쓰일 수 있는데 '과'와 '하고'가 이렇듯 함께 두 가지 기능으로 갈리는 것도 재미있는 현상이다.

예문 (7)과 같은 문장은 각각 다음과 같은 두 개의 문장이 하나로 합성한 것으로 해석되는 문장이다. 말하자면 일종의 중문(重文)인 셈이다.

(8) a. 3번이 결석하였다.

---

13. 주격조사 '가' 자리에 '은'이나 '만', '도'와 같은 특수조사가 쓰여도 사정은 같다.

b. 12번이 결석하였다.

(9) a. 나는 사과를 좋아한다.
b. 나는 포도를 좋아한다.

이처럼 두 문장을 하나로 묶어 주는 기능을 하는 '과' 및 '하고'를 공동격조사의 '과' 및 '하고'와 구별하여 흔히 접속격조사(接續格助詞)라 한다.

접속격조사는 여러 면에서 공동격조사와 다른 성질을 보인다. 앞의 (4)－(6)에서 보인 두 구성 간의 넘나듦이 접속격조사의 경우는 불가능한 것이 그 하나다.

(10) a. *3번이 12번과 결석하였다
b. *나는 사과를 포도와 좋아한다.

공동격조사로 묶이는 명사는 그 문장의 주어로만 쓰임에 비해 접속격조사로 묶이는 명사는 그러한 제약이 없다는 것도 중요한 차이다. 앞의 예문 (7)에서만 보아도 주어와 목적어로 쓰인 예를 볼 수 있지만 다음 예에서 보아도 접속격조사일 때는 여러 조사를 자유롭게 취한다.

(11) a. 나와 너의 장래가 달려 있는 문제다.
b. 1반과 2반에 선행상(善行賞)을 주었다.
c. 구호품을 부여와 목포로 먼저 보내세요.

6.7 비교격조사 및 호격조사

비교격조사

비교격조사(比較格助詞)는 두 명사의 상태를 비교할 때 쓰이는 조사로 '보다'가 그 대표라 할 만하다.

(1) a. 남한의 인구가 북한의 인구보다 많다.
    b. 중학생이 벌써 엄마보다 더 크네.
    c. 정혜보다 노래를 더 잘 부르는 사람이 있을까?

'보다' 외에도 '처럼', '만큼', '같이'도 비교격조사로 쓰인다. 다만 이것들은 두 명사의 상태에 우열의 차이가 없음을 나타내 준다는 점에서 그 차이가 있음을 전제로 쓰이는 '보다'와 구별된다.

(2) 바위가 꼭 물개처럼 생겼구나.
(3) 너도 언니만큼 예쁘구나.
(4) 주위는 온통 칠흑같이 어두웠다.

호격조사

호격조사(呼格助詞)는 누구를 부를 때 이름이나 호칭 다음에 쓰는 조사로 '아/야'가[14] 있다.

(5) a. 진숙아, 전화 왔어. 친구래.

---

14. 자음(받침)으로 끝나는 명사 다음에는 '아'가 쓰이고 모음으로 끝나는 명사 다음에는 '야'가 쓰인다. 앞으로 '아'를 대표로 삼는다.

b. 명호야, 너 뭐 잊은 거 없니?

(6) a. 얘들아, 아가가 자고 있으니 좀 저쪽에 가서 놀겠니?
b. 아가야, 이리 온. 아이 예쁘지.

호격조사는 사람에 대해서 쓰는 것이 원칙이고 그것도 이름에 붙이는 것이 일반적이다. '아가야'와 같이 호격조사를 취할 수 있는 호칭은 아주 한정되어 있다. 그리고 애완동물의 이름이나 다음 예문 '나비'나 '삼각산'에 호격조사가 쓰이는 경우는 이들을 의인화(擬人化)한 경우라 할 수 있다.

(7) a. 가노라 삼각산아, 다시 보자 한강수야. (옛시조)
b. 나비야, 나비야, 이리 날아오너라. (동요)

호격조사는 경어법 면에서는 특히 큰 제약을 받는다. 해라체를 쓸 상대에게만 쓰이기 때문이다. 손윗사람을 부르는 호칭에는 말할 것도 없고 반말을 쓰는 정도의 손아랫사람에게도 '아'를 쓰기 어렵다. 그래서 이때는 호격조사를 생략한 채 호칭만 쓰게 된다.

(8) a. 아버님, 저희들 왔어요.[15]
b. 형, 어디 가?

(9) a. 명희, 요즘도 바빠?
b. 창식이, 나 좀 볼까?
c. 동서, 오후에 시간 좀 내 주겠어?

15. 일부 지역에서 '아버님요', '형님요'처럼 '요'를 '아'의 높임말로 쓰는 일이 있는데 이는 방언이다.

호격조사로 '이여/여' 및 '이시여/시여'가[16] 쓰이는 수도 있다. 일반 대화에서는 안 쓰이고 기도문이나 시적(詩的) 표현과 같은 특수 용도에만 쓰이는 것으로 상대를 최대한으로 높이는 뜻이 있다.

(10) a. 주여, 여름은 참으로 찬란하였습니다.
b. 꿈이여, 다시 한번.
c. 님이시여, 꿈에서라도 자주자주 오소서.

6.8 격조사의 생략

한국어의 격조사는 생략될 수도 있다. 이 점 어미와 다르다. 격조사는 명사에 매어 있으면서도 그 매인 정도가 어미만큼 크지 않아 그만큼 자립성도 있는 것이다. 그 때문에 격조사가 없이도 그 명사의 문장성분을 아는 데 지장이 없을 때는 생략되는 수가 많다.

(1) a. 이 책 누구 책이니?
b. 서울 가서 누구 만나려고 그러니?
c. 너 숙제 다 했니?

앞의 예문에서 주격조사, 속격조사, 처격조사, 대격조사 등이 다 빠진 것을 볼 수 있다. 그러면서도 이들 문장을 이해하는 데 어떤 불편이 없다. 어순이나 전후 위치로 격조사가 없이도 명사들이 어떤 문장성분으로 쓰였는

16. '여'와 '시여'는 모음으로 끝나는 명사 다음에, '이여'와 '이시여'는 자음(받침)으로 끝나는 명사 다음에 쓰인다. 그리고 '시'가 들어가 있는 '시여/이시여'는 경칭(敬稱)에 쓰인다.

지를 쉽게 알 수 있는 것이다.

앞 예문 (1)의 경우는 다음 (2)에서처럼 격조사를 일일이 넣으면 오히려 불편한 느낌을 준다. 대개 없이 써 오던 익숙한 상황과 달라진 것에서 오는 낯섦 때문일 수도 있겠고, 최소노력의 법칙이랄까 없어도 될 것을 굳이 챙기는 것에서 오는 거부감일 수도 있을 것이다.

(2) a. 이 책이 누구의 책이니?
  b. 서울에 가서 누구를 만나려고 그러니?
  c. 네가 숙제를 다 했니?

격조사의 생략은 주격조사와 대격조사에서 활발히 일어난다. 주격조사나 대격조사는 어떤 의미를 보태 주는 일이 없이 그 명사가 주어인지 목적어인지를 나타내 주는 것들인데 그것은 어순만으로도 쉽게 가려지기 때문일 것이다.

그러나 새로운 정보, 또는 초점의 대상에 결합된 조사나 내포된 문장의 주어에 쓰인 조사는 생략되기 어렵다. 만일 다음 예문 (3)에서 밑줄 친 조사를 뺀다면 이상한 문장이 될 것이다.

(3) a. 옛날 옛날 아주 옛날 깊은 산속에 수돌이라는 나무꾼이 살고 있었답니다.
  b. 왜 하필 네가 가니?
  c. 막내는 무엇보다도 야구를 제일 좋아한다.
  d. 오죽헌은 율곡이 탄생한 곳입니다.

속격조사 '의'도 잘 생략되는 조사다. 앞에서 보았듯이 속격조사도 전후 명사의 의미 관계보다 문법적 관계를 위해 쓰이는 조사이면서 두 명사의 어순에 따라 자동적으로 그 놓일 자리가 결정되기 때문일 것이다. 다음 예문에서는 '의'를 넣으면 오히려 불편을 준다.

(4) a. 시골 풍경
b. 겨울 날씨
c. 우리 학교

그러나 '나', '너', '그'는 '의' 없이 속격 자리에 쓰이지 못한다. 또 속격조사 다음에 그 수식을 받는 명사가 직접 오지 않을 때라든가 두 명사의 관계가 그리 흔한 것이 아닌 경우에도 속격조사의 생략이 허용되지 않는다.

(5) a. 내 책상
b. 네 판단력
c. 그의 취미 생활

(6) a. 농촌의 평화로운 풍경
b. 겨울의 을씨년스러운 날씨
c. 친구들의 따뜻한 마음

(7) a. 전설의 고향
b. 평화의 종소리
c. 젊은 날의 패기
d. 진호의 도전과 좌절
e. 한나절만의 번복

격조사 중에서도 구격조사, 공동격조사, 비교격조사 등 많은 조사는 생략되지 않는다. 그것들은 어순 등으로 그 출현을 예측할 수 없는 성격의 것들이기 때문일 것이다. 앞에서도 언급하였듯이 생략은 의사소통에 불편을 주지 않는 한도 내에서 노력을 그만큼 줄이려는 현상인 것이다.

제7장 특수조사

특수조사(特殊助詞)에는 '주격조사', '처격조사'와 같은 이름이 따로 없다. 특수조사는 격을 나타내 주는 것이 아니라 어떤 의미를 나타내 주는 조사들이므로 이름을 붙인다면 그 의미를 따서 '배제조사', '유일조사' 등의 이름을 붙여야 할 텐데 일반적으로 특수조사에는 이런 이름을 붙이지 않는다. 따라서 이 장에서는 특수조사를 개별적으로 하나씩 보아 가기로 하겠다. 다만 의미가 비슷하거나 연관이 있는 것은 되도록 한 자리에 모아 살펴보기로 하겠다.

7.1 '만'과 '도'

'만'과 '도'는 특수조사 중 그 의미가 가장 뚜렷한 종류들이다. 가령 외국어로 번역하는 경우에도 '만'이나 '도' 때문에 고생할 일은 없을 정도로 두 조사는 그 의미가 선명히 드러난다. 한 예로

(1) a. 나는 김치를 좋아한다.
b. 나는 김치만 좋아한다.
c. 나는 김치도 좋아한다.

에서 격조사 '를'을 썼을 때와 그 대신 '만'을 썼을 때 그 의미가 어떻게 달라지고, 다시 그 자리에 '도'를 썼을 때 그 의미가 어떻게 달라지는지는 쉽게 쉽게 드러난다.

'만'

'만'은 다른 것은 다 그만두고 유일하게 그것이 선택됨을 나타내 준다. 의미를 풀이한다면 '오직', '오로지' 정도라고 할 수 있다. '김치만'은 다른 것은 다 싫어하고 오직 김치 하나를 좋아한다는 뜻이다. 몇 예를 더 보자.

(2) a. 이 꽃은 그늘에서만 잘 자란다.
b. 얘, 너는 왜 꼭 은경이하고만 놀려고 하니?
c. 그 작가는 원고를 만년필로만 썼다.

(3) a. 불쌍하게도 하루 종일 울고만 있구나.
b. 그렇게 우두커니 서 있지만 말고 여기 와 좀 거들어라.

'만'이 수량 표현과 어울리면 '오직'의 의미보다는 '욕심을 줄여 요구하는 최소'라는 의미가 붙는다. 다음 예문 (4)의 '한 곡'이나 '5분' 및 '천 원'은 더 요구하고 싶으나 양보하여 제시하는 최소의 수량이라는 뜻을 함축한다. 예문 (5)의 '많이만'도 수량에만 욕심이 있을 뿐 더 값비싼 것을 바란다든가 하지는 않는다는 의미가 함축되어 있다.

(4) a. 한 곡(曲)만 더 불러 주세요.

b. 엄마, 5분만. 딱 5분만 더 자고 일어날게.
c. 천 원만 깎아 주세요.

(5) a. 조금만 참으세요.
b. 많이만 주세요.

한편 '만'은 '오직'의 의미를 유지하기는 하지만 '오직'의 의미를 위해서보다는 그로써 그 상황을 극대화하는 효과를 나타내기 위해 쓰이기도 한다.

(6) a. 그때 나는 죽고만 싶었다.
b. 그 사람이 너무 높게만 쳐다보여 감히 말을 걸 수조차 없었다.

'도'

'도'는 다른 것에 그것이 포함된다는 뜻을 나타내 준다. '만'이 다른 것을 배재하는 것에 반해 '도'는 그 다른 것을 감싸 안는다는 점에서 두 조사는 대립적이라 할 만하다. 의미를 붙인다면 '아울러' 정도일 것이다.

(7) a. 이 꽃은 그늘에서도 잘 자란다.
b. 얘, 너는 은경이하고도 잘 놀지?
c. 그 작가는 원고를 만년필로도 썼다.

(8) a. 나는 그 사정을 다 알고도 모르는 체하였다.
b. 그런 이야기야 여기 앉아서도 다 듣지요.

'도'는 그것이 일반적으로는 기대되지 않는 사태에 포함되었음을 나타냄으로써 그 사태가 특별한 경우임을 강조하는 효과를 내기도 한다.

(9) a. 원숭이도 나무에서 떨어지는구나.
b. 이러는 우리 꼴을 보면 돌부처도 웃겠다.

'도'는 '누구'나 '아무', '아무것'과 같은 부정대명사(不定代名詞)와 어울려 부정문(否定文)에 쓰이면 '남김없이 모두'의 뜻이 된다. 결과적으로 모두를 부정하게 되는 것이다.

(10) a. 저 사람 고집은 누구도 못 꺾어요.
b. 그 안(案)에는 결국 아무도 찬동하지 않았다.
c. 나에게 차례 올 것은 아무것도 없었다.

'도'는 무엇을 강조하는 의미로도 널리 쓰인다. 이 경우의 '도'에는 '아울러'의 의미가 느껴지지 않는다.

(11) a. 그는 그 위기에서 조금도 흔들리지 않았다.
b. 옷을 많이도 입었구나.
c. 안타깝게도 그 소원은 끝내 이루어지지 않았다.

7.2 '은/는'

'은/는'은[1] 한국어의 특수조사 중 그 의미를 추출해내기가 가장 어려운 종류다. 특히 다음 예문에서처럼 주어 자리에 쓰였을 때 주격조사 '이'와 그 용법이 어떻게 다른지를 가려내는 일은 여간 어렵지 않다. 이는 '은' 자

1. '은'은 자음(받침)으로 끝나는 단어 다음에 쓰이고 '는'은 모음으로 끝나는 단어 다음에 쓰인다. 앞으로 '은'을 대표로 삼아 쓴다.

리에 '만'이나 '도'가 쓰였을 때와 비교해 보면 더욱 잘 드러난다.

(1) a. 명희가 피아노를 치고 있다.
b. 명희는 피아노를 치고 있다.
c. 명희만 피아노를 치고 있다.
d. 명희도 피아노를 치고 있다.

앞 예문에서 '명희만'이나 '명희도'는 '명희가'라고 했을 때와 그 의미가 어떻게 다른지 선명하게 드러난다. 영어로 세 문장을 구별해 번역하는 일도 어려울 것이 없다. 그런데 '명희는'은 사정이 사뭇 다르다. 당장 (1a)와 (1b)를 영어로 구별해 번역하라고 하면 누구나 어려워한다. 그리고 한국어를 상당한 수준으로 숙달한 외국인조차도 '은'의 용법은 끝까지 어려워한다.[2] 이제 그 까다로운 '은'의 의미를 찾아가 보기로 하자.

대조

주어 자리가 아닐 때는 '은'의 의미가 비교적 선명히 드러난다. 앞에서 '만'과 '도'의 용법을 볼 때의 예문에 '은'을 넣어 보기로 하자.

(2) a. 이 꽃은 그늘에서는 잘 자란다.
b. 얘, 너는 왜 은경이하고는 놀지 않니?
c. 그 작가는 원고를 만년필로는 쓰지 않았다.

여기서 보면 '은'은 다른 것을 한편에 전제로 깔고 그쪽과 대조적(對照的)으로 이쪽 얘기를 한다는 의미를 나타내 준다. 즉 '그늘에서는' 잘 자란

2. 한국 사람들조차도 특히 글을 쓸 때 주격조사와 '은'의 선택을 놓고 몇 번씩 바꿔 가며 어느것이 더 적절한지를 가리지 못하고 고심하는 때가 있다. 그만큼 두 조사 사이의 의미 차이는 미묘한 면이 있다.

다고 하면 '그늘 아닌 곳에서는' 잘 안 자란다는 것을 한편에 깔고 말하는 것이며, 왜 '은경이하고는' 놀지 않느냐고 하는 것은 '은경이 외의 친구들하고는' 놀면서 왜 그러느냐는 것을, 또 '만년필로는' 쓰지 않았다고 하면 '볼펜이나 연필 등 만년필 외의 필기구나 컴퓨터로' 썼다는 것을 다른 한편에 깔고 그것들과 대조적으로 이야기를 펴고 있다. '은'이 그러한 의미를 나타내 주는 일을 하는 것이다.

'은'의 이러한 의미는 다음 예문 (3)에서처럼 대조되는 두 항을 한자리에서 이야기하게 되면 더욱 잘 드러난다.

(3) a. 나는 국수는 좋아하지만 냉면은 싫어한다.
b. 그 만화가 일본에서는 인기가 있었다는데 한국에서는 전혀 그렇지 못하였다.
c. 앉아서는 쉽게 하겠는데 서서는 힘들구나.

앞의 예문 (2)나 다음 예문 (4)는 이렇게 대조되는 두 항의 한쪽이 속에 숨어 있다고 볼 수 있다. (4)에서 보아도 '많이는' 못 주겠다고 하면 '조금은' 주겠다는 뜻이 드러나고, '아까는' 가겠다고 그러지 않았느냐고 따지는 것은 '지금은' 가지 않겠다고 하는 사태가 벌어졌음을 짐작게 해 준다.[3] '은'은 한마디로 이렇듯 대조되는 한쪽을 은근히 나타내 주는, 함축적(含蓄的)으로 나타내 주는 조사라고 할 수 있다.

(4) a. 많이는 못 주겠다.
b. 잘하지는 못해요/잘은 못해요.
c. 도저히 더는 못 참겠구나.

---

3. 그런데 '은'은 이렇게 의미가 가장 선명하게 드러나는 경우에도 그것을 영어 등으로 번역하기는 어렵다. 이 점에서 '은'이 의미를 잡아내기 어려운 조사라는 것은 근원적인 문제인 셈이다.

d. 아까는 가겠다고 했잖니?

함축

이상과 같이 접근하면 쉽게 풀리는 면이 있기는 하나 '은'의 의미는 여전히 선명하지 못한 구석이 있다. 앞에서 '은근히'나 '함축적으로'라 한 것이 바로 그것을 말한다. 대조되는 다른 한쪽의 이야기는 함축되어 있을 뿐 명시적(明示的)이지 않을 뿐 아니라 적극적이지도 않다. '만'을 썼을 때는 나머지는 모두 배제한다는 것이 분명하였다. 그러나 '은'은 역시 나머지를 배제한다는 것이 일차적으로 떠오르는 느낌이긴 하지만 '만' 때처럼 분명히 선을 그어 주지는 않는다. 어디까지나 함축일 뿐 책임을 져 주지 않는다.

그래서 '은'은 흔히 시비(是非)의 말미를 제공한다. "공부는 잘한다"라는 말에 "그럼 마음씨는 나쁘단 말이야?"라고 덤비는 따위가 그것이다. 그런데 이 시비는 쉽게 가려지지 않는다. "누가 공부만 잘한다고 그랬니? 공부는 잘한다고 했지"라고 응수하는 사태가 벌어지고 그 방어도 정당하기 때문이다. "공부는 잘한다"는 일단 "운동은 못한다"나 "성질은 나쁘다"와 같은 말을 함축한 것으로 받아들여지지만 그렇다고 반드시 "운동도 잘한다"나 "마음씨도 좋다"를 배제하는 것은 아닌 것이다. '은'은 그처럼 함축만 할 뿐 확실히 선을 그어 주지는 않는, 일단 다른 쪽은 보류해 둔다는 특성이 있다.

그러나 앞의 예문들에서 '은'이 대조(對照)라고 하는 의미를 나타내 준다는 것만은 분명히 드러난다. 주어 자리에 쓰이는 '은'도 결국은 이와 같은 의미를 나타내 준다고 보아야 할 것이다. 그것은 다음 예문에서처럼 대조되는 두 항을 한 문장에서 쓸 때 더욱 분명해진다.

(5) a. 소나무는 상록수이지만, 낙엽송은 그렇지 않다.
 b. 한글은 표음문자(소리글자)요, 한자는 표의문자(뜻글자)다.
 c. 영미는 노래를 잘하고, 진호는 기타를 잘 친다.

그러나 주어 자리의 '은'은 역시 그 의미가 잘 드러나지 않는 성질이 있다. 앞의 (5)에서처럼 대조되는 두 항을 한 자리에서 말하지 않고 다음 (6)에서처럼 어느 한쪽만 말할 때 나머지 한쪽에 무엇이 함축되어 있는지가 주어 이외의 자리에서만큼 쉽게 떠오르지 않기 때문이다.

(6) a. 소나무는 상록수다.
b. 한글은 표음문자다.
c. 영미는 노래를 잘한다.

물론 이들 예문의 '은'도 대조의 의미가 없지는 않다. '다른 것은 몰라도 적어도 소나무는'과 같은 의미가 있기는 한 것이다. 그리고 기본적으로 그러한 의미로 '은'이 쓰였을 것이다. 그리고 주어 자리의 '은'이 주격조사 '이'의 그것과 구별되는 의미는 결국은 대조적인 의미에서 파생되었을 것이다. 그렇다고 하더라도 주어 자리의 '은'은 역시 그 의미가 잘 잡히지 않는 것이 분명하고, 특히 주격조사 '이'와 그 용법이 어떻게 다른지가 한국어 문법의 한 숙제임에 틀림없다.

7.3 '은/는'과 주격조사 '이/가'

새로 꺼내는 이야기와 알려진 정보

주격의 자리에서 두 조사의 의미가 선명히 구별되지 않는다고 하여도 '은'은 주격조사 '이'와 엄연히 다른 용법을 가진다. 주격조사 '이'는 특수조사가 아니기 때문에 어떤 특별한 의미를 대표할 필요가 없다. 특수조사인 '은'에 비하여 그만큼 무표적(無標的)이라 할 수 있다. 바람이 불면 "바람이 분다"고 하면 되고 강아지가 귀여우면 "강아지가 귀엽다"고 하면 된다. 다음 예문 (1)처럼 새로운 것을 묻는 일이나 예문 (2)처럼 새로 꺼내는 이야기에서 주격조사는 별다른 조건 없이 자연스럽게 쓰일 수 있다.

(1) a. 누가 내 모자 못 봤니?
    b. 시장에 무엇이 새로 나왔을까?

(2) a. 옛날 옛날 아주 옛날, 어느 깊은 산골에 마음 착한 총각이 혼자 살고 있었단다.
    b. 이 무렵 온 나라는 마마라는 전염병이 돌고 있었다.

그러나 '은'은 이들 자리에 쓰이지 못한다. (1)이나 (2)의 주격조사 자리에 '은'을 넣어 '누구는', '무엇은'이나 '총각은', '전염병은'이라 하면 앞의 문장들은 이상해진다. '은'은 어떤 특별한 의미를 달고 쓰여야 하는데 이 자리는 그 특별한 의미와 어울리지 않기 때문이다. 이 점 다음 예문에서도 같다. 즉 이들에서도 '새싹은'이나 '산불은'은 쓰이기 어렵다.

(3) a. 얘, 벌써 새싹이 나왔어.
    b. 저기 좀 봐. 산불이 났나 봐.

'은'의 특별한 의미란 궁극적으로는 '대조'에 닿는 것이겠으나 그것을 시각을 달리하여 이른바 '알려진 정보'(old information)로 해석하기도 한다. '은'은 새로 등장하는 대상이 아니라 이미 알려진 대상에 쓰인다는 것이다. 이것은 특히 앞의 예문 (2)에서 엿볼 수 있다. 즉 그 문장에서 '총각'이나 '(마마라는) 전염병'은 새로 얼굴을 내미는 대상, 즉 '새 정보'(new information)이므로 '총각은'이나 '전염병은'은 허용되지 않는 것이다.[4]

---

4. 그러니까 새 정보에는 주격조사가 쓰이는데 그렇다고 주격조사가 새 정보에만 쓰

초점

'은'과 주격조사의 차이를 초점(focus)에서 찾기도 한다. 알려진 정보는 이미 초점의 대상은 아닐 것이다. 그래서 '은'의 경우는 서술어 쪽에 초점이 놓인다. "소나무는 상록수다"라고 하면 "여러분이 아는 소나무로 말할 것 같으면"의 뜻으로 하는 말이므로 소나무는 이미 초점의 대상에서 벗어나 있고 '상록수다'에 초점이 놓이는 것이다. 이것은 '누구', '무엇' 등 초점과 관련된 의문사가 쓰인 다음 예문에서 더 잘 드러난다.

(4) <A> 누가 1반 반장이니?
<B> 창호가 1반 반장입니다.

(5) <A> 창호는 뭐니?
<B> 창호는 1반 반장입니다.

다음 예문을 통해 이를 다시 확인해 볼 수 있다. 즉 주격조사가 쓰인 앞 예문에서는 초점이 '영미'에 놓여 '영미가 다른 아이보다'의 뜻이 함축되어 있고, '은'이 쓰인 뒤 예문에서는 '노래를'에 초점이 놓여 '다른 것보다 노래를' 더 잘한다는 뜻이 함축되어 있음을 볼 수 있다.

(6) a. 영미가 노래를 더 잘한다.
b. 영미는 노래를 더 잘한다.

정의

'은'은 이상의 특성 때문에 정의(定義) 등에 적합하다. 즉 정의 등은 이

이는 것은 아니다. '은'은 알려진 정보에만 쓰이지만 주격조사는 그러한 제약을 받지 않을 뿐인 것이다. 한 예로 (2a) 다음에 "그 총각이 하루는"과 같은 문장이 이어질 수 있다.

미 알려진 정보에 대해 설명을 베푸는 방식이어서 바로 '은'의 용법과 잘 어울리는 것이다. 앞에서 본 "소나무는 상록수다"나 "한글은 표음문자다"도 마찬가지인데 다음 (7)과 같은 예문들은 주격조사보다 '은'이 적절한 전형적인 예라 할 만하다.

(7) a. 지구는 둥글다.
    b. 해는 동쪽에서 떠서 서쪽으로 진다.

복문의 주어

'은'과 주격조사는 복문(複文)에서 그 쓰임에 차이를 보이기도 한다. 즉 '은'은 대체로 내포절의 주어 자리에는 잘 쓰이지 않는다. 반면 문장 전체의 주어 자리에는 주격조사보다 '은'이 더 널리 쓰인다.

(8) a. 근심이(*근심은) 없는 사람은 하나도 없었다.
    b. 우리가(*우리는) 출발한 시간은 여섯 시 정각이었다.
    c. 한글이(*한글은) 창제되지 않았다면 현재 우리나라의 문자 생활은 어떤 상태일까?

화제

'은'의 의미를 화제(話題, topic)로 규정하기도 한다. 화제란 보통 한 단락의 중심 생각을 가리키는데 그것을 문장 단위에 적용한 개념이다. 말하자면 한 문장의 주제(主題)를 가리킨다. 대체로 주어와 일치하나 다음 문장에서처럼 주어가 아니면서도[5] 한 문장의 주제가 되는 것들이 있어 주어와는 관점을 달리하는 개념이다.[6]

---

5. (9a)의 '훈민정음은'은 문장성분으로는 '창제하였다'에 걸리는 목적어다.
6. 화제는 문장을 <주어 – 서술어>의 구조로 분석하는 대신 <화제 – 평언>의 구조로 분석하는 체계에서의 개념이다. 평언(評言, comment)은 화제를 설명하고 언급하는

(9) a. 훈민정음은 세종이 친히 창제하였다.
b. 그늘에서는 곡식이 잘 자라지 않는다.

그러나 '은'의 주된 기능을 화제라고 하기는 어려울 것이다. 정의에 잘 쓰이고, 문장 전체의 주어 자리에 널리 쓰이는 '은'의 특성이 화제를 이끌기도 하는 것이지 '은'이 쓰이면 그것이 곧 화제가 되는 것은 아니기 때문이다.

직관

이상에서 '은'의 여러가지 용법을 살펴보았다. 본질적으로 선명하지 못한 성질 때문에 '대조'라고 하는 의미에서 파생되는 의미가 그만큼 여러가지가 되었을 것이다. 그 여러가지를 묶어 '은'의 의미가 무엇이라고 하나로 규정하는 일은 애당초 무모한 일인지도 모른다.

그러나 '은'이 뚜렷이 그 독자적인 세계가 있음은 말할 것도 없다. 다음 예문 (10)을 그런 각도에서 들여다보면 흥미로운 바가 있다. 이 글은 영어를 번역한 글이다. 그 원문인 영어에는 주격조사 '이'를 쓰는 것이 더 적절하다는 것을 알려 주는, 마찬가지로 이럴 때는 '은'을 쓰는 것이 더 적절하다는 것을 알려 주는 아무 단서도 있을 턱이 없다. 그럼에도 이 번역에서는 아주 정확히 두 가지 조사가 구별되어 번역되어 있다. 앞에서 서술하여 온 '은'과 주격조사의 용법으로 보아도 다 맞게 번역되어 있는 것이다.

이것은 무엇을 말하는가? 비록 그 의미를 정확히 잡아내어 어떤 한마디로 규정하기는 어렵지만 우리는 직관적(直觀的)으로 두 조사의 다른 용법을 숙지(熟知)하고 있다는 의미인 것이다. '은'은 그만의 독자적인 세계를 그렇게 가지고 있는 것이다.

부분이다.

(10) 어느 유명한 과학자가 천문학에 관한 공개 강연을 한 일이 있었다. 그는 지구가 태양 둘레를 돌고, 또 태양은 우리가 은하라고 하는 광대한 별의 집단의 중심 둘레를 돌고 있다는 사실을 설명하였다. 강연이 끝나자 한 자그마한 노부인이 뒷좌석에서 일어나서 하는 말이 "당신이 한 이야기는 엉터리예요. 우주는 큰 거북 등에 얹힌 납작한 널빤지라구요." 그 과학자는 넌지시 웃으면서 "그 거북이가 올라탄 것은 무엇이지요?" 하고 되물었다. 노부인은 말했다. "젊은 양반, 참 똑똑도 하시군요. 그렇지만 이건 밑바닥까지 전부 거북이란 말씀이에요!"[7]

7.4 '조차', '마저', '까지' 및 '부터'

특수조사 '조차' '마저', '까지'는 다같이 앞에서 본 특수조사 '도'와 비슷한 의미를 가지고 있어 네 조사는 다음에서 보듯 서로 넘나들며 쓰일 수 있다.

(1) a. 너{도, 조차, 마저, 까지} 나를 못 믿는구나.
    b. 겨우 하나 남았는데 이것{도, 조차, 마저, 까지} 가져가겠다고?

'조차', '마저', '까지'는 그 뒤에 다시 '도'를 덧붙일 수도 있는 점에서도 공통점을 보인다.

7. Stephen W. Hawking의 *A Brief History of Time*을 번역한 玄正晙 역『時間의 歷史』(三省이데아, 1988) p. 21.

(2) 할머님이 금년부터는 가족{조차도, 마저도, 까지도} 몰라보신단다.

'조차', '마저', '까지'는 이처럼 '아울러'라는 공통된 의미를 가지고 있으면서 매우 비슷한 의미로 쓰인다. 그러나 이렇게 큰 테두리는 같아도 이들 각 조사는 각자의 독자적인 용법도 가지고 있다. 어감도 얼마간씩 다 다르다.

'조차'

'조차'는 그것이 기대하는 최소, 최하, 최후의 것임을 제시하면서 거기에서도 기대가 허물어지는 사태에 쓰인다는 특징이 있다. 앞의 예문 (1)에 쓰인 '조차'도 이 조건에 맞지만 다음 예문에서도 이 특징을 확인할 수 있다. 그러나 예문 (5)에서 보듯이 역시 기대에 어긋난 일이기는 하여도 그 기대치(期待値)가 긍정적인 경우도 있다.

(3) a. 요즈음은 아이들조차 자기 주장이 강하다.
    b. 개근상을 받은 너조차 지각을 하면 어떻게 하니?

(4) a. 그날 등산이 얼마나 강행군이었던지 다음날은 일어나 앉을 수조차 없었다.
    b. 목이 너무 부어 오늘은 침조차 삼키기 어려웠다.

(5) a. 그 계곡은 아름답다 못해 신비하기조차 하였다.
    b. 마을 주민들은 너무 고마워하며 눈물조차 흘렸다.

'조차'는 명령문이나 청유문에는 쓰이지 못한다. 기대에 어긋나는 일을 명령하거나 제안하는 일이 논리적으로 맞지 않기 때문일 것이다. '조차'는 앞의 (5)와 같은 예가 있기는 해도 대개 주어 이외의 자리에서는 긍정문과 잘 어울리지 못한다는 제약도 있다. 이도 기대에 어긋나는 일에 쓰인다는 '조차'의 특성 때문일 것이다.

(6) a. *너조차 앉아 쉬어라.
    b. *우리조차 나중 가자.

(7) a. 걔는 나에게조차 {인사를 안 해/*인사를 해.}
    b. 너조차 {안 만나고/*만나고} 갔다고?

'마저'

한편 '마저'는 '마지막 하나'라는 어감이 있고, 또 기대에 어긋나는 일에만 쓴다는 제약을 받지 않는다는 점이 '조차'와는 다르다.

(8) a. 그 직장마저 그만두고 나니 앞날이 막막하였다.
    b. 이러다가는 죽을지 모른다는 생각마저 들더라.
    c. 올가을에는 막내마저 출가시키려고요.
    d. 이왕이면 저것마저 치우고 가자.

'까지'

'까지'는 세 조사 중 제약이 가장 적은 조사다. '마저'보다도 더 자유롭게 기대되는 일에 쓰일 수도 있고, '조차'가 받는 제약도 '까지'는 받지 않는다.

(9) a. 드디어 자가용까지 샀다.
    b. 내친김에 우승까지 하려무나.
    c. 이번에는 부석사랑 봉정사까지 들러 오자.
    d. 걔는 나에게까지 꼬박꼬박 인사를 해.

e. 여기가 이렇게까지 비경(秘境)일 줄은 정말 몰랐어요.

'부터'

'부터'는 여러 후보 중 그것이 처음임을 나타내 준다. '까지'가 그 마지막임을 나타내는 것과 대조적이라 할 만하다.

(10) a. 남의 얘기 하지 말고 너부터 똑똑히 하려무나.
b. 그쪽은 나중 해도 되겠어. 여기부터 치우자.
c. 누구부터 줄까?

'부터'는 시발점(始發点)을 나타내 주기도 한다. 그런데 이 용법은 시간의 시작을 나타내는 데 더 자연스럽게 쓰이고, 공간의 시작은 '부터' 앞에 '에서'를 덧붙여 쓰이는 것이 일반적이다. 그리고 이 '부터'의 짝이 되는 '까지'는 도달점(到達點)을 나타내 주어 이때의 '부터'와 '까지'는 마치 처격조사와 같은 의미로 쓰이는 특징을 보인다.

(11) a. 이 박물관은 오전 아홉 시부터 오후 다섯 시까지 엽니다.
b. 지금부터[8] 제40회 졸업식을 시작하겠습니다.

(12) a. 앞으로는 부산에서부터 서울까지 세 시간밖에 안 걸린답니다.
b. 백두산에서부터 동해로 흐르는 강이 무슨 강이지요?

8. '지금부터'를 '지금으로부터'라고 하는 수가 있는데 틀렸다고 하기는 어려울지 모르나 세련되지 못한 표현으로 들린다.

7.5 '이나/나', '이나마/나마' 및 '이라도/라도'

특수조사 중에는 계사 '이다'의 활용형처럼 보이는 것이 있다. 그중 대표적인 것이 '이나/나', '이나마/나마', '이라도/라도'다.[9] 그러나 이들은 이미 계사의 활용형으로서의 의미와는 거리가 먼 독자적인 의미를 가진 특수조사들이다. 그 용법이 꽤 미묘하여 세 조사를 서로 연관시키면서 하나씩 따로 살펴보기로 하겠다.

'이나'

'이나'는 자기가 바라는 최상의 길은 아니나 이 정도면 자족(自足)할 수 있다는 것을 나타내 준다. 그러니까 특수조사 '이나'에는 그것이 성에 꼭 차는 것은 아니나 현재의 조건으로는 이 길이 가장 나은 길이 아니겠느냐는 뜻이 담겨져 있다.

(1) a. 휴가도 못 가는데 잠이나 실컷 자자.
    b. 심심한데 영화 구경이나 갈까?
    c. 맛은 없더라도 배나 불렀으면 좋겠다.

(2) a. 재미도 없는데 빨리 끝나기나 하지.
    b. 그런 것은 장난감으로나 쓰면 쓸까 어디에다 쓰겠니?
    c. 그래, 실컷 울기나 해라.

한편 '이나'는 희망을 나타내는 문장에서는 그것이 실제로는 최상의 상

9. '이나', '이나마', '이라도'의 '이'는 앞 단어가 자음(받침)으로 끝날 때 쓰인다. 앞으로 이 형태들을 대표로 삼는다.

태임을 나타내기도 한다. "더 바랄 것이 없다"는 표현과 함께 쓰이는 것이 그것을 보여 준다.

(3) a. 나도 달나라에나 한번 가 보았으면.
    b. 멋진 애인이나 하나 생기면 더 바랄 것이 없겠어.
    c. 너는 금메달이나 딸 생각 해.

그러나 '이나'는 기본적으로 더 나은 상태를 바라는 마음을 내면에 깔고 있다. 앞의 (3)처럼 말을 하여도 그것을 최상의 목표로 삼지 않는다는 뜻이 '이나'에 함축되어 있는 것이다. 다음 (4)에서와 같이 '이나'가 무엇인가 업신여기며 하는 말투에 쓰이는 것도 '이나'의 근본 뜻이 자기 욕구에 미흡함을 나타내 주는 것이기 때문이다.

(4) a. 그런 말은 어린애나 할 소리 아니니?
    b. 입에 침이나 바르고 말해라.

'이나'는 긍정문에서 '누구', '무엇', '언제', '어디' 등의 부정대명사와 어울리면 '이든지'의 의미로 쓰인다. 즉 '모든 사람', '모든 것', '모든 때', '모든 곳' 등의 뜻을 나타내 준다.

(5) a. 이 꽃은 누구나 좋아한다.
    b. 이놈은 무엇이나 잘 먹어요.
    c. 김 선생은 언제나 제시간보다 늦게 나타난답니다.
    d. 나는 어디에서나 잘 잡니다.

이들이 의문문이 되면 (5)에서와 같은 의미로도 쓰이지만 '이나'의 본래의 뜻으로 쓰이기도 한다. 즉 다음 (6b)와 (7b)에서처럼 성에 안 차는 어떤 상태를 두고 묻는 뜻으로 쓰이는 것이다.

(6) a. 이것은 무엇에나 긴요하게 쓰이겠네요?
b. 이것은 무엇에나 쓰일 수 있을까?

(7) a. 민희는 언제나 저렇게 명랑한가요?
b. 민희는 언제나 철이 들까요?

'이나'는 수량사나 정도를 나타내는 부사 다음에 쓰이면 기대 이상, 예측 밖이라는 뜻을 나타내기도 한다. 결과적으로 놀라움, 과장, 강조 등의 뜻을 덧보태 주는 것이다.

(8) a. 우리 학교가 상을 다섯 개나 탔대.
b. 너를 못 본 지가 벌써 3년이나 되었구나.
c. 너무 허둥대다가 몇 번이나 넘어졌는지 몰라.

(9) a. 일이 무척이나 더디구나.
b. 그놈 꽤나 까부네.
c. 오죽이나 답답했으면 그런 말을 했겠니?

'이나마'

'이나마'는 '이나'와 그 의미가 꽤 비슷하면서도 미묘하게 다르다. 어떤 선택이 자기가 바라는 최상의 것이 아님을 나타내 준다는 점에서는 두 특수조사는 하는 일이 같다. 그 때문에 두 조사는 다음 예문에서 보듯이 서로 넘나들 수도 있다.

(10) a. 선풍기나마(/선풍기나) 하나 있었으면 좋겠어요.

b. 수석은커녕 떨어지지나마(/떨어지지나) 마라.

그러나 '이나마'는 미흡해하는 상태가 일반적으로 수긍될 만한 것이라야 쓰일 수 있다는 점에서 '이나'와 다르다. 다시 말하면 '이나'는 비록 화자의 마음에 안 차도 객관적으로 보면 상당히 좋은 조건일 수 있는데 그럴 때는 '이나마'는 어울리지 않는다.

(11) a. 우리도 벤츠나(??벤츠나마) 하나 삽시다.
b. 나는 전교 수석이나(??수석이나마) 한번 해 봤으면 좋겠다.

만일 주위에서 너도나도 자가용 비행기를 사는 정도라면 그때는 '벤츠나마'도 자연스러워지고, 또 가족 중 이 사람 저 사람이 세계적인 대단한 상을 타는 상황이라면 '전교 수석이나마'도 잘 어울릴 것이다. 그러니까 상대적이기는 한데 일반적인 기준으로 그 수준이 모두가 부러워할 수준이라면 '이나마'는 적합하지 않은 것이다.

이처럼 '이나마'는 욕심을 부리지 않는 상태라고 인정되는 상황에 쓰이는데 대개 그 미흡한 상태가 본인의 의사에 의해서보다 부득이 그렇게 된 상황이라는 특징이 있다.

(12) a. 그나마 남아 있으니 다행이구나.
b. 과장이나마 시켜 주면 고맙지 뭐.

'이라도'

'이라도'는 앞의 '이나'나 '이나마'와 비슷한 의미를 가지고 있어 세 어미가 넘나들며 쓰이기도 하는 어미다.

(13) a. 선풍기라도(/선풍기나/선풍기나마) 하나 있었으면 좋겠어요.

b. 한번 만저라도(/만저나/만저나마) 보려무나.

그러나 '이라도'는 좀더 절박한 느낌을 준다. 여러 개 중에서 선택하되 어쩔 수 없이 마지막 남은 하나를 선택한다는 의미를 더 강하게 담고 있는 것이다.

(14) a. 그렇게 다 싫으면 이거라도 가져가려무나.
b. 입석이라도 좋으니 태워만 주세요.
c. 밤을 새워서라도 일을 끝내 놓자.

그러나 '이라도'는 긍정적인 상황에서 그것이 최상의 경지임을 나타내 주기도 한다.

(15) a. 그때 기분은 하늘이라도 오를 것 같았다.
b. 이런 때일수록 한 푼이라도 아껴야 한다.
c. 님이 오시라면 당장이라도 달려가지요.

'이라도'의 이러한 의미 때문에 이 어미는 다음과 같은 관용적인 표현에 자주 쓰인다.

(16) a. 누구 집에 불이라도 났니, 왜 뛰고들 난리니?
b. 왜 그렇게 안절부절하니? 화로에 엿이라도 붙여 놓았어?

'이라도'는 부정대명사 '누구', '무엇', '언제', '어디'와 어울리면 '이나' 때와 마찬가지로 '마지막 하나까지 다'의 의미가 된다. '마지막 하나'를 선택함으로써 나머지가 다 딸려 들어오게 된 것이라 하겠다.

(17) a. 그 문제는 누구라도 풀겠다.
b. 한국어에 관한 것이라면 무엇이라도 좋습니다.
c. 내주에는 언제라도 괜찮겠어요.
d. 저는 어디라도 상관없어요.

7.6 '이야/야'와 '이라야/라야'

'이야'

'이야/야'는[10] 꽤 여러가지 의미로 쓰인다. 그중 하나는 무엇을 강조하는 용법이다. 대체로 대조의 '은'으로 표현할 수 있을 것을 '이야'로 표현하여 그것을 더 강조하는 효과를 낸다.

(1) a. 나야 이미 알고 있었지.
b. 그렇게 야박하게야 안 하겠지.
c. 너야 왜 안 데리고 가겠니?
d. 약점이야 내가 훨씬 더 많지요.

'이야'는 '물론'이나 '당연히'와 잘 어울린다. 앞의 예문 (1)에서처럼 비록 이런 부사가 표면에 쓰이지 않았더라도 쓰려면 쓸 수 있는 경우가 많고 그만큼 그러한 의미를 스스로 지니고 있다고 할 수 있다.

(2) a. 물론 이름이야 알지요.
b. 물론 굶지야 않지만 그렇다고 호의호식할 처지는 못 됩니다.
c. 월급이야 당연히 안 주겠어요?

---

10. '이야' 및 '이라야'를 대표로 삼는다. 각주 9 참조.

그러나 '이야'는 이상의 용법과 달리 '은'으로 표현할 수 없거나 '물론', '당연히'와 어울려 쓸 수 없는 것들도 있다. 이때는 오히려 '겨우'와 잘 어울리는 면을 보인다.

(3) a. 이제야 겨우 혼자서도 걸을 수 있게 됐어.
b. 마감일 다 되어서야 겨우 마쳤어.
c. 그렇게 혼이 나고서야 제정신이 드나 봐요.

'이라야'

'이라야'는 여러 후보 중 유일하게 어느것 하나가 선택됨을 강조해 나타내 주는 특수조사다. 앞에서 본 '이야'가 특수조사 '은'에 가까운 조사라면 '이라야'는 '만'에 가까운 조사라 할 수 있다.

(4) a. 당신이라야 회사를 살릴 수 있을 거예요.
b. 집에서는 못하고 꼭 연구실에서라야 글을 쓰는 분들이 있다.

앞의 예문 '이라야'는 그 자리에 '만'을 써도 자연스러울뿐더러 그 의미도 크게 달라지지 않는다. 그러나 다음 예문 (5)에서처럼 그렇지 않을 때도 있다. 즉 (5a)의 '이라야'는 '만'으로 대체될 수 없고[11] (5b)의 '이라야'를 '만'으로 대체하여 '여기까지만' 팔겠다고 하면 사는 사람이 더 사고 싶어도 더 못 사는 것이 되어 '여기까지라야' 팔겠다고 할 때의, 사는 사람이 덜 사고 싶어도 덜 살 수 없다는 의미와 달라지는 것이다.

(5) a. 내년 5월이라야 다시 만날 수 있겠구나.

---

11. 이는 예문 (6)에서도 마찬가지다.

b. 여기까지라야 팔겠어요.

'이라야'는 무엇을 대수롭지 않게 여긴다는 뜻도 나타내 준다. 애초 범위를 최소한으로 줄여 무엇을 선택해 내세우는 것이 '이라야'의 임무이던 것이 이렇게 발전하였을 것인데 '이야'가 (7)에서처럼 양 방향으로 자유롭게 쓰이는 것과 대조적이라 할 만하다.

(6) a. 그 사람 업적이라야 뭐 그렇고 그렇지요.
b. *그 사람 업적이라야 실로 대단하지요.

(7) a. 그 사람 업적이야 뭐 그렇고 그렇지요.
b. 그 사람 업적이야 실로 대단하지요.

제8장 종결어미와 서법

8.1 종결어미의 복합 기능

한국어는 많은 것이 문장 끝에서 이루어진다고 한다. 문장 끝이란 무엇인가. 곧 종결어미(終結語尾)요, 다른 말로는 그야말로 문장 끝에 오는 문말어미(文末語尾)다. 한국어는 서술어가 문장 끝에 오는데 그 서술어는 문장 끝에서는 종결어미를 취하기 때문이다. 많은 것이 문장 끝에서 이루어진다는 것은 곧 많은 것이 종결어미에서 이루어진다는 뜻이다.

한국어의 종결어미는 몇 가지 일을 동시에 수행한다. 그런데 그 몇 가지 일이 문법적으로 매우 중요한 일들이다. 말 그대로 많은 것이 종결어미에서 이루어지는 것이다. 다음에서 그 일단을 볼 수 있다.

(1) a. 구경꾼이 많다.
    b. 구경꾼이 많니?

(2) a. 구경꾼이 많다.

b. 구경꾼이 많구나.

c. 구경꾼이 많군.

d. 구경꾼이 많네.

(3) a. 구경꾼이 많니?

b. 구경꾼이 많지?

c. 구경꾼이 많을까?

d. 구경꾼이 많다고?

(4) a. 구경꾼이 많다.

b. 구경꾼이 많아요.

c. 구경꾼이 많습니다.

앞의 예문 (1)에서 보면 종결어미는 문장을 평서문으로 만들기도 하고 의문문으로 만들기도 한다. 그런데 그것으로 끝나지 않는다. 예문 (2)와 (3)에서 그것을 볼 수 있다. 예문 (2)는 다같이 평서문인데 그 안에서 의미가 다시 갈린다. 즉 결국은 다같이 '많다'는 내용인데 이를 두고 조금씩 다른 의미를 붙여 다 다른 종결어미로 나타낸다. 이는 예문 (3)에서도 같다. 다같이 의문문인데 그 안에서 다시 의미가 갈리고 있는 것이다.

이 두 가지 일만으로도 이미 대단히 중요한 일을 하는 것인데 종결어미의 임무는 여기에서도 끝나지 않는다. 예문 (4)에서 보면 상대경어법의 등급을 정하는 일도 종결어미가 한다.

평서문, 의문문 등을 흔히 문장의 종류 또는 문장의 유형이라 부른다. 여기서는 앞에서도 밝혔듯이 그것을 문장형(文章型 sentence type)이라 부르고자 한다. 종결어미가 하는 첫째 일은 문장형을 나누는 일이다. 그리고 둘째 일은 같은 문장형 안에서 다시 의미를 나누는 일인데 이는 곧 서법(敍法, mood)을 나타내는 일이다. 그 의미의 구분이란 화자의 심리 상태를 반영하는 것이기 때문이다. 그리고 셋째 일은 크게 보아 경어법을 관장하는 일이다.

이제부터 종결어미의 이 같은 복합적인 기능을 하나씩 절을 달리하여 좀더 자세히 살펴보기로 한다. 상대경어법에 대해서는 제9장에서 따로 다루므로 여기에서는 그것은 빼고 나머지 두 가지 기능만 보기로 하겠다.

8.2 문장형

네 종류의 문장형

한국어의 문장형은 네 가지다. 평서문(平敍文), 의문문(疑問文), 명령문(命令文), 청유문(請誘文)이 그것이다. 문장을 이렇게 나누는 것은 마치 단어를 명사, 동사, 부사 등으로 나누는 것과 흡사하다. 그러니까 평서문, 의문문 등은 명사, 동사 등이 단어의 한 종류(class)이듯이 문장의 한 종류인 셈이다. 다시 말하면 품사가 단어류(單語類)라면[1] 문장형은 문장류(文章類)인 것이다.

평서문, 의문문 등은 해라체에서부터 합쇼체까지 그 체계가 정연하다.[2] 상대경어법 중 해라체, 하게체, 합쇼체를 가지고 그 실례를 보기로 하자.

(1) a. 한복을 입는다.
    b. 한복을 입네.
    c. 한복을 입습니다.

---

1. 보통 줄여 어류(語類, word class)라 한다. 그런데 문류(文類)라는 용어가 생경하여 여기서는 '단어류'와 '문장류'로 짝을 지었다.
2. 이 중에서 청유형이 그 쓰임에 얼마간의 구멍이 있음은 제9장에서 다룬다. 그러나 청유문도 형식에서는 체계를 갖추고 있다.

(2) a. 한복을 입니?
b. 한복을 입나?
c. 한복을 입습니까?

(3) a. 한복을 입어라.
b. 한복을 입게.
c. 한복을 입으십시오.

(4) a. 한복을 입자.
b. 한복을 입세.
c. 한복을 입으십시다.

부수적 문장형

한국어의 문장형으로 이 네 종류 외에 감탄문(感歎文), 허락문(許諾文), 약속문(約束文) 등을 더 두는 수가 있다. 그러나 이것들은 독립된 문장형이 될 만큼 어미의 체계를 잘 갖추고 있지 못하다. 다음 예문에서 보듯이 이들은 앞의 평서문이나 의문문 등과 달리 합쇼체 등 어느 등급에 가면 평서문이나 명령문과 통합되고 만다. 그만큼 그 독자성을 주장하기에는 어미 체계가 불비(不備)하다.

(5) a. 그러지 말고 한복을 입으려무나.
b. 그러지 말고 한복을 입게.
c. 그러지 말고 한복을 입으세요.
d. 그러지 말고 한복을 입으십시오.

(6) a. 내일 다시 오마.
b. 내일 다시 옴세.

c. 내일 다시 오겠어요.
d. 내일 다시 오겠습니다.

한편 감탄문 등은 간접화법에서 제 어미를 유지하지 못하는 점에서도 그 독립성이 약함을 드러낸다. 약속문의 경우는 (7e)에서처럼 '-마'가 유지되는 수도 있으나 (8c)에서는 역시 다른 형식으로 바뀐다. 즉 여기서도 감탄문과 약속문은 평서문으로, 허락문은 명령문으로 통합되고 만다.

(7) a. 내일 온다고 말했다.
b. 내일 오냐고 말했다.
c. 내일 오라고 말했다.
d. 내일 오자고 말했다.
e. 내일 다시 오마고 했다.

(8) a. 영미가 한복을 입었다고(*입었구나라고) 놀랬다.
b. 그러지 말고 한복을 입으라고(*입으려무나라고) 말했다.
c. 다시는 오지 않겠다고(*오지 않으마라고) 했다.

이상에서 보듯이 감탄문, 허락문, 약속문은 독립된 한 문장형이 되기에는 불안한 모습이다. 여기에서는 이들을 독립된 문장형으로 인정하지 않고, 감탄문과 약속문은 평서문에, 허락문은 명령문에 귀속되는 것으로 처리코자 한다. 그러면 한국어의 문장형으로는 평서문, 의문문, 명령문, 청유문 네 가지만 남게 된다.

이렇게 보면 한국어의 문장형은 형태적으로 나뉘는 부류다. 의문문을 예로 든다면 물음표를 동반하는 일련의 어미들에 의해 구분되는 한 부류인 것이다. 한국어 문장형이 문법형태소인 어미에 의해 구분되는 문장의 종류라는 점을 여기서 각별히 강조해 두고 싶다. 물론 거기에 억양이나 의미도 뒷받침되나 일차적으로는 어미가 기본 기준인 것이다.

문장형과 서법

문장형을 서법의 범주로 이해하는 길도 있다. 평서문, 의문문, 명령문 등을 각각 평서법(平敍法), 의문법(疑問法), 명령법(命令法) 등과 같은 서법을 대표하는 종류로 이해하는 길이 그것이다. 이것이 지금까지 더 널리 알려진 길이기도 하다. 한국어의 문장형도 기본적으로 이러한 서법을 나타내는 것도 사실이다.

그러나 한국어는 종결어미가 워낙 다양하게 발달되어 있어 서법을 이렇게 네댓 개로 나누고 그 많은 어미들을 그중 하나로 묶어서는 많은 어미들의 다양한 의미를 놓치고 만다. 그렇다고 문장형을 그 어미들의 의미에 맞추어 십여 개로 세분할 수도 없다. 문장형이란 전통적으로 형태를 기준으로 나누어 온 개념이어서 더욱 그러하다.

문장형과 서법은 1 대 1의 대응관계에 있지도 않다. 다음 문장들은 문장형으로는 각각 의문문, 평서문으로 되어 있지만 단순히 뭘 물어보거나 어떤 사실을 있는 그대로 진술하는 것이 아니다. 일종의 명령을 나타내는 것이다.

(9) a. 여태 안 가고 뭘 하니?
b. 볼펜 좀 빌려 주시겠어요?

(10) a. 비가 와요. 빨래 걷겠어요.
b. 여기는 금연(禁煙) 구역입니다.

앞 절에서 보았듯이 한국어의 종결어미는 세 가지 기능을 동시에 수행한다. 경어법 일을 빼고도 두 가지를 나누어 한다. 그 하나가 문장형을 가르는 일이고, 다른 하나가 서법을 나타내 주는 일이다. 문장형과 서법이 긴

밀한 관계를 맺는 사이이긴 하지만, 특히 한국어에서는 이것들이 독자적인 세계를 이루어 이원적(二元的)으로 운영되는 것으로 파악된다. 종결어미는 일단 어느 문장형에 소속되고, 그런 다음 다시 서법의 일을 맡는 체계로 파악하고자 하는 것이다. 이제 각 문장형의 종결어미들이 어떤 서법을 나타내 주는지를 절을 달리하여 하나씩 보아 가기로 하겠다.

8.3 평서문의 서법

평서문에 쓰이는 어미들은 경어법의 등급을 나타내 주는 외에도 평서문을 만드는 일만을 하지는 않는다. 만일 그 기능이 유일한 기능이라면 평서문 어미는 상대경어법의 등급별로 하나만 있으면 될 것이다. 그런데 그렇지 않다. 그 각각의 어미들이 어떤 고유한 의미를 나타내기 위해 여러 어미들이 군림하고 있는 것이다. 이제 그 어미들이 어떤 의미를 나타내 주는지를 어미별로 보기로 하자.

8.3.1 '－다/－는다－/－ㄴ다'

진술

평서문 어미 중 가장 중립적인, 어떤 특별한 냄새가 가장 적은 어미가 '－다/－는다'다.[3] 이 어미가 글에서 대표적인 어미로 쓰이는 것도 그러한 특성 때문이다. 이 어미가 하는 일은 평서문을 진술(陳述, statement)해 주는 일이다. 다시 말하면 평서법(平敍法, declarative mood)을 나타내 주

3. '－는다/－ㄴ다'는 동사 어간 다음에 쓰이되 '－ㄴ다'는 모음으로 끝나는 어간 다음에, '－는다'는 자음(받침)으로 끝나는 어간 다음에 쓰인다. '－다'는 형용사 및 계사의 어간 다음, 그리고 '－았－', '－겠－' 등의 선어말어미 다음에 쓰인다. '－는다/－ㄴ다'에서는 '－는다'를 대표로 삼는다.

는 일이다.

(1) a. 날씨가 좋다.
b. 오늘이 입춘이다.
c. 한국 사람들은 설날에 떡국을 먹는다.
d. 영미가 한복을 입었다.

놀라움

그러나 이 어미가 놀라움을 나타내는 때도 있다. 무엇을 새로 발견하고 스스로 감탄하거나 남에게 크게 외칠 때, 자기의 어떤 특별한 상황을 남에게 과시할 때 이 어미가 쓰이는데 그때의 의미는 단순한 진술이 아니다. 이때는 대개 문장 끝의 어조가 올라가거나 길어지는 특징을 보인다.

(2) a. 와, 사람 한번 많다!
b. 기분 좋다!

(3) a. 우리 내일 소풍 간다!
b. 나 오늘 국어 100점 받았다!
c. (오랜 항해 끝에) 육지다!
d. (산삼을 발견하고) 심 봤다!

의문

이 어미는 의문을 나타낼 때에도 쓰이는데 이때는 그 어조 때문에 평서문과 구별된다. 평서문 어미임에도 불구하고 의문문에 들어가야 하는 특수한 경우일 것이다.

(4) a. 월드컵도 다 끝났으니 내일부터는 무슨 재미로 산다?

b. 그럴 것 없이 내가 간다?

8.3.2 '-구나/-는구나'

새로운 지각

'-구나'는[4] 어떤 사실을 좀더 여실(如實)히 진술하거나, 아니면 새로이 지각(知覺)하였음을 드러내 주는 데 쓰인다. 그럼으로써 대개 감탄 내지 놀라움의 뜻이 동반된다.

(1) a. 오늘 날씨 정말 좋구나.
b. 얘, 너 한복을 입었구나.
c. 얘, 너도 커피를 마시는구나.
d. 나는 도저히 너를 못 당하겠구나.

따라서 '-구나'는 예문 (2)에서처럼 너무 뻔한 일에는 쓰이지 못한다. 반대로 예문 (3)에서처럼 분명히 새로 발견된 경우일 수밖에 없을 때에는 '-다'가 쓰이면 이상하고 '-구나'가 쓰여야 자연스럽다.

(2) a. 울릉도는 동해에 있는 섬이다(*섬이구나).
b. 목기(木器)는 나무로 만든 그릇이다(*그릇이구나).

(3) a. (오랜만에 만난 친구를 알아보고) 너 만복이구나(*만복이다).
b. 얘, 너 웬일로 한복을 다 입었구나(*입었다).

---

4. '-구나'는 형용사 및 계사의 어간 다음에, 그리고 '-았-', '-겠-' 등의 선어말어미 다음에 쓰인다. 그리고 '-는구나'는 동사 어간 다음에 쓰인다. 이 어미에서는 '-구나'를 대표로 삼는다.

짐작

'-구나'가 '어디', '무슨'과 같은 의문사와 함께 쓰이면 새로 지각한 사실을 "그런 줄 알겠다"는, 또는 "그렇게 짐작된다"는 투로 나타내 주는 구실을 한다.

(4) a. 너 어디 아프구나.
   b. 그 집에 무슨 일이 생겨도 단단히 생겼구나.

'-구나'는 감탄을 섞어 어떤 사실을 좀더 여실히 드러내면서도 그것을 혼잣말로 하는 데에도 쓰인다. 즉 다음 예문은 청자가 앞에 없이 스스로에게 하는 말투인데 그 의미를 '-구나'가 드러내 주고 있다.

(5) a. 아, 내가 드디어 반장이 되었구나.
   b. 야, 혼자 보기 너무 아깝구나.

8.3.3 '-군/-는군'

새로운 지각 - 혼잣말

'-군'은[5] 새로 지각한 일을 혼잣말로 할 때 쓰인다. 새로 알게 되었다는 뜻 때문에 놀라움이나 감탄의 뜻도 아울러 나타낸다.

(1) a. 그놈 참 신통하군.
   b. 올 한 해도 다 가는군.
   c. 밤새 바시락거리던 놈이 바로 이놈이었군.

---

5. '-는군'은 동사 어간 다음에, '-군'은 형용사 및 계사의 어간과 '-았-', '-겠-' 등의 선어말어미 다음에 쓰인다. '-구나'의 경우와 발맞추어 여기서도 '-군'을 대표로 삼는다.

(2) a. 내 참 별꼴을 다 보겠군.
b. 이런! 열쇠를 두고 나왔군.

혼잣말 아닌 '-군'

'-군'이 새로 지각한 사실이라는 의미를 지니면서도 혼잣말이 아닌 말로 쓰일 때도 있다. 특히 예문 (4)에서처럼 '-요'를 덧붙여 해요체가 되면 혼잣말의 특성은 찾아볼 수 없게 된다.

(3) a. 누군가 했더니 바로 자네였군.
b. 모교에 갔더니 자네 칭찬이 자자하더군.

(4) a. 그놈 참 신통하군요.
b. 올 한 해도 다 가는군요.

'-구나'와 '-군'

'-군'은 앞에서 본 '-구나'와 그 형태나 의미가 다 비슷하여 어떤 깊은 연관이 있어 보이는데 그 관계가 꽤 미묘한 데가 있다. 가장 흔한 해석은 '-군'을 '-구나'의 준말로 보는 해석이다. 그러나 두 어미가 넘나들지 못하는 경우가 많아 그렇게 보기는 어렵다. 당장 다음 (5)에서만 보아도 '-구나'와 '-군'은 서로 대체될 수 없다. 청자가 확실히 얼굴을 내밀고 있는 장면에서 '-구나'는 쓰일 수 있어도 '-군'은 적절하지 않기 때문이다.

(5) a. 얘들아, 아빠는 오늘 기분이 너무 좋구나(*좋군).
b. 얘, 너 한복을 입었구나(*입었군).
c. 나는 도저히 너를 못 당하겠구나(*당하겠군).

다음 예문들에서처럼 두 어미가 다 쓰이는 경우에도 그 의미가 꼭 같지 않다. (6a)는 시의 한 구절인데 거기의 '-군'을 (6b)에서처럼 '-구나'로 바꾸면 혼잣말의 특성이 전부 사라져 시의 분위기가 사뭇 달라진다. 그리고 (7)에서처럼 거의 같은 의미를 유지하면서 '-군'과 '-구나'가 넘나드는 경우에도 '-군'이 혼잣말이라는 특성을 더 부각시켜 준다.

(6) a. 꽃이
피는 건 힘들어도
지는 건 잠깐이더군. (최영미, 「선운사에서」)

b. 꽃이
피는 건 힘들어도
지는 건 잠깐이더구나.

(7) a. 내가 드디어 반장이 되었군.
b. 내가 드디어 반장이 되었구나.

'-구나'의 상대경어법 등급

'-구나'와 '-군'은 다음 예문 (8)에서 보면 상대경어법의 등급에서 차이를 보인다. 즉 '-구나'는 해라체임에 비해 '-군'은 반말체로서[6] 뒤에 '-요'를 취할 수 있다.

(8) a. 화제의 주인공이 바로 너였<u>구나</u>.

6. '-요'를 취하는 점으로 보면 반말체인데 예문 (8b)에서 보면 하게체의 성격도 띠고 있다. '-군'의 용법이 그리 단순치 않은 면을 보여 주는 현상이라 하겠다.

b. 화제의 주인공이 바로 자네였군.

c. 화제의 주인공이 바로 당신이었구려[7]

d. 화제의 주인공이 바로 선생님이셨군요.

'-구나'와 '-군'이 이렇게 각각 다른 상대경어법의 등급을 나타내 주는 별개의 어미들이라고 해석하고 나면 두 어미의 관계는 조금은 복잡할 것이 없다. 그런데 왜 여기에 더하여 그때그때 혼잣말이라는 특성이 덧붙는지는 여전히 쉽게 풀이되지 않는다. '-구나'와 '-군'은 좀 특수한 관계에 있는 어미들이라고 할 수밖에 없을 듯하다.

8.3.4 '-네'

이 어미도 '-군'과 마찬가지로 새로 지각한 사실을 놀라움이나 감탄을 섞어 혼잣말로 할 때 쓰인다.

(1) a. 벌써 개구리가 나왔네.

b. 어머나, 영수가 1등을 했네.

'-네'와 '-군'

'-네'와 '-군'은 그 의미가 비슷하여 서로 자유롭게 넘나들 수 있다.[8] 그러나 '-네'와 '-군'의 의미가 똑같지는 않다. 무엇을 새로 지각했다는 느낌이 '-네' 쪽이 더 강하며 놀라움이나 감탄의 느낌도 '-네' 쪽이 그만큼 더 크다. 다음 예문에서 이를 확인할 수 있다.

---

7. '-구려'는 하오체 어미다. '-구료'를 쓰는 수가 있으나 이는 비표준어다.

8. '-네'는 '-군'과 마찬가지로 뒤에 '-요'를 결합시킬 수 있으며, 이때에도 가령 "벌써 개구리가 나왔네요"라고 하면 '-군' 때와 마찬가지로 혼잣말의 기능은 사라진다.

(2) a. 벌써 개구리가 나왔네.
    b. 벌써 개구리가 나왔군.

(3) a. 그놈 참 신통하네.
    b. 그놈 참 신통하군.

놀라움, 신기해함에 대한 두 어미의 강도(强度)가 다르기 때문에 상황에 따라서는 어느 한 어미만 쓰이는 경우도 있다. 다음 예문 (4)는 '어머나'라는 감탄사가 자아내는 분위기에 '-네'는 잘 어울리나 '-군'은 그렇지 못함을 보여 주며, (5)는 시나 노래의 분위기에는 역시 '-네'가 어울리고 '-군'을 쓰면 그 분위기가 아주 달라짐을 보여 준다.

(4) a. 어머나, 영수가 1등을 했네.
    b. ??어머나, 영수가 1등을 했군.

(5) a. 봄이 왔네. 봄이 왔네. 삼천리강산에 봄이 왔네.
    b. 봄이 왔군. 봄이 왔군. 삼천리강산에 봄이 왔군.

반면 다음 예문 (6)은 '-더-'와 '-군'은 결합될 수 있어도 '-더-'와 '-네'는 그것이 허용되지 않음을 보여 준다. '-네'는 바로 눈앞에서 벌어지는 일을 더 생생하게 놀라워하는 힘이 더 크기 때문일 것이다.

(6) a. 꽃이 피는 건 힘들어도 지는 건 잠깐이더군.
    b. *꽃이 피는 건 힘들어도 지는 건 잠깐이더네.

의문문의 '-네'

'-네'는 한정된 용법으로이지만 의문문에 쓰이기도 한다. 즉 '-겠-'을 동반하고 그러리라고 추측되는 일에 대해 그것을 확인하기 위해 묻는 용법으로 '-네'가 쓰인다. 이때에도 새로 지각했다는 의미는 유지된다.

(7) a. 그러면 이번에도 네가 1등이겠네?
    b. 손님이 그렇게 많이 왔으면 며느리들이 혼났겠네?

8.3.5 '-으마/-마'

'-으마'는[9] 약속법 어미로 분류되어 온 어미다. 그만큼 청자에게 어떤 일을 그렇게 하겠다고 약속을 하는 의미를 나타내 준다. '-으마'는 낯선 사람 사이에서는 쓰기 어렵고, 대개 집안사람들 사이에서, 그것도 나이 지긋한 사람이 나이 차이가 많이 나는 손아랫사람에게 쓴다.

(1) a. 내일 다시 오마.
    b. 그동안 네가 베풀어 준 친절을 절대로 잊지 않으마.

그런데 '-으마'는 대체로 '-겠다'와 대체할 수 있다. 앞 예문들의 '-으마'를 '-겠다'로 바꾸면 문장의 의미도 별로 달라지지 않는다. 이는 그동안 '약속'이라 해 온 것을 다른 말로 하면 '의지'라 할 수 있음을 시사한다. 특히 다음 예문의 '합격하마' 따위는 약속이기보다 의지를 보이는 것이어서 '-으마'의 의미는 넓게 '의지'에 넣어 두는 것이 자연스러워 보인다.

---

9. 자음(받침) 다음에 쓰이는 '-으마'를 대표로 삼는다. 이하 '-을걸/-ㄹ걸' 등에도 마찬가지 기준으로 자음(받침) 다음의 형태를 대표로 삼겠다.

(2) a. 이번 운전면허 시험에는 꼭 합격하마.
   b. 그래, 이제 다시는 실수하지 않으마.

8.3.6 '-을걸/-ㄹ 걸'

이 어미는 추측을 나타내는 의미로 쓰인다. 좀더 정확히 말한다면 추측이되 그러리라는 믿음이 있는 추측에 쓰인다.

(1) a. 벌써 다들 모였을걸.
   b. 아니야, 그 부인은 아직 아무것도 모를걸.
   c. 그때까지 아무것도 안 먹으면 배가 꽤 고플걸요.

'-을걸'은 다른 한편으로 과거에 그렇게 하지 못한 일에 대한 후회를 나타내기도 한다. 그러나 이때의 '-을걸'은 '-을 것을'이 응결된 자취가 남아 있고 그 뒤에 "그랬어" 정도를 추가할 수 있는 특징이 있다. 그리고 앞의 예문 (1) 때와는 달리 이때는 혼잣말의 성격을 띤다.[10]

(2) a. 에이, 그때 많이 받아 둘걸.
   b. 이렇게 오래 기다릴 줄 알았으면 잡지라도 하나 들고 올걸.

8.3.7 '-을게/-ㄹ 게'와 '-을래/-ㄹ 래'

'-을게'

'-을게'는 화자가 자기가 할 일에 대한 의지를 나타내 준다. 그런데 그

10. '-을걸'은 반말체어미로 예문 (1)의 경우는 '-요'가 결합될 수 있다. 그런데 (2)의 예들에는 그것이 불가능하다. 여기에서도 예문 (2)의 '-을걸'은 성격이 좀 다른 어미임이 드러난다.

의지의 표명이 일종의 약속인 경우가 많다. 전체적으로 그 용법이 매우 단순하고 분명한 어미에 속한다.

(1) a. 내일 아침 일찍 올게.
b. 그래, 이제 그만 떠들게.
c. 정말이야. 절대로 이 은혜를 잊지 않을게.
d. 도서관에 좀 다녀올게요.[11]

'-을래'

'-을래'는 화자가 어떤 일이 하고 싶다는 의사를 나타내 준다. 의지의 표현이기보다 희망을 나타낸다고 볼 수 있다.

(2) a. 엄마, 나도 갈래.
b. 나는 집에 있을래요.[12]
c. 나는 커서 아빠하고 결혼할래. (꼬마 아이들의 말)

'-을래'는 의문문에도 쓰인다. 이때는 예문 (3)에서처럼 상대방의 의사를 묻거나, 또는 예문 (4)에서처럼 상대방이 화자의 마음에 들지 않은 일을 한 것에 대해 야단을 치는 용법으로 쓰인다.

(3) a. 나는 가야겠는데 더 있을래?
b. 나 좀 도와줄래?

(4) a. 정말 말 안 들을래?

---

11. 'ㄹ게/-을게'는 반말체어미로 그 뒤에 '-요'를 자유롭게 결합시킬 수 있다.
12. 이 어미도 반말체 어미로서 뒤에 '-요'가 자유롭게 결합된다.

b. 너 그렇게 게으름피우다 한번 혼이 나 볼래?

8.3.8 '-을라/-ㄹ라'와 '-는단다/-ㄴ단다/-단다/-란다'

'-을라'

이 어미는 어떤 원하지 않는 사태가 벌어질 것을 염려하는 의미를 나타낸다. 특히 손아래 상대방의 어떤 행동을 미리 경계하는 뜻으로 많이 쓰인다. 대개 '-겠다'로 쉽게 바꿀 수 있으며, 그렇게 해도 의미가 별로 달라지지 않는다.[13]

(1) a. 이러다 늦을라. 빨리 가자.
   b. 꾸물거리다 비 올라. 볏단부터 들여가자.
   c. 체할라. 천천히 먹어라.
   d. 옷 좀 단단히 입지. 감기 들라.

'-는단다'

이 어미는 '-다'가 풍기는 도식적(圖式的)인 분위기를 완화하여 가까운 손아랫사람에게 사근사근 얘기해 주는 듯한 분위기를 만들어 주는 기능을 하는 어미다.

(2) a. 그때 할아버지들은 맨발로 학교를 다녔단다.
   b. 속이 비면 몸도 그렇게 더 춥단다.
   c. 아가들은 원래 그렇게 잘 앓는단다.

---

13. 이 어미를 두고 드물지만 '경계법'이라는 문장형을 독립시키는 일이 있으나 앞에서 허락법 등을 인정하지 않은 기준이 여기에도 해당된다. 하게체 이상만 되면 '-겠네', '-겠어요', '-겠습니다'로 바뀌고 간접인용문에서도 "그러다 다치겠다고 했다"처럼 역시 '-겠다'로 바뀐다. 독립된 문장형으로서의 체계를 전혀 갖추고 있지 못한 것이다.

d. 이 꽃이 바로 모란이란다.

e. 저는 때도 없이 이렇게 눈물은 흘리곤 한답니다.

8.4 의문문의 서법

의문문에도 여러 종류의 어미가 쓰이면서 상대경어법의 등급을 나누어 주는 일 외에 서법 면에서 미묘한 차이를 나타내 준다. 어미별로 그 의미를 보기로 하자.

8.4.1 '-으냐/-냐/-느냐' 및 '-으니/-니'

'-냐'는[14] '-니'와 함께 의문문의 대표 어미라 할 만한, 의문문의 가장 기본적인 의미를 나타내 주는 어미다. 순수히 무엇에 대해 질문을 던질 때 쓰이는 어미가 바로 이 어미들이다. 이들은 자유롭게 넘나들기도 한다.

(1) a. 너 몇 살이냐(/살이니)?

b. 왜 왔느냐(/왔니)?

c. 그렇게도 좋으냐(/좋으니)?

그러나 그 용법이 꼭 같지는 않다. 일반 대화에서 더 널리 쓰이는 것은 단연 '-니'다. 청자를 더 가까이 두고 호흡을 좀더 가까이 느끼면서 하는 분위기가 '-니'쪽이 앞서기 때문일 것이다. 거기에 비해 '-냐'는 나이 지긋

14. '-느냐'는 동사 어간 다음 및 '-았-', '-겠-' 등의 선어말어미 다음에, '-으냐'는 자음(받침)으로 끝나는 형용사 어간 다음에, '-냐'는 모음으로 끝나는 형용사 어간 및 계사 다음에 쓰인다. 그리고 '-으니'는 자음으로 끝나는 형용사 다음에, '-니'는 그 나머지 환경에 쓰인다. 앞으로 각각 '-냐'와 '-니'를 이들의 대표로 삼는다.

한 어른이 점잖게 말한다는 분위기를 풍기기도 하고 '-니'보다 메마른 느낌도 있어 그만큼 제약이 따르는 것으로 보인다.

그러나 의문문 어미의 대표성은 '-냐'가 가지고 있다. 인용문에 쓰이는 것을 비롯하여 글에까지 폭넓게 쓰이는 것은 '-냐'이기 때문이다.

(2) a. 산토끼 토끼야, 어디로 가느냐?
　　　깡충깡충 뛰면서 어디로 가느냐?
　b. 사느냐 죽느냐 이것이 문제다.

(3) a. 내가 왜 왔느냐(*왔니) 하면 너를 데리고 가려고 왔지.
　b. 나보고 몇 살이냐(*살이니)고 물었다.
　c. 얼마나 오래 사느냐(*사니)가 중요한 것이 아니라 어떻게 사느냐(*사니)가 중요하다.

8.4.2 '-을까/-ㄹ까'

이 어미는 궁금한 것을 드러내는 데 쓰인다. 그러면서 특히 혼잣말에 많이 쓰인다.[15]

(1) a. 나는 왜 밤낮 이 모양일까?
　b. 그때 이리로 오지 않았더라면 지금 어디서 무엇을 하고 있을까?
　c. 그 국보(國寶)가 감쪽같이 어디로 사라졌을까?
　d. 우주는 과연 무한(無限)할까?

'-을까'는 다음 예문 (2)에서처럼 청자에게 동의(同意) 여부를 물을 때에

15. 이 어미는 반말체 어미로서 뒤에 자유롭게 '-요'가 결합할 수 있는데 다만 그러면 혼잣말의 기능은 사라진다.

도 쓰인다. 즉 청자에게 무엇을 함께 하기를 제안하면서 동의를 구하거나 자기가 할 일에 대한 동의 여부를 물을 때 쓰인다. 그러나 이때 (3)에서처럼 '언제' 등의 의문사를 함께 쓰면 단순한 질문이 된다.

(2) a. 이번 주말에 도봉산 갈까?
b. (커피에) 설탕 넣을까요?

(3) a. 언제 도봉산에 갈까?
b. 설탕 몇 개 넣을까요?

'-을까'는 예문 (4)에서처럼 앞으로의 상황에 대한 의문을 나타내는 의미로도 쓰인다. 그런가 하면 (5)에서처럼 그러리라는 것을 돌려서 표현하는 의미로 쓰이기도 한다.

(4) a. 얘들이 정말 올까?
b. 언제쯤 통일이 될까?

(5) a. 아이들이 다 떠나고 나면 두 노인이 얼마나 쓸쓸할까?
b. 여기에 다리가 놓이면 얼마나 좋을까?

8.4.3 '-련'

이 어미는 대개 '-겠니?'로 바꿔 쓸 수 있는 자리에 쓰인다. 청자에게 어떤 일을 해 줄 의사가 있는지를 물으면서도 그러기를 권유하는 뜻도 곁들이는 의미가 있다.

(1) a. 이거 좀 도와주련?

b. 거기 창문 좀 열어 주련?

한편 화자가 청자를 위해 하고자 하는 일을 받아들이겠느냐를 묻는 의미로도 쓰인다. 이때의 '-련'은 뒤에서 볼 '-랴'와 대체될 수 있다. '-련'은 어느 경우나 청자를 유난히 어리게 대하는 듯한 분위기를 풍기는 점이 특이한 점이라 할 만하다.

(2) a. 내가 좀 도와주련?
b. 이불 덮어 주련?

8.4.4 '-으랴/-랴'와 '-을쏘냐/-ㄹ쏘냐'

'-으랴'

이 어미 '으랴'는 화자가 청자를 위해 어떤 일을 하고자 하면서 청자에게 동의를 묻는 의미로 쓰인다.

(1) a. 내가 형한테 한번 물어보랴?
b. 뭐 맛있는 것 사 주랴?

'-으랴'는 추측되는 상황을 의문문 형식으로 바꾸어 감정적으로 표현하는 데에 쓰이기도 한다. 대개 '-겠느냐'로 대체되는 의미라고 할 수 있다.

(2) a. 두 아들이 한꺼번에 합격하였으니 얼마나 자랑스러웠으랴?
b. 이제 와서 발버둥친들 무엇 하랴?

한편 '-으랴'는 형식은 의문문이나 어떤 질문을 위해서가 아니라 수사적(修辭的)인 효과를 위해 쓰이기도 한다. 즉 의문문이 긍정문이면 '그렇지 않다'는 뜻을, 부정문이면 긍정의 뜻을 나타내는 반어적(反語的) 용법으로 쓰인다. 특히 속담이나 격언에 이 용법의 용례가 많다.

(3) a. 공든 탑이 무너지랴?
b. 첫술 밥에 배부르랴?
c. 아니 땐 굴뚝에 연기 나랴?

(4) a. 아아, 잊으랴, 어찌 우리 그날을?
b. 이름이 매화(梅花)인데 어찌 향기가 없으랴?

'-을쏘냐'

이 어미도 '-으랴'의 반어적 용법과 흡사한 용법으로 쓰인다. 즉 '검을쏘냐'라고 하면 '검지 않다'의 뜻이다. 글에만 쓰이되 그것도 시적(詩的)인 표현에 한정되어 쓰인다.

(5) a. 겉이 검다고 속조차 검을쏘냐?
b. 내 비록 천리 밖에 있다 한들 한시라도 너를 잊을쏘냐?

8.4.5 '-대'와 '-담'

'-대'

이 어미는 어떤 사태가 의외라는 느낌을 물음으로 나타내는 데 쓰인다. 만족감이나 불만이 섞이게 되는데 이 느낌이 흔히 '왜 이렇게'와 어울려 표현된다.[16]

16. 이 어미는 반말체 어미로서 뒤에 '-요'를 덧붙이면 해요체로 쓰인다.

(1) a. 나 오늘 기분이 왜 이렇게 좋대?
b. 말복이 지났는데 왜 이렇게 덥대?
c. 아이고, 우리 강아지가 왜 이렇게 잘났대? (손자 보고 하는 말)
d. 얘들이 왜 아직도 못 온대요?

'-담'

이 어미는 그리 널리 쓰이는 어미는 아니나,[17] 어떤 사태가 마음에 들지 않아 불평조로 하는 말에 쓰이면서 그 의미는 뚜렷이 독자적인 세계를 이루고 있다. 혼잣말로 쓰면서도 청자가 있는 경우에도 잘 쓰인다. 이 어미가 쓰인 문장은 '어디', '어찌', '무엇', '무슨' 등 의문사와 함께 쓰이는 의문문이긴 하나 스스로에게 가볍게 자문(自問)하는 정도에 머무는 아주 가벼운 의문문이다.[18]

(2) a. 이렇게 낡은 걸 어디다 쓴담?
b. 어찌 사람의 허울을 쓰고 이럴 수가 있담?
c. 전화도 안 받고 집을 비우고 다 어디로 갔담?
d. 뭐가 우스워 그리 웃는담?
e. 해마다 무슨 황사(黃砂)가 이렇게 심하담?

17. 그러나 동사와 형용사에 다 쓰인다. 국어사전들에서 이 어미가 형용사에만 쓰이는 것으로 기술하고 있는 것은 이해가 안 간다.

18. 사전들에 따라서 이 어미를 평서문 어미로 다루고 있는 것도 그 물음의 성격이 약해서일 것이다. 그러나 이 어미가 의문사와 함께 쓰인다는 점을 간과하지 말아야 할 것이다.

8.5 명령문의 서법

명령문에는 평서문이나 명령문만큼 많은 어미는 없지만 여기에도 몇 종류의 어미가 쓰이면서 상대경어법의 등급을 나누어 주는 일 외에 서법 면에서 미묘한 차이를 나타내 준다. 어미별로 그 의미를 보기로 하자.

8.5.1 '-아라/-어라/-여라'

'-아라'는[19] 명령문의 간판 어미라 할 만한 어미다. 가장 전형적인 명령에 쓰이는 어미가 이 어미다.

(1) a. 여기 좀 앉아라.
  b. 밥 꼭 제때제때 먹어라.
  c. 부디 몸조심하여라.

'-아라'는 명령이라기보다 부탁 내지 요망을 나타내기도 한다. 특히 형용사에 쓰일 때에 그러하다.

(2) a. 감기 조심하여라.
  b. 부지런하여라. 씩씩하여라. 정직하여라.

'-아라'는 명령이기보다 허락을 나타내기도 한다. 상대방이 원하는 것을 허락하는 상황에 '아라'가 쓰이는 것이다.

---

19. '-여라'는 '하-' 다음에, 그 외의 환경 중 '-아라'는 어간 말음이 'ㅏ'나 'ㅗ'일 때, '-어라'는 그 나머지 때에 쓰인다. 이중 '-아라'를 대표로 삼는다.

(3) <A> 내일 또 와도 돼요?
<B> 그래, 언제든지 오너라.

'-아라'는 명령과는 거리가 먼 감탄에도 쓰인다. 일부 형용사에 결합할 때에만 나타나는 용법인데 어떤 느낌을 감정을 넣어 표현하는 효과를 낸다.

(4) a. 아이 좋아라.
b. 아이 추워라.
c. 와, 저기 사람들 좀 봐. 많기도 해라.

8.5.2 '-으려무나/려무나'와 '-으렴/렴'

이 어미는 흔히 허락을 나타내는 어미로 분류되어 왔다. 그만큼 명령이라기보다 허락에 가까운 상황에 잘 쓰인다.

(1) a. 그렇게 갖고 싶으면 가지려무나.
b. 오래 벼르던 일인데 어서 다녀오렴.

그러나 그 허락이 결국은 크게 보아 명령의 한 형식이기도 하다. 특히 다음 예문 (6)은 명령의 풍김이 강하다. 따라서 '허락'을 따로 분리해 내기보다 '명령'이되 '부드러운 명령'을 이 어미의 의미로 규정하는 것이 나을 것이다.

(2) a. 언니만 탓하지 말고 네가 좀 참으려무나.
b. 제발 좀 웃어 보렴.

8.5.3 '-소서'

이 어미는 일상어로는 안 쓰이며, 글에서도 일종의 시적(詩的) 표현으로만 쓰이는 어미로서 기원(祈願)을 나타낸다. 경어법의 등급으로는 합쇼체에 해당한다.

(1) a. 그대들, 부디 오래오래 행복을 누리소서.
  b. 우리로 하여금 착한 마음으로 겨울을 준비하게 하소서.

그러나 사극(史劇)과 같은 특수한 경우에는 주로 '-옵소서'의 형태로 구어(口語)로도 쓰인다.

(2) a. 불쌍한 백성을 굽어살피옵소서.
  b. 이 신하들의 충정(忠情)을 통촉하옵소서.

8.6 '-아/-어'와 '-지'의 서법적 의미

반말체 어미인 '-아'와[20] '-지'는 어느 한 문장형에 한정되어 쓰이지 않고 네 문장형에 두루 쓰인다. 어느 문장형에 쓰이나 공통된 의미를 유지하기는 하나 다른 한편으로는 어느 문장형에 쓰이느냐에 따라 자연히 의미의 차이가 생기기도 한다. 이제 이러한 두 어미의 용법을 하나씩 나누어 살펴보기로 하겠다.

---

20. 어미 '-아/-어'의 '-아'는 어간 마지막 음절이 양모음 'ㅏ'와 'ㅗ'일 때 쓰이고 그 나머지에서는 '-어'가 쓰인다. 그러나 계사 '이-' 다음에서는 '-야'가 쓰이고 '하-'와 결합하면 '해'가 된다. '-아'를 대표로 삼는다.

8.6.1 '-아/-어'

'-아'는 반말체 어미 중 가장 중립적인 의미이면서 가장 널리 쓰이는 어미다. 어떤 특별한 의미나 제약이 따르지 않기 때문에 그 용법이 아주 간명한 것이 특징이라면 특징이다. 그리고 청자를 가까이 두고 쓰는 어미라는 점도 또하나의 특징이라 할 만하다.

(1) a. 나도 가겠어.
b. 어디 아파?
c. 빨리 와.
d. 그래, 지금부터 우리 함께 노력해.

그러나 '-아'가 놀라움 내지 긴박감을 나타내는 특별한 용법으로 쓰일 때도 있다. 특히 "불이야"와 "도둑이야"는 굳어진 표현으로서 '-아'의 독보적 영역이 되었다고 할 수 있다.[21]

(2) a. 아이구 깜짝이야.
b. 아이 뜨거워.

(3) a. 불이야!
b. 도둑이야!
c. 사람 살려!

21. "심봤다!", "육지다!"의 '-다'와 "불이야!"의 '-야'가 어떤 다른 의미를 가지는지는 분명치 않다. 어떻게 보면 긍정적인 상황에는 '-다', 부정적인 상황에서는 '-야'가 쓰이는 것도 같은데 그렇다면 이것이 두 어미의 어떤 특성과 관련되는지 흥미 있게 추적될 수 있을 법하다.

8.6.2 '-지'

확인 질문

이 어미는 '-아'와는 달리 어떤 특별한 의미를 달고 다닌다. 말하려는 상황에 대해 화자나 청자가 이미 '알고 있다', '짐작되는 바가 있다', '그러리라 믿는다'와 같은 전제를 깔고 쓴다는 것이 그것이다. '-지'의 이러한 의미는 특히 의문문에서 잘 드러나는데 다음 예문을 보면 순수한 질문이기보다 동의해 줄 것을 기대하는 확인 질문의 성격을 띤다.

(1) a. 냉장고에 있던 아이스크림 네가 먹었지?
b. 저 시계 꽤 비싸겠지?
c. 너는 내일 오지?
d. 저기 5층 건물 보이지?

당연한 이야기

평서문에서도 새삼스러운 이야기가 아니라 알려질 만큼 알려진, 사람들이 동의해 줄 내용이라는 전제를 달고 말할 때 '-지'가 쓰인다.

(2) a. 단풍이야 설악산이 제일이지.
b. 그럼, 추석에 송편은 누구나 먹지.
c. 물론 나도 가지.

근거 있는 짐작

'-지'는 짐작을 나타내되 화자가 그럴만한 근거를 가지고 말한다는 느낌을 풍기는 용법으로도 쓰인다. 이때는 '-겠-'을 동반하며, 평서문과 의문문에 함께 쓰인다.

(3) a. 편지가 내일에는 오겠지.(/오겠지?)
b. 박찬호가 이번에는 이기겠지.(/이기겠지?)

부드러움

그런데 '-지'가 명령문이나 청유문에서는 의미가 좀 달라진다. 부드러움을 얹어 권유한다는 뜻을 담는 것이 그것이다. 물론 여기에도 '그렇게 해 주리라는 걸 믿는다'는 전제가 깔림으로써 이러한 효과가 나타날 것이다.

(4) a. 이거 좀 먹지.
b. 힘들 텐데 그만 좀 쉬지.

(5) a. 우리랑 같이 가지.
b. 우리가 양보하지.

그러므로 명령 내지 강요의 분위기를 강조하고자 할 때는 '-지'는 어울리지 않는다. 다음 예문에서 보듯이 이때는 '-아'와 같은 어미라야 어울린다.

(6) a. ??안 오면 혼날 줄 알아. 빨리 오지!
b. 안 오면 혼날 줄 알아. 빨리 와!

(7) a. ??꼼짝 말고 여기 있지!
b. 꼼짝 말고 여기 있어!

화자의 의지

'-지'는 화자의 의지를 나타내기도 한다. 이때의 '-지'는 대개 '-겠다'로 대체되는 의미를 나타낸다고 할 수 있다.

(8) a. 다 싫다면 내가 가지.
b. 앓느니 죽지.[22]

아쉬움

'-지'는 지나간 일이 만족스럽게 되지 않은 것에 대한 아쉬움을 나타내기도 한다. 그런데 이때의 '-지'는 순수한 종결어미이기보다 이 뒤에 "그랬어" 정도가 생략된 특이한 쓰임이다.

(9) a. 나도 좀 부르지.
b. 거기까지 갔으면 나이아가라 폭포도 좀 보고 오지.

8.7 후종결어미의 서법

8.7.1 후종결어미

한국어의 어미 중에는 종결어미 뒤에 덧붙어 쓰이는 것도 있다. 뒤에서 곧 보게 될 '-고', '-니까' 따위가 그것이다. 이들 어미는 그 분포부터 지금까지 보아 온 여느 어미들과 그 성격이 상당히 다르다.

그 때문에 이 '-고', '-니까' 등을 독립된 어미라고 한다면 그 어미의 성격을 어떻게 규정해야 할지가 쉽지 않다. 문장 끝에 분포하는 점을 들어 종결어미(문말어미)라 할 수 있을지 모르나 일반 종결어미와는 달리 어간에 직접 결합하지 못하고 다른 종결어미 뒤에 분포한다는 특이한 성질 때문에 그러기가 어렵다. 아예 '-다고', '-라고', '-자고'를 묶어 '-다' 등과 별개의 종결어미로 다루는 길이 있으나 '-고' 앞의 종결어미의 형태와 의미

22. 속담으로서 남에게 일을 시켜 시원치 않을 때 그러느니 차라리 힘이 들더라도 내가 직접 하는 게 낫겠다는 뜻으로 쓰인다. 즉 "앓느니 차라리 죽겠다"의 뜻이다.

가 고스란히 살아 있어 그것도 마땅치 않다.

한 가지 길은 선어말어미(先語末語尾)에 맞추어 후종결어미(後終結語尾, post-final ending)라고 규정하는 길이다. 이제까지는 없던 개념이나 이 책에서는 우선 이렇게 불러 가기로 하겠다. 선어말어미가 반드시 뒤에 어말어미를 필요로 하면서 그 앞에 쓰이는 어미이듯이, 반드시 앞에 종결어미를 필요로 하면서 그 뒤에 쓰이는 어미라는 뜻으로 '후종결어미'라는 개념을 하나 새로 만들어 쓰고자 하는 것이다.

이 어미들은 그들대로 독특한 서법을 나타내 주는데 다음에서 이를 하나씩 보아 가기로 하겠다.

8.7.2 '-고'

이 어미는 다른 종결어미에 덧붙어 그 종결어미로 끝난 문장에 제시된 내용을 반문(反問)하는 일에 쓰인다. 좀 의외라는, 또는 불만을 가지고 따지는 듯한 반응을 보이면서 묻는 점이 특징이다. 대개 "-는 말이야?", "-는 거야?" 정도로 바꾸어 쓸 수 있는 의미라고 할 수 있다.

(1) a. 비가 온다고?
    b. 큰마음 먹고 왔더니 왜 왔느냐고?
    c. 이 먼 데를 또 오라고?
    d. 벌써 돌아가자고?

(2) a. 네가 반장이라고?
    b. 벌써 아홉 시라고?

'-고'는 의문문 외에도 쓰인다. 이때는 종결어미로 끝난 문장에 제시된 내용을 강조하고, 다른 말을 못하도록 다그치는 듯한 기능을 한다.

(3) a. 나도 이 두 눈으로 똑똑히 봤다고.
b. 글쎄 그 넓은 곡창지대가 완전히 물바다가 되었더라고.
c. 정신 좀 똑똑히 차리고 일하라고.
d. 제발 이 일은 이제 여기서 끝내자고.
e. 나도 한다면 하는 사람이라고.

이 어미는 어원적으로 인용문을 이끄는 '-고'일 것이다. 실제로 (1)과 같은 의문문에서는 '-고' 뒤에 "그랬니?" 정도가 생략된 자취를 추적해 볼 수도 있다.[23] 그러나 (3)과 같은 예문에서는 그런 자취를 찾기도 어렵거니와 '강조'의 의미나 '의외라는 반응'과 같은 의미는 인용문 '-고'에는 없는 이 어미 고유의 의미다. 독립된 별개의 어미로 자리 잡은 것으로 보아야 할 것이다.[24]

8.7.3 '-니까'

이 어미는 종결어미 뒤에 덧붙어 그 종결어미까지의 내용을 강조하는 의미를 나타낸다. 달리 말하면 '-니까'는 "그렇다(그렇냐/그러라/그러자)는데 왜 다른 말이냐?"라고 따지는 듯한 분위기로 어떤 사태를 더 확실한 구석으로 몰아붙이는 기능을 한다. 앞의 '-고'가 나타내던 의미와 매우 흡사하며, 실제로 두 어미는 자유롭게 넘나들 수 있다.

(1) a. 글쎄 아무리 졸라 봐야 나는 모른다니까.
b. 왜 벌써 돌아왔냐니까.

23. "그때 앞장서서 선동한 게 누구였느냐고?" 뒤에처럼 "그랬니?"를 넣기 어려운 경우도 있다.
24. 실제 회화에서는 이 '-고'는 일반적으로 '-구'로 실현된다.

c. 여기 걱정은 말고 어서 가라니까.
d. 거기에서는 이제 손을 떼자니까.

(2) a. 글쎄, 그 사람이 틀림없이 장군이라니까.
b. 그래, 저 별이 오리온이라니까.

이 어미는 어원적으로 원인을 나타내는 연결어미 '-니까'에서 왔을 것이다. 실제로 이 '-니까' 뒤에는 "그렇다(그렇냐/그러라/그러자)는데 자꾸 다른 말을 하네" 정도가 생략된 자취를 추적해 볼 수 있다. 그러나 이들 예문의 '-니까'는 이미 연결어미 때와는 다른 그 특유의 의미를 가지고 있어 문장 끝의 어미로 굳어진 모습을 보인다. 앞에서 본 '-고'와 마찬가지로 후종결어미의 하나인 것이다.

8.7.4 '-며'와 '-면서'

'-며'와 '-면서'는 종결어미 뒤에 덧붙어 그 종결어미까지의 문장 내용을 청자에게 확인하기 위해 묻는 의미로 쓰인다. 대략 "내가 그 사실을 아는데 사실이냐?"와 같은 의미라고 할 수 있다. '-며'와 '-면서'는 자유롭게 넘나드는 사이인데 이들이 어떤 다른 의미를 나타내는지는 분명치 않다.

(1) a. 어제 진호와 싸웠다며(/싸웠다면서)?
b. 네가 친구들 사이에서 그렇게 인기라며(/인기라면서)?
c. 다시 오지 말라며(/말라면서)?
d. 야구 구경 가자며(/가자면서)?

이 어미는 뒤에 '-요'를 덧붙여 해요체로 쓸 수 있으나 다만 그때는 '-다며'는 부자연스럽고 '-다면서'만 자연스럽다.

(2) a. 당신이 전화했었다면서요(/*전화했었다며요)?
b. 야구 구경 가자면서요(/*가자며요)?

이 어미는 앞의 예문 (1)에서 보듯이 여러 문장형의 종결어미와 어울리면서도 다만 의문문 어미와는 잘 어울리지 않는다. 의문문을 다시 의문문으로 만드는 것이 부자연스럽게 여겨져서일 것이다.

(3) a. *누가 진호와 싸웠냐며?
b. *언제 야구 구경 가냐면서?

8.8 인용어미의 서법

종결어미 뒤에 결합되는 점에서는 앞에서 본 어미들과 같으나 아직 그 본래의 모습과 의미가 좀더 그대로 보존되는 일련의 어미들이 있다. '-고 한다'가 종결어미와 융합하여 다른 데서 얻은 정보를 전달한다는 의미를 나타내는 일련의 어미들, 곧 인용어미(引用語尾)들이 그것이다. 이 어미들은 무엇보다 '한다'의 활용 체계가 거의 다 그대로 가동된다는 점에서 개개 어미의 독립성이 그리 높지 않다는 특징이 있다. 그러나 융합형으로서 '전달'이라고 하는 서법적 의미를 나타냄으로써 독자적인 세계를 구축하고 있는 것도 사실이다. 어느 한 서법을 담당하는 문법적 장치로서의 구실을 훌륭히 하고 있는 것이다. 이제 이 인용어미들의 형태와 용법을 살펴보기로 하자.

8.8.1 '-단다', '-느냔다', '-란다', '-잔다' 등

이 어미들은 누구한테서 얻은 정보를 전달하는 데 쓰인다. 대략 "누구한테 들었는데", "신문에서 보았는데"와 같은 의미를 함축하고 있다.

이 어미는 앞에 오는 종결어미가 어떤 문장형의 어미이냐에 따라 '-단다', '-느냔다', '-란다', '-잔다' 등의 형태로 실현된다. '-고 한다'가 간접인용문의 어미 형태인 '-다', '-느냐', '-라', '-자'와 융합한 모습인 것이다. 이 융합형은 '한다'가 어떤 모습이냐에 따라 규칙적으로 결정되는데 가령 '합니다'라면 '-답니다'로 되고, '하니?'라면 '-다니?'로 된다.

(1) a. 날씨가 주말부터 풀린단다.(/풀린답니다./풀린다니?/풀립답니까?)
b. 우리더러 왜 왔느냔다.(/왔느냡니다./왔느냐니?/왔느냡니까?)
c. 이쪽에서 기다리란다.(/기다리랍니다./기다리라니?/기다리랍니까?)
d. 점심 값을 각자 내잔다.(/내잡니다./내자니?/내잡니까?)

(2) a. 여기가 모두 그분 땅이란다.(/땅이랍니다./땅이라니?/땅이랍니까?)
b. 내일이 벌써 입추(立秋)란다.(/입추랍니다./입추라니?/입추랍니까?)

8.8.2 '-대'

이 어미는 앞에서 본 '-고 한다'의 융합형 중 반말체 어미인데[25] 그 형태며 용법이 특이한 점이 있어 따로 떼어 살펴보기로 한다. 반말체 '해'가 그렇듯 이 어미는 평서문과 의문문에 다 쓰인다.

25. 따라서 '-요'를 덧붙여 해요체로 쓸 수 있다.

(1) a. 동대문 시장에 불이 났대.
b. 합격자 발표가 하루 연기된대.
c. 유럽은 지금 홍수가 나서 난리래.
d. 그 계곡이 사람도 적고 그렇게 조용하더래.

(2) a. 영미가 정말 자기 눈으로 직접 보았대?
b. 거기가 그렇게 조용하더래?
c. 그래서 어떻게 되었대?

'-대'는 자기가 그런 뜻으로 한 말이 아니었다는 뜻으로도 쓰인다. 즉 "내가 언제 그런 말을 했다고 그래?" 정도로 남이 말하는 내용을 반박하는 뜻을 담고 있다.

(3) a. 누가 굶겠대? 너희들하고는 같이 안 먹겠다는 거지.
b. 언제[26] 내가 그랬대? 사람들이 그러더라는 거지.

이렇게 보면 '-대'가 '-단다'나 '-답니다', '-다니', '-답니까' 등보다 '-고 한다(해)'와의 관계가 멀어져 있다. 다시 말하면 종결어미로서의 독자적 영역이 그만큼 더 굳어진 것이다.

8.9 한국어의 서법 체계

앞에서 한국어의 종결어미가 여러 다양한 어미로 분화되어 그 각각이 다시 여러 다양한 의미를 나타내는 것을 보았다. 그리고 그 각각의 의미를

---

26. when의 뜻이 아니라 부정대명사의 '언제'다.

서법과 관련되는 의미로 보아 왔다.

서법과 관련되는 의미는 흔히 양태(樣態, modality)라 한다. 서법에서의 양태는 시제(時制)에서의 시간(時間, time)과 같다. 현실 세계의 '현재', '과거' 등이 어떤 문법적 장치에 의해 언어에 반영되면 한 언어의 시제가 결정되듯이 양태라는 논리 범주로서의 의미가 어떤 문법적 장치로 언어에 반영되면 그것이 곧 그 언어의 서법 범주가 된다.

양태는 어떤 사태에 대한 화자의 심리적 태도를 가리킨다. "구경꾼이 많다"를 지금 눈앞에 현실로 나타난 사태로 받아들이느냐 하나의 가상 세계로 받아들이느냐, 아니면 그런지 아닌지 모르는 사태로 받아들이냐에 따라 화자의 심리적 태도가 달라질 수 있다. 그 사태를 막 새로 지각했다는 태도로 보일 수도 있는가 하면 이미 다 알고 있고 다 잘 알려져 있던 사태로 보일 수도 있다. 이러한 여러 다른 태도가 언어적으로 구별되는 장치가 마련되어 있다면 그 각각이 서법의 한 하위범주를 이루게 된다.

한국어는 어미라고 하는 문법형태소가 여러가지 양태를 나타내 주므로 서법을 여러 하위류로 나눌 수 있을 것이다. 그런데 앞에서 보아 온 여러 양태를 몇 개씩 묶어 서법의 하위 범주로 분류한다면 어떤 분류 체계가 만들어질까? 다시 말하면 평서법, 추측법, 의지법, 의문법, 명령법 등과 같은 하위 범주를 몇 개로 설정할 수 있을까?

이것은 아직 결론을 내기 이르다. 양태를 몇 개의 범주로 분류하느냐가 원론적으로 쉽지 않은 것이 그 한 이유다. 시제라면 현재, 과거 미래 등 변화가 있어 보아야 이 언저리로서 간명하다. 성(性)도 남성, 여성에 더 있어야 중성, 양성 정도다. 그런데 양태는 그렇지 않다.

그런 데다가 한국어의 어미는 워낙 미묘한 의미까지 구별해 표현한다. 그것들을 몇 묶음으로 묶어야 하느냐가 결코 쉽지 않고, 또 그중 어떤 것을 독립된 범주로 내세워야 하는지도 간단치 않다. 가령 앞에서 혼잣말에 쓰인다는 것이 있었는데 그 특성을 '독백법'과 같은 한 독립된 범주로 세울 만큼 중요하게 다루어야 할지가 쉽지 않고, 새로 지각한 것에 쓰인다는 것을 그것대로 '발견법' 따위로 내세워야 할지 어떨지도 쉽지 않다. 또 되묻는 것도 있었고 뜻대로 되지 않은 일에 대한 아쉬움을 나타낸다는 것도 있었는데 이런 것들을 각각 '반문법', '탄식법' 따위로 범주화해야 할지 등이 모두 쉬운 일이 아니다.

더욱이 한국어는 종결어미 외에 '-겠-'이나 '-더-'와 같은 선어말어미에 의해서도 서법이 실현된다. 그러므로 가령 '추측법'을 설정한다면 '-겠-'에 의해 실현되는 것과 '-ㄹ까' 등의 종결어미에 의해 실현되는 것을 연관시켜 체계를 세워야 할 것이다. 그런데 이들을 묶어 한국어 서법의 체계를 큰 틀로 세우는 일은 아직 때를 좀더 기다릴 수밖에 없다.

여기서는 한국어의 종결어미는 일차적으로 문장형을 가르는 일에 참여하고, 동시에 다양한 양태를 나타내 주는 일에 참여함으로써 한국어의 서법 범주는 매우 복잡한 체계를 이룬다는 것만을 강조해 두고자 한다. 한국어의 종결어미는 그 종류가 많은 것만으로도 현란할 지경인데 그 각 어미가 또다시 구분하여 내는 섬세한 의미들, 가령 '-지' 하나가 조금씩 달리 나타내 주는 섬세한 의미들에 이르면 실로 한 경이(驚異)의 세계를 보는 듯하다. 화자의 심리적 태도가 섬세하게 구별되어 표현되는 한 극치를 한국어가 보여 주는 것이 아닌지 모른다.

제9장 경어법

9.1 경어법의 성격

문법범주로서의 경어법

언어마다 중요시하는 범주가 다르다. 언어에 따라서는 단수인가 복수인가를 중요하게 생각하여 수(數)라는 문법범주가 있는가 하면, 어떤 언어는 성(性)을 중시하여 모든 사물을 남성, 여성 및 중성으로 갈라 생각하려고 한다. 한국어는 그런 것은 가벼이 생각하여 가령 "독자(讀者)를 만났다"고 할 때의 '독자'가 한 사람인지 여러 사람인지, 또는 남성인지 여성인지를 구별해 주지 않는다.

그러면서 어떤 대상이 존귀(尊貴)한 존재인지 아닌지에 대해서는 아주 민감하다. 가령 "누가 누구를 만났다"는 말 한마디를 하려 해도 그 두 사람의 신분에 대해, 또 그들과 화자 스스로와의 신분상의 관계에 대해 마치 감별사(鑑別師)와 같은 촉각을 세워 어떤 판정을 내려야 한다. 그리고 이것을 언어에 세심히 반영한다. 그것이 곧 경어법(敬語法)이다. 한국어의 가장 큰 특징의 하나로 흔히 경어법이 발달되어 있다는 점을 든다. 확실히 한국어의 경어법은 정교하게 세분되어 있고 또 매우 체계적이다.

성(gender)이라는 문법범주가 '성별'(sex)을 바탕으로 하고, 시제(tense)라는 문법범주가 '시간(time)'을 바탕으로 한다면 경어법은 '신분'(身分)을 바탕으로 한다고 할 수 있다. 마치 시제가 어떤 대상이 과거의 일인지 현재의 일인지를 가리듯이 경어법은 어떤 대상이 어느 등급의 신분에 속하는지를 가린다. 크게 보면 존귀(尊貴)한 신분인지 그렇지 않은 신분인지를 가리고 필요하면 그것을 다시 여러 단계로 세분한다.

그리고 거기에 적합한 예우(禮遇)를[1] 언어적으로 갖춘다. 한국어의 경어법은 그것을 전담하는 문법 형태소가 체계적으로 잘 갖추어져 있다. 이 점에서 경어법은 성이나 시제와 마찬가지로 문법범주의 하나다.

존대의 대상

한국어 경어법의 대상이 되는 것은 사람이다. 오직 사람의 신분만 문제 삼는다. '돌'이며 '구름'이며 '풀'이며 '돼지' 따위는 신분의 고하(高下)를 따질 필요가 없다고 간주하는 것이다. 의인화(擬人化)된 '신령님', '하느님' 등이 존대의 대상이 될 수는 있으나[2] 원칙적으로 사람이 아니면 존대되는 일이 허용되지 않는다.

그러면 어떤 인물이 존대의 대상이 되는가. 이것은 일차적으로 사회적 규범(規範)에 속한다. 나이가 많은 사람, 사회적 신분이 높은 사람, 가족관계에서 어른으로 공경을 받는 사람 등 이러이러한 사람은 존대를 받도록 되어 있는 사회적 규범이 있다. 만일 이 규범을 어겨 가령 아이가 "할아버지, 밥 먹어"라고 한다면 당장 부모로부터 시정(是正)을 요구받게 된다. 이는 마치 '소년'을 중성으로, 또는 '센느강'을 여성으로 규범화하고 있는

---

1. 종래 흔히 써 온 '대우' 대신 '예우'라는 용어를 쓰고자 한다. '경어법'(敬語法)이라는 용어가 이미 그러한데 반드시 높이는 일만 아니라 평대(平待)도 일정한 예를 동반한 것이므로 '예우'를 좀 포괄적인 의미로 쓰고자 하는 것이다.
2. '신령님', '하느님' 등은 '님'을 붙인 것에서 이미 의인화한 모습을 보여 준다.

언어들에서 이를 남성으로 말하면 시정을 받게 되는 것과 비슷하다.

그러나 한국어의 경어법은 사회적 규범만으로 운영되지는 않는다. 화자의 선택권이 얼마간은 있다. 의도적(意圖的)으로, 또는 책략적(策略的)으로 규범을 일탈(逸脫)할 수 있는 여지가 있는 것이다. 가령 학생들이 선생님의 별명을 부르며 "바람개비 떴다"라고 한다든가 할아버지가 손자를 보고 "아이구, 우리 왕자님이 오셨네"라고 하는 따위가 이에 속한다. 이는 시제에서 분명히 과거의 일인데 의도적으로 현재로 표현하는 따위와 비교될 수 있을 것이다.

한국어의 경어법은 신분을 문제 삼는 대상이 무엇이냐에 따라 크게 셋으로 나뉜다. 하나는 행위의 주체가 대상이 되는 경어법이요, 다른 하나는 그 행위가 미치는 쪽이 대상이 되는 경어법이다. 그리고 마지막으로 말을 듣는 상대, 곧 청자(聽者)가 대상이 되는 경어법이 있다. 이를 각각 주체경어법(主體敬語法), 객체경어법(客體敬語法), 상대경어법(相對敬語法)이라 한다. 객체경어법의 '객체'란 '주체'에 대립되는 말로서 주체의 행위가 미치는 그 반대편이라는 뜻이다. 이제 이들을 하나씩 절을 달리하여 보기로 하자.

9.2 주체경어법

'-시-'

주체경어법(主體敬語法)은 선어말어미 '-시/으시-'[3]에 의해 실현된다. 주체(主體)가 존대를 받을 만한 신분이라고 판단되면 그 서술어에 '-시-'를 넣고 그렇지 않을 때는 아무 표시도 하지 않는다. 그러니까 주체경어법

3. 자음(받침)으로 끝나는 어간 아래에서는 '-으시-', 모음으로 끝나는 어간 아래에서는 '-시-'가 쓰인다. 다른 데서와 같은 기준이라면 '-으시-'를 대표로 삼아야 하나 이 어미의 경우는 '-시-'로써 대표를 삼기로 하겠다.

은 주체를 높이느냐 그러지 않느냐로 이분(二分)되는 체계다. 이를 각각 존대(尊待)와 평대(平待)로 부를 수 있을 것이다.

(1) a. 네 동생이 오늘도 '가고파'를 부르는구나.
    b. 우리 선생님이 오늘도 '가고파'를 부르시는구나.

앞의 예문에서 '우리 선생님'은 '부르시는구나'의 '-시-'에 의해 존대되고 있다. 이에 비해 '네 동생'은 따로 어떤 조처를 받지 않고 있다. 이것이 주체경어법의 기본 구도다.[4]

주체경어법은 일반적으로 주체에 부속된 것에까지 확대된다. 그 가족은 물론 신체의 일부, 의상, 소장품 등에도 적용되는 것이다.

(2) a. 선생님은 새해 계획이 많으시지요?
    b. 할머님이 이제 허리가 많이 굽으셨구나.
    c. 과장님, 그 넥타이 아주 잘 어울리시는데요.
    d. 할아버지, 그 짐 무거우시지요?

'께서'

주체경어법은 이처럼 '-시-'에 의해 실현되지만 여기에 부수되어 몇 가지 다른 장치가 쓰이는 수도 있다. 그 하나는 주격조사 '이'를 '께서'로 바꾸는 일이다. 주체가 존대의 대상이되 좀더 정중한 존대를 받아야 할 대상일 때는 '이' 대신 '께서'를 쓰는 것이다. 다음 예문 (3)은 반드시 '께서'를

---

4. 그러니까 평대란 높이지 않고 그냥 둔다는 뜻이며 특별히 낮춘다는 뜻이 없다. 그리고 실제로 더 낮출 장치도 없다. '-님'을 붙여 높이는 것과는 반대로 '놈'을 붙여 '사장놈', '중놈'처럼 비하(卑下)하는 수가 있는데 이럴 때도 '부르는구나'를 어떻게 달리 바꾸는 장치는 없다. '-시-'를 넣느냐 넣지 않느냐의 구분만 있고, 존대를 하느냐 하지 않느냐의 구분만 있는 것이다.

써야 할 경우라 할 수 있는데, 그렇지 않을 때라도 (4)에서처럼 '께서'를 쓰면 '이'를 썼을 때보다 주체를 더 높이 예우하는 효과가 있다.

(3) a. 교장 선생님께서 축사를 하시겠습니다.
    b. 각하께서 입장하십니다. 박수로 맞아 주시기 바랍니다.

(4) a. 우리 선생님께서 오늘도 '가고파'를 부르시는구나.
    b. 할머님께서 이제 허리가 많이 굽으셨구나.

높임말

'-시-'의 첨가에 부수되는 또다른 장치로는 명사를 특별한 것으로 쓰는 일이다. 즉 명사에 따라서는 다음 (5)에서 보는 바와 같은 완전히 다른 모습의 것을 쓰기도 하고, 그보다 더 널리 (6)에서 보듯 일반 명사에 '-님'을 덧붙인 어형을 쓰기도 한다. 특히 (6d)의 '아버님'처럼 '님'이 없이도 이미 존대의 대상인데 따로 높임말을 만들어 쓰는 경우도 있으며,[5] 또 '사모님'과 '손님'처럼 늘 '-님'을 달고서 쓰이는 것들도 있다.[6] (7)에서 보듯 '-님' 대신 '-분'을 쓰기도 하고, 드물지만 '-씨'를 쓰기도 한다.

(5) a. 밥→진지, 집→댁, 나이→연세/춘추
    b. 말→말씀, 병→병환

---

5. 반면 -님'과 어울리지 못하는 명사들도 있다. '임금님'이나 '여왕님'은 있어도 '왕님'은 없고 '대통령님'도 없다. 또 '누님'은 있어도 '언니님'은 없고, '장모님'은 있어도 '장인님'은 없다('장인'의 높임말은 '장인어른' 또는 '장인어르신'이다. '장인'은 더 높이는 말로 '빙장'이라 하기도 한다). '삼촌님', '외삼촌님'도 안 쓰이고('외삼촌'의 높임말은 '외숙부님'이다), '아드님' '따님'까지는 내려가도 '손자님'이라고는 하지 않는다.
6. 근래 교회 등에서 '사모'만 떼어 쓰는 일이 있으나 일반적인 용법은 아니다. '손'은 따로 쓰이기는 하나 어린 자식들 친구들에게도 "오늘 우리 꼬마 손님들이 와"라고 하지 "꼬마 손이 와"라고는 ("꼬마 손님들이 오셔"라고도) 하지 않는다.

(6) a. 선생-님, 교수-님, 박사-님, 총장-님, 시장-님, 국장-님, 과장-님, 감독-님, 총무-님, 사장-님, 회장-님, 반장-님, 소대장-님, 대위-님, 스-님(←승-님), 신부-님, 목사-님, 기사(技士)-님, 주방장-님, 임금-님, 왕자-님, 공주-님, 여왕-님, 선배-님

b. 형-님, 누-님, 오라버-님, 형수-님, 고모-님, 이모-님, 숙부-님, 숙모-님, 외숙모-님, 장모-님

c. 아드-님(←아들-님), 따-님(←딸-님), 아우-님, 조카-님

d. 아버-님, 어머-님, 할머-님, 아주버-님

e. 사모-님, 손-님

(7) a. 자제-분, 형제-분, 자매-분, 부자(父子)-분, 모자(母子)-분, 친척-분, 사돈-분, 친구-분, 제자-분

b. 계수(제수)-씨, 형수-씨,[7] 아기-씨

이들을 흔히 '높임말'이라 하는데 이들 높임말 중에는 '진지'처럼 그 주체에 딸린 것에 쓰기 위한 것도 있다. 그럴 때 이들은 서로 호응을 하여야 한다. 한쪽은 높임말을 쓰면서 다른 쪽은 그러지 않는다면 온전한 문장이 되지 못한다.

(8) a. 그러면 <u>연세</u>가 가장 많으신 <u>국장님</u>께서 축하의 <u>말씀</u>을 해 주시겠습니다.

b. <u>선생님</u>은 선생님 <u>댁</u>으로 우리를 불러 그 <u>형제분</u>들을 소개시켜 주셨다.

7. '형수님'과 '형수씨'가 다 쓰이는데 용도는 다르다. 친형의 부인을 '형수씨'라 하지는 않는다.

c. 사장님은 아우님과 조카님이[8] 많으시지요?

특수 높임말

'-시-'를 쓰려면 그 어간을 아예 다른 모습으로 바꾸어야 하는 때도 있다. 즉 다음 (9) 및 (10)의 예들에서는 '-시-'를 쓰려면 '잡수시다'와 같은 뒤쪽 말을 써야 하며 '먹으시다'와 같은 말은 허용되지 않는다.

(9) a. 먹-으시-다 → 잡수-시-다 (자시다, 드시다[9])
b. 자-시-다 → 주무-시-다

(10) a. 할아버지 진지 잘 잡수셨니?
b. 아빠는 일요일엔 늦게까지 주무셔.

높임말에서 특이한 것은 (11)서 보듯 높임말이 두 가지가 있기도 하다는 것이다. 주체에 딸린 것에 쓰이는 것과 주체 자체에 쓰이는 것이 다 있어서 생긴 결과인데 '아프시다'와 '있으시다'가 전자용이고, '편찮으시다'와 '계시다'가 후자용이다. 특히 '있으시다'는 형용사 '있다'의 높임말이고, '계시다'는 동사 '있다'의 높임말임을 주의할 필요가 있다. '있으시다'는 '있으십시오'와 같은 명령형이 안 되고 부정을 하려면 '없으시다'가 되는 데 반해 '계시다'는 '계십시오', '안 계신다' 쪽으로 방향이 다른 것도 이 때문이다.

(11) a. 아프-시-다 → ① 편찮-으시-다

---

8. '아우분'과 '조카분'도 가능해 보인다.
9. '먹다'의 높임말로 '잡수시다' 외에 '자시다'와 '드시다'도 있다. '드시다'는 '들다'의 높임말이 전용되어 쓰이는 것이겠으나 '자시다'는 특이하다. 둘 다 '잡수시다'만큼 높이는 말은 아닌데 특히 '자시다'가 그렇다.

② 아프-시-다

b. 있-으시-다 → ① 계-시-다

② 있-으시-다

(12) a. 친정아버님께서 병환이 나 많이 편찮으시답니다.

b. 아까 벌에 쏘인 데가 아프시지요(*편찮으시죠)?

(13) a. 선생님은 여기에 계시지요.

b. 선생님은 그때 이미 댁에 전화가 있으셨지요(*계셨지요)?[10]

앞에서 경어법이 고정된 규범에 의해서만 운영되는 것은 아니라는 점을 지적한 바 있는데 주체경어법도 예외가 아니다. 다음 예문 (14)에서 보듯 보통 때는 존대를 받을 주체가 뉴스 보도나 교과서의 글과 같은 객관적 장면에서는 일반 명사와 같은 대접을 받기도 하고, 반대로 예문 (15)에서 보듯 청자를 고려하여 보통 때는 안 그럴 사람에게 '-시-'를 쓰기도 한다.

(14) a. 훈민정음은 세종대왕이 창제하였다.

b. 대통령이 7일간의 외국 순방을 마치고 오늘 귀국하였습니다.

(15) a. 너희 담임선생님은 아빠 중학교 때 친구인데 잘 가르치시지?

b. 엄마 미장원에 가셨다고? 마포 친구 아줌마한테서 전화 왔었다고 해라.

10. '있으시다'의 다른 예로 "저를 본 적이 있으시죠?", "총장님의 축사가 있으시겠습니다" 등을 들 수 있다. 특히 후자의 '있으시다' 자리에 '계시다'를 쓰지 않도록 주의할 필요가 있다.

9.3 객체경어법

이분 체계

앞에서 본 주체경어법은 주체의 신분에 따라 거기에 걸맞은 예우를 갖추는 경어법이었다. 거기에 비해 객체경어법(客體敬語法)은 객체(客體)가 어떤 신분의 인물이냐에 따라 거기에 걸맞은 예우를 언어적으로 나타내 주는 경어법이다. 한마디로 초점이 객체에 놓이는 경어법이다. 객체경어법도 객체를 높이느냐 높이지 않느냐로만 나뉘는 이분(二分) 체계다.

(1) a. 며느리들이 어머니에게 생일 선물을 드렸다.
    b. 며느리들이 아이들에게 생일 선물을 주었다.

앞 예문에서 보면 '주다(주었다)'를 '드리다(드렸다)'로 바꿈으로써 객체인 '어머니'를 높인 것을 볼 수 있다. 객체가 '아이들'과 같은 신분의 인물일 때는 하지 않던 조처를 통해 '어머니'가 높은 신분임을 언어적으로 드러내 준 것이다. 이것이 곧 객체경어법이다.

존대의 짝

그런데 앞에서 '어머니'가 존대의 대상이 된 것은 '며느리' 때문이다. '어머니'가 '며느리'에 비해 높은 신분이기 때문에 존대된 것이다. 이는 다음 예문에서 잘 드러난다. 다음 (2b)에서 보면 선물을 주는 주체가 '어머니'보다 신분이 높은 '할아버지'일 때는 '드리다'가 쓰이지 않는다. 즉 '어머니'가 높임을 받지 못한다.

(2) a. 며느리들이 어머니에게 생일 선물을 드렸다.
    b. 할아버지께서 어머니에게 생일 선물을 주셨다.

이는 주체경어법과 다른 점이다. 주체경어법은 주체와 화자 사이의 신분 관계로 이루어지는 경어법이었다. 다시 말하면 화자가 자신과 비교하여 신분이 더 높은 인물에게 예우를 갖추는 경어법이었다. 거기에 비해 객체경어법은 화자는 빠지고 객체와 주체 사이의 신분 관계에서 이루어지는 경어법인 것이다. '어머니'가 화자보다 높은 신분이기 때문이 아니라 주체인 '며느리'보다 높은 신분이기 때문에 높임을 받는 것, 그것이 곧 객체경어법이다.

체계의 위축

그런데 객체경어법은 그 적용 범위가 아주 한정되어 있다. 겨우 '드리다'와 같은 몇몇 특수 어휘에 의해 운영되기 때문이다. 이것도 높임말이라 하는데 객체경어법은 주로 (3)에 보이는 몇 안 되는 높임말에 의해 실현된다.

(3) a. 주다 → 드리다[11]
 b. 묻다, 말하다 → 여쭈다, 여쭙다
 c. 보다 → 뵈다, 뵙다, 만나보다 → 만나뵙다, 찾아보다 → 찾아뵙다
 d. 데리다(데리고, 데리러, 데려) → 모시다(모시고, 모시러, 모셔)[12]

이들은 주체경어법의 '주무시다', '잡수시다' 등과 비슷한 성격의 것이라 할 수 있다. 그런데 주체경어법에서는 이런 높임말이 예외적인 일부에

---

11. '드리다' 중에는 '주다'의 높임말이라고 하기 어려운 것도 있다. '인사를 드리다', '부탁을 드리다', '감사를 드리다' 등의 짝으로 '인사를 주다' 등의 표현은 안 쓰이기 때문이다. 그러나 이 '드리다'들도 객체경어법을 수행하는 일에서는 같은 몫을 한다.

12. '데리다'는 종결어미와는 결합하지 못하는 등 그 활용이 극히 제한되어 있는 동사여서 그 높임말로서의 '모시다'도 그 영향을 받는다.

해당하는 것일 뿐 '-시-'에 의해 자유롭게 운영되는 세계가 따로 있었다. 그러나 객체경어법에는 '-시-'에 해당하는 어미가 없다.[13] 겨우 높임말 몇 개가 살림을 꾸려 나가는 것이다. 그만큼 빈약한 살림이라 하지 않을 수 없다.

'께'와 높임말

그러나 객체경어법에서도 마치 주체경어법에서 주격조사 '이'를 '께서'로 바꾸듯 여격조사 '에게'를 '께'로 바꾸는 장치도 있고, 부수되는 단어를 '진지', '말씀', '댁'과 같은 높임말로 바꾸는 장치도 갖추고 있다. 기본적인 체계는 갖추고 있는 셈이다.

(4) a. 언니가 할머님께 언제 진지를 드리더냐?
  b. 직원들이 사장님께 공손히 새해 인사를 드렸다.

(5) a. 제가 회장님께 한 말씀 여쭙겠습니다.
  b. 누가 이 문제를 먼저 신부님께 여쭈어 보렴.

(6) a. 그 제자들은 해마다 스승의 날이면 잊지 않고 최 박사를 댁으로 찾아뵙는다.
  b. 윤호 군이 학회에서 박사님을 뵈었다더군요.

(7) a. 자원봉사자들이 손님들을 정성껏 모시고 다녔다.
  b. 송 과장은 장모님을 모시고 산다.
  c. 이제 아버지를 고향으로 모셔 옵시다.

---

13. 중세국어에는 '-시-'에 맞먹을 만한 선어말어미 '-숩-'이 있었으나 그 명맥이 끊어지고 말았다. 객체경어법의 위축이 이 '-숩-'의 소멸과 운명을 같이 하였음은 두말할 필요도 없다.

d. 스님을 모시러 누가 가겠니?

9.4 상대경어법

상대경어법(相對敬語法)은 말을 듣는 사람, 곧 청자(聽者)의 신분에 따라 이루어지는 경어법이다. 상대경어법은 앞에서 본 두 가지 경어법보다 훨씬 복잡한 체계로 되어 있다. 한국어에 경어법이 발달되어 있다고 할 때는 특히 이 상대경어법을 두고 하는 말이다.

청자는 보통 문장에 모습을 드러내지 않는다. "비가 옵니다"라고 하면 누구를 높인 것인데 그 '누구'가 이 문장 속에 나타나 있지 않다. 특별한 경우가 아니면[14] 문장 바깥에 있는 것이다. 상대경어법은 우선 이 점에서 주체경어법이나 객체경어법과 다르다.

상대경어법을 언어적으로 실현시켜 주는 것은 종결어미(문말어미)다. "비가 온다", "비가 와", "비가 와요", "비가 옵니다"의 '-ㄴ다', '-아', '-아요', '-ㅂ니다'와 같은 종결어미가 청자의 신분에 맞추어 적절히 배당되는 것이다. 이 점도 상대경어법이 앞의 두 경어법과 구별되는 점이다.

상대경어법은 여러 등급으로 세분되어 있다. 청자의 신분을 단순히 높은가 그렇지 않은가로 이분(二分)하는 체계가 아니라 좀더 여러 등급으로 세분하여 그 각각을 각각 다른 종결어미로 나타내 주는 것이다. 상대경어법은 특히 이 점에서 앞의 두 경어법과 크게 다르다.

상대경어법에서 청자의 신분 결정에 기준이 되는 상대는 화자다. 화자와의 대비에서 어느 정도 더 높은 신분이냐에 의해 상대경어법의 등급이 결정되는 것이다. 이 점은 주체경어법과 같다고 할 수 있다.

---

14. "영미야"와 같은 호격어가 쓰인 경우나 "네가 가거라", "이걸 너에게 주마"처럼 청자가 주체나 객체로 쓰인 경우처럼 문장에 청자가 모습을 드러내는 특별한 경우가 있다.

그러면 상대경어법의 등급은 몇 등급으로 세분되는가. 이에 쓰이는 어미를 보면 여섯 등급으로 나뉘어 있다. 그리고 여기에 각각 '해라체', '하게체' 등의 이름이 붙어 있다. 이것들이 다시 평서문뿐 아니라 의문문, 명령문 등에 고루 나타난다. 먼저 명령문을 가지고 예문을 보기로 하자.

(1) a. 이 드레스 구경 좀 해라.
  b. 이 드레스 구경 좀 해.
  c. 이 드레스 구경 좀 하게.
  d. 이 드레스 구경 좀 하오.
  e. 이 드레스 구경 좀 해요.
  f. 이 드레스 구경 좀 하십시오.

앞에서 말했듯이 상대경어법의 등급에는 각각 이름이 있다. '해라체', '반말체(해체)', '하게체', '하오체', '해요체', '합쇼체'가 그것이다. 이 이름은 명령문의 어형에서 따온 것이다. '해체' 대신 '반말한다'의 '반말'을 딴 '반말체'가 쓰이고[15] '하십시오체' 대신 '합쇼체'를 쓰기는 하여도 '하다'의 명령형 형태를 거의 그대로 각 등급의 이름으로 써 오고 있다.

상대경어법은 이렇듯 6등급 체계로 이루어져 있다. 청자의 신분을 여섯 등급으로 나누어 [신분 1], [신분 2]에서 시작해서 [신분 6]까지 매기고 그 각각을 언어적으로 구분하는 경어법이 곧 상대경어법이라고 할 수 있다. 다음 예문 (2)는 어둑어둑한 저편에 누군가가 있는 것 같아 묻는 장면을 상정할 수 있는데 이럴 때에도 일단 청자의 신분을 여섯 등급으로 나누고 말하는 것을 볼 수 있다.

15. '반말체' 대신 '해체'를 쓰기도 하는데 다 세 음절인데 이것만 두 음절인 데다가 '해체'는 '해체'(解體) 등과도 혼동을 일으켜 좋아 보이지 않는다. '해라하다', '반말하다' '하게하다'와 같은 표현은 있는데 '해 한다'는 말은 없기도 하다. '반말'이라는 용어는 워낙 친숙하고 보편적인 용어여서 유용성이 크다.

(2) a. 거기 누구니?
b. 거기 누구야?
c. 거기 누군가?
d. 거기 누구요(←누구이오)?
e. 거기 누구예요(←누구이에요←누구이어요)?
f. 거기 누구십니까?

이렇게 청자의 신분을 여섯 등급으로 매길 때 그 기준이 구체적으로 정확히 무엇인지는 명쾌히 말하기 어렵다. 한마디로 '신분'이라고 하지만 복합적인 요인들이 작용하기 때문이다. 앞에서 나이, 가족 관계, 사회에서의 지위 등을 들었지만 세부적으로 들어가면 여러가지가 복합적으로 얽히게 되는 것이다. 여기서는 그것은 논외로 하고, (3)에서 다시 이들 등급의 체계를 환인하면서 이들 각 등급의 좀더 자세한 쓰임을 하나씩 보아 가고자 하겠다.

(3) a. 아니다. 네 말이 맞다.
b. 아니야. 네 말이 맞아.
c. 아니네. 자네 말이 맞네.
d. 아니요(←아니이오). 당신 말이 맞소.
e. 아니에요(←아니여요←아니이어요). 아저씨 말이 맞아요.
f. 아닙니다(←아니ㅂ니다). 선생님 말이 맞습니다.

9.4.1 해라체

해라체는 청자가 나이가 어리거나 친한 사이일 때, 또는 신분상으로 높일 일이 없는 사람일 때 쓰는 등급이다. 해라체 어미로는 평서문에 '-다/-는다/-ㄴ다', '-구나/-는구나', 의문문에 '-니/-으니', '-냐/-으냐', '-느냐',

명령문에 '-아라/-어라/-여라', 청유형에 '-자'가 쓰인다.

(1) a. 얘, 비가 오겠다.
    b. 여기가 서울이다.
    c. 바람이 참 시원하구나.

(2) a. 어떠니? 정말 비가 오겠니?
    b. 여기가 정말 서울이냐?

(3) 창호야, 너는 여기 앉아라.
(4) 여기 앉자.

해라체는 글에서 폭넓게 쓰인다. 편지나 연설문, 또는 특별한 문체의 글 등 특수한 경우만 예외일 뿐 교과서, 사전, 신문 등 불특정(不特定) 독자를 대상으로 하는 거의 모든 글은 해라체를 취한다. 그러나 그것은 평서문일 때다. 사실 해라체의 의문문이나 명령문 및 청유문은 글에 쓰기는 거북하다. 평서문은 이야기를 막연히 던져 놓을 수 있는 특성이 있지만 의문문이나 명령문 및 청유문은 청자에게 "얘!", "창호야!"라고 부르며 직접 맞대고 말하는 성격이 있어 신분을 모르는 독자에게 해라체를 쓰기는 거북한 것이다.

이 때문에 의문문과 명령문의 글에서는 일종의 변종 해라체라고 할 특수한 어미를 쓰는 수가 있다. 의문문에 쓰이는 '-는가', '-은가/-ㄴ가', 명령문에 쓰이는 '-라' 따위가 그것이다. 그런데 이것은 변종 해라체라기보다 글의 해라체 평서문이 그렇듯 청자를 어느 한 신분으로 나누지 않고 중립 상태로 두고 쓰는 특수 등급이라고 하는 것이 나을 것이다. 굳이 이름을 붙인다면 '중립체'라고 할 수 있을 것이다. 호칭을 쓴다면 "독자야!"는 불가능하고 "독자들이여!"가 될 것인데 이도 이것이 단순한 해라체가 아님을 보여 준다.

(5) a. 우리는 어디서 와서 어디로 가는가? 내세는 과연 있는가?
b. 우리나라의 장래는 과연 밝은가? 아니면 어두운가(←어두우-ㄴ가)?

(6) a. 눈을 씻고 주위의 신록을 보라. 얼마나 눈부신 오월인가.
b. 기대하시라.[16] 대망의 화제작 개봉 박두.
c. 다음 문제를 읽고 보기의 기호로 물음에 답하라.

9.4.2 반말체

반말체 어미로 대표적인 것은 평서문, 의문문, 명령문 및 청유문에 다같이 쓰이는 '-아/-어/-야'다. 이 어미는 이렇게 형태는 같아도 억양과 주위의 다른 요소들에 의해 평서문 어미가 되기도 하고 의문문이나 명령문의 어미로 구별되어 쓰이기도 하는 것이다. 반말체에는 이 어미 외에 '-지', '-군', '-네', '-을걸/-ㄹ걸'이 평서문에 쓰이고, 의문문에도 '-을까/-ㄹ까', '-는가/-ㄴ가', '-게'가 쓰인다. 반말체는 이처럼 어미의 종류가 많은 것이 한 특징이다.

(1) a. 얘, 아무래도 비가 오겠어.
b. 맞아. 여기가 서울이야.
c. 물론이지. 당연히 그래야지.
d. 이 도서관에는 과연 책이 많군.
e. 야단났네, 지갑을 놓고 왔으니.

16. 이 '-라'에는 '-시-'가 쓰일 수 있다. '-시어라'가 불가능한 것과 대조적인데 '-라'가 정상적인 해라체가 아니라는 증거일 것이다.

f. 엄마가 이걸 알면 야단날걸.

g. 내가 갔으면 좋았을걸.

(2) a. 정말 여기가 서울이야?

b. 어때? 비가 오겠어?

c. 너희들 학생이지?

d. 얘, 우리 오후에 영화 구경이나 갈까?

e. 나한테는 왜 소식이 없을까?

f. 이게 그분의 학위논문인가?

g. 그럼 나도 천재게?

(3) a. 창호야, 너는 여기 앉아.

b. 진숙이, 잠깐만 기다려(←기다리-어).

(4) a. 얘들아, 나랑 같이 가(←가-아).

b. 그래, 우리 같이 궁리해 봐(←보-아)

반말체 어미 중 '-군'과 '-네', '-을걸'은 혼잣말에 쓰인다. 그런데 이들이 진정으로 혼잣말이라면 청자가 없을 것이므로 상대경어법을 따질 수 없어야 한다. 그럼에도 이들은 반말체로 분류된다. 이들 뒤에 '-요'를 덧붙여 "과연 책이 많군요"와 같은 해요체를 만들 수 있기 때문이다.[17] 혼잣말이기는 하되 막연히 반말체 등급의 청자를 상정(想定)하고 하는 말이라고 하는 것이 더 옳을지 모른다. 의문문에 쓰이는 '-을까/-ㄹ까', '-는가/-ㄴ가'도 (2e-f)에서 보듯 자문(自問)에 쓰이는데 역시 '-요'를 뒤에 덧붙일 수 있다.

---

17. 그런데 이들은 해요체가 되면 혼잣말의 기능이 없어진다. 의문문에 쓰이는 '-을까' 등도 마찬가지다.

반말체는 해라체와 거의 같은 조건에서 쓰인다. 같은 장면에서 서로 자유롭게 넘나들기도 한다. 어감상(語感上)으로도 두 등급의 차이가 잘 느껴지지 않는다.

그러나 반말체와 해라체는 서로 넘나들지 못하는 고유한 영역도 가지고 있다. 무엇보다 반말체는 어미의 종류가 훨씬 다양하기 때문에 이에 짝이 될 어미가 없는 해라체는 이쪽을 넘나들 수 없다. "과연 책이 많군", "너희들 학생이지?" 따위는 반말체 고유의 영역인 것이다.

그리고 등급상으로도 넘나들기 어려운 부분이 있다. 한 예로 장교가 공식 행사에게 부하들에게 (5b)처럼 반말체로 말하는 것은 어울리지 않는다. 반면 남편이 아내에게 (6b)처럼 해라체를 쓰는 것은 어색하다.

(5) a. 본관은 이번 새로 부임한 너희 소대장이다.
    b. ??본관은 이번 새로 부임한 너희 소대장이야.

(6) a. 여보, 당신도 같이 가겠어?
    b. ??여보, 당신도 같이 가겠니?

그리고 어감상으로도 "뭐하니?"가 "뭐해?"보다 청자를 더 허물없이, 더 아래 신분으로 보고 하는 말투라는 느낌을 풍긴다. 비록 그 구분이 다른 등급 사이에서만큼 선명하지 못한 면이 있지만 반말체가 해라체보다 한 등급 위의 경어법인 것만은 분명하다.

반말체는 일반 회화에서는 뒤에서 볼 해요체와 함께 가장 넓게 쓰이는 상대경어법이다. 반말체와 해요체는 뒤에서 보듯이 형태적으로도 '-요'를 하나 덧붙이느냐 마느냐에 의해 구분되면서 짝이 되어 함께 보조를 맞추며 계속 그 세력을 넓혀 가고 있다.

9.4.3 하게체

하게체 어미로는 평서문에 '-네', 의문문에 '-나', '-는가/-ㄴ가', 명령문에 '게', 청유문에 '-세'가 쓰인다. 하게체 어미는 이처럼 문장형에 따라 어미가 하나씩 분명하게 갈려 있는 것이 특징이다.

(1) a. 자네 말대로 아무래도 비가 오겠네.
    b. 맞고말고. 틀림없이 여기가 서울이네.

(2) a. 김 군, 정말 비가 오겠나?
    b. 자네가 여기 웬일인가?

(3) 여보게, 자네 여기 좀 앉게.
(4) 이 사람아, 같이 가세.

하게체는 신분이 화자보다 낮은 사람이되 나이가 들어 함부로 대하기 어려울 때 쓰는 등급이다. 결혼한 나이가 된 친구 아들에게, 대학교수가 대학원생이나 조교 정도의 제자에게, 장인 장모가 사위에게 쓰면 어울릴 등급이라 할 수 있다. 과거에는 친구들 사이에서도 나이가 들면 잘 쓰던 등급이다.

그러던 것이 근래에 올수록 전체적으로 하게체는 그 쓰임이 점차 줄어들고 있다. 종래 하게체를 쓰던 상대에게 대개 반말체로 바뀌어 가는 추세인 것이다. 여섯 등급으로까지 세분해 쓰는 것에 반발하여 경어법을 단순화하고자 하는 욕구의 결과일 터인데 그 과정에서 소용(所用)이 적어 보이는 하게체가 먼저 그 후보에 올랐을 것이다. 그리고 하게체는 화자가 권위를 풍기는 듯한, 어떤 격식성이 느껴지는 말투이므로 그 권위와 격식성이 어떤 부담이나 거부감을 주었을 수도 있을 것이다.

9.4.4 하오체

하오체 어미는 '-오/-소' 하나뿐인 셈이다. 이것이 평서문, 의문문, 명령문에 두루 쓰인다. (2c)의 '요'는 '이오'에서 온 것이므로 하오체 어미는 역시 '-오'다. 다만 (4)의 '-ㅂ시다'나 '-십니다'가 특이한데 이 어미는 외형상으로는 합쇼체 어미이나 청유문의 특성상 하오체로 쓰이고 있는 예외적 어미다.

(1) a. 나는 모르오. 아무리 생각해 봐도 모르겠소.
  b. 그렇소. 여기가 서울이오.

(2) a. 어떻소? 정말 비가 오겠소?
  b. 어떻게 당신이 그 소식을 모른단 말이오?
  c. <A> 거기 누구요?
    <B> 나요, 나.

(3) a. 이리 좀 와 보오.
  b. 이쪽으로 돌아가시오.
  c. 잘 있으시오. 그리고 또 오시오.

(4) a. 여보시오, 같이 먹읍시다.
  b. 그럼 다들 내일 만나십시다.

하오체는 하게체와 더불어 퇴락의 길을 걷고 있는 등급이다. 예외적인 어미가 쓰인 (4)를 제외하면 이제 일상 회화에서는 거의 들을 수 없는 등급이 되었을 정도다. 앞에서 밝힌 하게체의 퇴조 원인과 같은 원인에 의해서일 것이다.

그러나 (2c)의 "거 누구요?"나 "나요" 정도는 흔히 들을 수 있고, 특히 글에서는 그 쓰임의 폭이 커 가령 어디 경고판에 (3b)의 "이쪽으로 돌아가시오"와 같은 것이 쓰여 있다면 아무 저항 없이 받아들여진다. 건널목 신호등의 "가시오"나 "오시오" 등도 하오체인데 이들도 자연스럽게 받아들여진다. 특이하게도 외국 소설이나 외국 영화의 번역에서는 대화에도 하오체가 활발히 쓰인다. 크게 그 쓰임이 위축되어 있기는 하지만 일각에서 그 독자적인 기능을 유지하고 있는 것이다. 하오체가 아직까지는 상대경어법의 한 등급을 이루고 있음도 따라서 분명하다.

9.4.5 해요체

해요체 어미는 반말체 어미에 기계적으로 '-요'를 덧붙인 형태다. 이것이 워낙 규칙적이어서 어떤 어미가 반말체 어미인지 아닌지를 가리려면 '-요'의 결합 여부에 따라 판정하면 될 정도다. 가령 "참 딱하군"의 '-군'이 해라체 어미인지 반말체 어미인지 판단이 잘 서지 않을 때 "참 딱하군요"를 근거로 반말체 어미임을 가려낼 수 있다. 해요체를 쓸 정도면 청자의 신분이 꽤 높기 때문에 명령문 어미에는 대개 '-시-'가 함께 쓰인다.[18]

(1) a. 아무래도 비가 오겠어요.
    b. 바로 여기가 서울이에요(서울이어요).
    c. 물론이지요. 당연히 그래야지요.
    d. 이 도서관에는 과연 책이 많군요.
    e. 야단났네요, 보따리를 놓고 내렸으니.
    f. 엄마가 이걸 알면 야단날걸요.

---

18. '-시어요'는 주로 '-세요'로 축약되어 쓰이며, '-셔요'로 쓰이기도 한다.

(2) a. 정말 비가 오겠어요?
b. 거기 누구예요(←누구이에요)?
c. 바다 빛이 참 곱지요?
d. 여보, 우리 오후에 영화 구경이나 갈까요?
e. 우리한테는 왜 소식이 없을까요?
f. 이게 그분의 학위논문인가요?
g. 그럼 저도 천재게요?

(3) a. 이리 좀 와 보아요(보세요).
b. 이쪽으로 돌아가세요.

청유문에 쓰이는 해요체 어미는 따로 없다. 이는 다음에 볼 합쇼체 어미도 마찬가지다. 청유문의 특수성 때문일 것이다. 즉 청유문은 화자와 청자가 하나로 묶여 무엇을 하자고 제의하는 형식인데 청자를 높이면 화자도 함께 높이는 꼴이 되어 쑥스러운 결과가 되는 특성이 있다. 다음 (4)처럼 우회적으로 말할 수밖에 없는 것이 그 때문이다.

(4) a. 그럼 가실까요?
b. 저희랑 함께 가시지요.

'-요'는 명사나 부사를 비롯하여 연결어미 등 여기저기에 잘 결합하는데 이들 어형도 일종의 해요체라고 할 수 있다.

(5) a. 뭘 주문할까요? 커피요?.
b. 그래서요? 마저 얘기해 주세요. 빨리요.

앞에서 지적하였듯이 해요체는 반말체와 더불어 일반 회화에서 가장 넓게 쓰이는 상대경어법이다. 반말체가 평대(平待) 쪽의 대표라면 해요체는 존대(尊待) 쪽의 대표라 할 만하다.

9.4.6 합쇼체

합쇼체 어미로는 평서문에 '-습니다/-ㅂ니다', 의문문에 '-습니까/-ㅂ니까', 명령문에 '-으십시오/-십시오'가 쓰인다.

(1) a. 저는 모르겠습니다.
b. 여기가 서울입니다.

(2) a. 정말 비가 오겠습니까?
b. 이 강이 어디로 흐릅니까?

(3) a. 이쪽으로 돌아가십시오.
b. 자, 찍습니다. 활짝 웃으십시오.

합쇼체는 물론 청자를 가장 정중히 예우하는 등급이다. 가족이나 친척 사이에서도 아주 웃어른에게는 합쇼체를 쓰며, 직장 안에서도 특히 격식이 필요한 자리에서는 상사(上司)에게 합쇼체를 쓴다. 그리고 방송, 연설, 강연 등에서 보편적으로 쓰이는 것도 합쇼체다. 글에서도 특별한 경우 (4)에서처럼 합쇼체를 쓴다.[19]

(4) a. 타고 남은 재가 다시 기름이 됩니다. 그칠 줄 모르고 타는 나의 가

19. 이 예문에서와 같은 합쇼체는 청자를 더 높여 준다기보다 호소력을 더 높이는 효과를 내는 것으로 보인다. 그러니까 이때의 합쇼체는 경어법의 소관이기보다 문체의 문제일 것이다.

슴은 누구의 밤을 지키는 약한 등불입니까? (한용운, 「나는 알 수 없어요」)

b. 가난이 두렵지 않을 수 있다면 우리들은 얼마나 떳떳하고 자유롭게 살아갈 수 있겠습니까? 천상병 시인이 폐인이면서도 그 앞에 '아름다운', '위대한', '자유로운' 등과 같은 최고의 형용사를 부여받을 수 있었던 것은 이 엄청난 탐욕의 시대에 가난을 두려워하지 않았기 때문입니다. (정효구, 『시 읽는 기쁨』)

그러나 합쇼체는 많은 경우 해요체와 넘나든다. 한 자리에서 같은 사람에게 말하면서 합쇼체와 해요체를 뒤섞어 쓰는 일이 아주 자연스럽게 이루어진다. 마치 해라체와 반말체의 관계와 흡사하다고 할 수 있다.

다만 여기에서도 서로 넘나들 수 없는 고유한 영역들이 따로 있다. 여기에서도 역시 해요체 어미가 다양하여 합쇼체가 짝을 지을 수 없는 영역이 있지만 그보다는 등급상으로 서로 넘보지 못하는 고유한 영역이 있는 것이다. 한 예로 아나운서가 뉴스를 시작하며 (5b)처럼 말한다면 어울리지 않으며, 군인이 신고하는 자리에서 (6b)처럼 말하지도 않는다. 면접 자리에서 (7b)처럼 말하는 사람도 없을 것이다.

(5) a. 아침 일곱 시 뉴스를 시작하겠습니다.
b. ??아침 일곱 시 뉴스를 시작하겠어요.

(6) a. 송재구 일병, 신고합니다.
b. ??송재구 일병, 신고해요.

(7) a. 49번 함춘식입니다.
b. ??49번 함춘식이에요.

그리고 넘나든다고 해도 합쇼체와 해요체는 효과가 다르다. 최근 한 FM 음악 프로의 진행자가 바뀌면서 해요체를 많이 섞어 쓰기 시작했는데 필자는 그로부터 충분히 예우받지 못하고 있다는 불쾌감을 느낀다. 처음 찾아온 외국 유학생이 "저는 태국에서 왔어요"라고 할 때도 불편한 느낌을 받게 된다. "안녕하십니까"와 "안녕하세요"는 분명히 구별되는 각자의 세계를 가지고 있다. 한마디로 합쇼체가 한 등급 위의 고유 영역을 따로 가지고 있는 것이다.

합쇼체와 해요체의 차이를, 해라체와 반말체의 차이와 함께 등급의 차이로 보지 않고 격식과 비격식의 차이로 보려는 시각도 있다. 물론 이들 사이에는 격식성에서 차이를 보인다. 그런데 격식을 차린다는 것이야말로 예우의 출발이요 기본이다. 격식의 차이만 있고 예우상의 등급에는 차이가 없다는 것은 현실적으로 상상하기 어렵다. 격식을 차리고 안 차리는 일이 바로 등급을 조정하는 행위라고 보아야 할 것이다.

9.5 경어법의 조합과 재조정

세 경어법의 조합

앞에서 세 종류의 경어법을 따로따로 살펴보았다. 그러나 실제에 있어서는 한 문장이 어떤 때는 이 경어법의 적용만 받고 어떤 때는 저 경어법의 적용만 받는 것이 아니다. 어느 경우에나 두 경어법 내지 세 경어법의 적용을 동시에 받는 것이다. 다음 예문을 보자.

(1) a. 네가 오겠니?
b. 영미야, 고모님이 오시겠니?
c. 선생님, 비가 오겠습니까?
d. 댁이 여기에 앉으시겠습니까?

앞의 예문들을 보면 주체경어법과 상대경어법이 동시에 적용되어 있다. 특히 (1d)를 보면 '댁'이 주체로서 '-시-'를 적용받고, 동시에 청자로서 '-습니까'를 적용받고 있다. 물론 나머지들도 마찬가지로 두 경어법이 다 적용되어 있다. 표면적으로는 어느 하나만, 또는 그 어느것도 적용되지 않은 것처럼 보일지 모르나 높임의 조처가 없는 것도 다 각 경어법의 규칙이 적용된 결과인 것이다.

이를 다음 예문들에서 더 보기로 하자.[20] 여기에는 객체가 쓰여 객체경어법까지 적용되어 있다. 각 문장에서 어떤 경어법이 어떻게 적용되었는지를 문장 뒤에 기호로 나타내 보았다. 주체경어법과 객체경어법의 경우는 존대는 +로, 평대는 −로 표시하는 것으로 족할 것이다. 상대경어법의 경우는 [신분 1], [신분 2]에 따라 1에서 6까지 번호로 어느 등급이 적용되었는지를 보일 수 있을 것이다.[21] 그러나 이것도 여기서는 반말체를 −로, 해요체를 +로 표시하기로 하였다.

(2) a. 누나, 창호가 형한테 꽃다발을 주었어.
([주체 −], [객체 −], [상대 −])
b. 고모, 창호가 형한테 꽃다발을 주었어요.
([주체 −], [객체 −], [상대 +])
c. 고모, 아버지가 형한테 꽃다발을 주셨어요.
([주체 +], [객체 −], [상대 +])
d. 누나, 창호가 할머님께 꽃다발을 드렸어.
([주체 −], [객체 +], [상대 −])
e. 고모, 창호가 할머님께 꽃다발을 드렸어요.
([주체 −], [객체 +], [상대 +])
f. 고모, 아버지가 할머님께 꽃다발을 드리셨어요.
([주체 +], [객체 +], [상대 +])

---

20. 일부러 호격어를 써서 청자의 신분을 잘 알 수 있도록 하였다.
21. 예컨대 반말체는 [상대 2], 해요체는 [상대 5]로 표시할 수 있을 것이다.

이렇게 보면 한국어의 경어법이 매우 체계적이고 정연하면서도 상당히 복잡하게 이루어져 있음을 알 수 있다. 여기에서는 상대경어법을 두 등급만으로 본 것인데 여섯 등급을 다 동원하여 본다면 이 조합의 수는 엄청나게 더 많아질 것이다. 한국어의 경어법이 복잡하게 세분되어 있다는 사실이 여기에서 단적으로 드러난다.

경어법 등급의 재조정

그런데 한국어 경어법의 복잡성은 여기에서 끝나지 않는다. 다음 예문에서 그 하나를 볼 수 있다.

(3) a. 좀 앉게.
  b. 좀 앉으시게.

(4) a. 이리 좀 오겠어요?
  b. 이리 좀 오시겠어요?

앞의 (3)－(4)에서 (3a)와 (4b)는 극히 정상적인 문장이다. 하게체 정도로밖에 예우받지 못하는 인물이면 '-시-'를 기대하지 않는 것이 당연하고, 해요체로 예우를 받는 신분이면 '-시-'로써도 예우를 받는 것이 정상적이기 때문이다. 그런데 (3b)의 "좀 앉으시게"와 (4a)의 "오겠어요"는 이 정상적인 틀을 깨고 있다.

여기서 기이한 것은 그러면서도 그런 문장도 잘 쓰이고 있다는 점이다. 뿐만 아니라 그것들은 그것대로 제구실을 한다. "이리 좀 오겠어요"는 "이리 좀 오시겠어요"보다 청자(동시에 주체)를 덜 예우하는 효과를 낸다. 그리고 "좀 앉으시게"는 "좀 앉게"보다 조금 더 예우하는 효과를 낸다.

이는 정상적인 조합을 약간씩 틀면서 어떤 중간 단계의 등급을 만들어 내는 것이다. 한국어의 경어법은 세분될 대로 세분된 경어법인데 그것으로도 미흡하여 중간 단계를 더 만들어 내는 장치는 이것 말고도 더 있다.

(5) a. 심 선생, 왜 안 먹어?
b. 심 군, 왜 안 먹어?
c. 명호 군, 왜 안 먹어?
d. 명호야, 왜 안 먹어?

앞 예문에서 종결어미는 반말체 '-어'로 고정되어 있다. 청자가 [신분 2]의 한 등급으로 고정되어 있는 것이다. 그런데 그렇다고 해서 앞의 예문들이 청자를 다 같은 정도로 예우하고 있다고는 보기 어렵다. 호칭의 등급에 따라 그 반말체가 재분(再分)되고 있는 것이 분명하다. 여섯 등급도 결코 적은 수가 아닌데 그것을 호칭으로써 더 잘게 쪼개고 있는 것이다.

앞에서 반말체와 해라체가, 또 해요체와 합쇼체가 뒤섞여 쓰이는 현상을 지적하였는데 이것도 경어법의 등급을 조정하는 한 장치라고 할 수 있다. 가령 FM 진행자가 계속 합쇼체를 쓸 때보다 해요체를 섞어 쓰면 합쇼체와 해요체의 중간 단계로 등급을 낮추는 효과를 얻을 수 있는 것이다. 어느 등급을 어느 비율로 섞느냐에 따라 그 중간 단계도 다시 몇 단계로 조정되기도 할 것이다.[22]

이는 마치 이름만 부르지 않고 가끔 별명도 부르면 그만큼 허물이 적은 사이임을 드러내는 효과가 있음과 비슷하다고 할 수 있다. 실제로는 앞의 두 등급 사이에서뿐만 아니라 좀더 멀리 떨어진 등급끼리도 뒤섞어 쓰는 일이 있다. 또 같은 사람에게 그때그때 이 등급을 썼다가 저 등급을 썼다 하기도 한다.[23] 다 어느 한 등급으로 고정시키지 않으려는, 그럼으로써 기

---

22. 앞에서 말한 필자의 불쾌감이 바로 그 비율에서 온 것으로서 기대하는 중간 단계 이하라고 받아들여지기 때문일 것이다.

23. 한 예로 필자의 아내는 대개 "쓰레기 버리고 올게요"라고 하는데 가끔은(대개 기분이 좋을 때는) "쓰레기 버리고 올게"라고 한다.

존의 등급 이외의 등급을 만드는 효과를 내려는 시도라고 보아야 할 것이다. 한국어의 경어법은 실로 복잡한 세계라 하지 않을 수 없다.

제10장 시제

10.1 현재시제와 과거시제

이분 체계

한국어의 시제(時制)는 기본적으로 현재시제(現在時制)와 과거시제(過去時制)로 이루어져 있다. 다음 예문 (1) - (2)에서 이 두 시제가 명확히 구분됨을 볼 수 있다.

(1) <A> 지금 어디 있냐고?
<B> 전철 속에 있어.

(2) <A> 아까 전화 안 받고 어디 있었냐고?
<B> 목욕탕에 있었어.

(3) a. 너희들 지금 고기 잡지?
b. 너희들 어제도 고기 잡았지?

(4) a. 오늘은 네가 당번이구나.
b. 어제는 네가 당번이었구나.

예문 (2)에는 예문 (1)에 없는 '-었-'이 쓰였고, 그로써 예문 (2)는 '지금' 일어난 일이 아니라 '아까'와 같은 과거에 일어난 일, 다시 말하면 이야기하는 시점(時點)을 기준으로 하여 그 이전(以前)의 일을 나타낸다. 예문 (3)-(4)의 앞 문장과 뒤 문장 사이에서도 똑같은 현상을 볼 수 있다. '-았-/-었-'과[1] 같은 문법 형태소가 이처럼 시제를 바꾸는 일을 담당한다는 것은 한국어에 과거시제가 문법범주(文法範疇)로 확립되어 있다는 것을 의미한다.

현재시제는 앞의 각 a에서 보듯이 일반 종결어미(문말어미)의 결합만으로 실현된다. 즉 어떤 특별한 형태소가 없으면 그것이 곧 현재시제다. 말하자면 현재시제는 무표(無標, unmarked)의 시제인 것이다.

현재시제의 범위

현재시제는 현재의 일은 물론 미래의 일에도 쓰인다. 다음에서 그 예를 볼 수 있다.

(5) <A> 약혼 사진은 언제 찍니?
<B> 내일 찍어.

(6) <A> 이 공사는 언제 끝납니까?
<B> 3년 후에 끝납니다.

1. '보-았-다/주-었-다/하-였-다'에서 보듯 '하-' 다음에는 '-였-', 양모음 다음에는 '-았-', 그 나머지에서는 '-었-'이 결합된다. 앞으로 '-았-'을 이들의 대표로 삼아 서술한다.

(7) <A> 언제 또 오시나요?
<B> 내주(來週)에 다시 오지요 뭐.

(8) <A> 너는 이번에 틀림없이 져.
<B> 제가 왜 집니까? 저는 안 집니다.

현재시제가 이렇게 미래의 일까지 포괄하기 때문에 엄격히 보면 '현재'라는 용어는 적합지 않은 면이 있다. 그래서 비과거시제(非過去時制, non-past tense)라는 용어를 쓰기도 한다. 그렇다면 한국어 시제의 기본틀은 과거시제와 비과거시제의 이분(二分) 체계라 할 수 있다. 그러나 이 책에서 우리는 특별한 경우가 아니면 비과거시제보다는 현재시제라는 용어를 쓰고자 한다.

'-다'의 특수 용법

현재시제와 관련하여 '-다'의 특수 용법에 대해 지적해 둘 것이 있다. 현재시제에 쓰이는 어미는 형용사나 계사일 때는 '-다'이지만 동사일 때는 '-는다/-ㄴ다'이다. 그런데 다음 (9) 및 (10)에서처럼 동사에 '-다'를 쓰는 수가 있다.

(9) a. 한국 축구 아시아의 정상에 우뚝 서다.
b. 인류 드디어 우주 시대를 열다.

(10) a. 바람과 함께 사라지다 (마가렛 미첼의 소설 및 영화 제목)
b. 나무들 비탈에 서다 (황순원의 소설 제목)

이들은 언뜻 현재시제처럼 보인다. 어떤 특별한 요소를 덧붙이지 않은 무표적(無標的) 용법으로 보이기 때문이다. 그러나 엄격히 보면 무표적이 아니다. 있어야 할 '는/ㄴ'을 떼어내어 말하자면 비정상적인 문장을 만듦으로써 오히려 시제를 배제한다는 특수한 뜻이 가미되기 때문이다. 그러면서 예문 (9)는 실제로는 현재의 일보다 과거의 일을 나타낸다. 정상적인 문장이라면 '섰다', '열었다'라고 할 문장인 것이다. 따라서 (9)나 (10)과 같은 예는 현재시제의 범주에 들지 않을 뿐만 아니라 어느 시제에도 들지 않는 특수 용법이라고 할 수밖에 없다.[2]

10.2 '-겠-'의 용법

추측

현재시제가 미래의 일까지 담당한다는 것은 한국어에 미래시제(未來時制)가 없다는 것을 암시하는 일이기도 하다. 실제로 한국어에는 미래시제를 대표하는 문법 형태소가 없다. '-겠-'이 그 일을 하는 것으로 알고 있는 수가 많으나, 아래 예문에서 보듯이 '-겠-'은 현재의 일에도 쓰이고 심지어 과거의 일에도 쓰인다.

(1) a. 일선 고지(高地)는 지금 몹시 춥겠다.
b. 창수와 영식이는 지금 대전쯤을 지나고 있겠구나.

(2) a. 홍 선생은 젊었을 때 인기가 많았겠어요.
b. 그러니 아까 아기가 그렇게 울었겠지요.
c. 이번 폭설에 길이 다 두절되었겠다.

2. 사전의 표제어나 뜻풀이에서도 '-다'가 쓰이는데 이는 이른바 기본형을 그렇게 잡았기 때문이다. 예: 삼키다 [동] 입에 넣어 목구멍으로 넘기다.

앞의 예문에서 보면 '-겠-'은 추측(推測)을 나타낼 뿐 시제에는 아무 영향을 미치지 못한다. 현재의 일이든 과거의 일이든 추측으로 하는 말이면 바로 그 점을 드러내 주기 위해 '-겠-'이 쓰인 것이다.

'-겠-'은 물론 미래의 일에도 쓰인다. 다음 (3)에서 그 대표적 예를 볼 수 있다. 그러나 여기에서도 그것은 미래라서가 아니라 추측하는 일이기 때문에 '-겠-'이 쓰인 것이다. 확신하는 일이라면 미래의 일이라도 "두고 보세요. 내일도 비가 옵니다", "이번에는 꼭 합격합니다"처럼 말할 수 있는 것이다.

(3) a. 내일도 비가 오겠다.
    b. 이번에는 합격하겠지요?

의지 및 능력

다만 '-겠-'이 미래의 일에 쓰일 때는 추측 외에 (4)에서와 같이 의지(意志)를 나타내 주기도 한다. 한편 (5)의 '-겠-'은 또다른 용법의 것으로 흔히 능력(能力)을 나타내 주는 것으로 해석한다. 그러나 추측의 범주에 묶어 이해할 수도 있을 것이다.

(4) a. 저희는 내일 떠나겠어요.
    b. 이번에는 꼭 이기고야 말겠어요.

(5) a. 그것쯤은 한 손으로도 들겠다.
    b. 나는 아무리 보아도 모르겠구나.

'추측' 내지 '의지'는 '시간'의 문제를 반영하는 시제의 소관이 아니다. 그것은 서법(敍法, mood)이라고 하는 별개의 문법범주에 속한다. 그러므로 '-겠-'은 서법의 일부를 담당하는 문법 형태소요, 따라서 이것으로 한국어의 미래시제가 설정될 수는 없다.

'-으리-'

'-겠-'과 관련해서 살펴보아야 할 좀 특수한 어미가 하나 있다. '-으리/-리-'가 그것이다. '-으리-'는 이제 그 독립성을 거의 잃어, 한 어미로 사전에 올라 있는 '-으리다', '-으리라', '-으리까', '-으리오', '-으리요' 등에[3] 화석화된 상태로만 쓰이는 어미다. 즉 '-으리-'는 뒤에 '-냐', '-지', '-구나', '-ㅂ니다', '-고', '-면' 등과 같은 어말어미를 거의 취하지 못한다. 독립된 선어말어미로서의 생명이 거의 다한, 말하자면 불구(不具) 어미인 셈이다.

그러나 '-으리다', '-으리라' 등의 '-으리-'는 비록 화석화되긴 하였어도 '-겠-'과 유사한 의미를 유지하고 있다. 즉 다음 예문에서 보듯이 '-으리-'도 추측 내지 의지의 의미를 잘 나타내 주고 있다. 그리고 '-았-'과 결합하여 과거의 추측을 나타내 주는 것도 '-겠-'과 비슷하다.

(6) a. 틈이 나면 한번 들르리다.
b. 내가 그때 그 길을 택하였더라면 이제까지와는 아주 다른 세계를 경험하였으리라.
c. 이제 술상을 올리리까?
d. 그것을 어찌 내가 모르리오.
e. 인생의 무상함을 일러 무삼하리요.

그러나 예문 (6)과 같은 문장은 주로 글이나 옛말 투의 사극(史劇) 등에

---

3. '-으리-'의 의미를 지니면서도 단독으로 어말어미로 쓰이는 '-으리'가 있다. "내 어찌 그대를 잊으리." "내일이면 늦으리." 등. 선어말어미 '-으리-'에 어떤 어말어미가 결합된 융합형이 아닐까 싶다.

한정되어 쓰인다. 그만큼 '-으리-'는 그 운신(運身)의 폭이 매우 좁다. 중세국어 때는 오늘날의 '-겠-'의 자리에 있던 어미인데 이제 '-겠-'에 그 자리를 물려주고 겨우 그 흔적만 남기고 있는 것이다. 한마디로 '-으리-'는 시제나 서법의 어미 목록으로 넣는다 하여도 단서가 붙는 불구적인 어미라 할 수 있다.

10.3 '-았/었-'의 용법

과거의 사건

과거시제의 '-았-'은 앞에서 보았듯이 어떤 일이 일어난 시기가 말하는 시점, 곧 발화시(發話時, moment of speaking)를 기준으로 그 이전(以前)임을 나타낸다.

(1) a. 어제는 종일 바람이 불었다.
　　b. 아까 사람들이 막 뛰어갔어요.
　　c. 이 사진 언제 찍었다고? 작년에 찍었다고?
　　d. 지난주에는 내내 머리가 아팠다.

앞 예문들의 사건은 지금 눈앞에서 전개되는 일이 아니라 '어제'나 '아까', '작년', '지난주' 등 과거에 일어난 일이다. 그것이 '-았-'에 의해 실현되고 있다. '-았-'이 하는 일은 일차적으로 이렇게 어떤 일이 과거사(過去事)임을 나타내 주는 일이다.

그러나 '-았-'의 용법은 이렇게 단순하지만은 않다. 예문 (1)의 과거사는 말하자면 일과성(一過性) 과거사다. 그 일들은 그 일이 일어난 '어제'나 '작년' 또는 '지난주'의 범위 안의 일이다. 이것은 굳이 구분하자면 단순과거(單純過去) 용법이다.

완료

그런데 '-았-'은 이의 용법에 한정되어 있지 않다. 먼저 다음 예문에서 그것을 볼 수 있다.

(2) a. 아, 봄이 왔구나. 드디어 봄이다, 봄!
    b. 너 오늘 무슨 일로 양복을 입었니?

이 예문 (2)에서 표현된 일은 딱히 과거 어느 한 시기에 일어난 일이라고 하기 어려운 것들이다. 실제로 "어제 봄이 왔다"라든가 "지난주에 봄이 왔다"와 같은 말도 성립하지 않는다. 더욱이 이 경우는 과거보다는 오히려 현재에 큰 비중이 놓인다. 봄이 언제 왔느냐가 중요한 것이 아니라 현재 봄이 와 있다는 것, 그 상태가 현재에도 지속(持續)되고 있다는 것에 초점이 있는 것이다. 이는 "봄이다, 봄"에서 잘 드러난다. "양복을 입었다"에서도 마찬가지로 현재 그 양복을 입고 있는 상태에 초점이 놓여 있다.

이러한 용법은 완료(完了) 또는 현재완료(現在完了)에 가까운 용법이라 할 만한 것으로 한국어의 '-았-'은 부차적으로 그러한 용법까지 담당한다. 이 점은 다음 (3)과 같은 예문에서 더 두드러진다. 여기서 '결혼했다'는 곧 '기혼이다'의 뜻이며, '늙었다'는 곧 '나이가 많다'의 뜻이다. '잘 생겼다'도 과거의 일이 아니라 현재 '준수하다'는 뜻이다. 과거의 일이 아니라 현재의 상태에 관심의 초점이 놓이는 용법인 것이다.

(3) a. 저 사람 결혼했니?
    b. 심청(沈淸) 역을 맡은 배우가 너무 늙었지요?
    c. 신랑이 참 잘 생겼네.
    d. 너는 아버지를 많이 닮았구나.
    e. 너 요새 왜 그렇게 말랐니?
    f. 사람 노릇 하려면 아직도 멀었어요.[4]

과거의 상태

'-았-'은 과거에 일어난 사건이 아니라 당시의 상태를 나타내기도 한다. 한 예로 다음 예문의 '넓었다'나 '많았다'는 체험할 당시의 상태를 나타낸 것이다.

(4) a, 미국은 무엇보다 길이 넓었다. 그리고 숲이 많았다.
b. 그 당시 누나는 대단한 미인이었다.
c. 처음 만났을 때 중대장은 무척 영민(英敏)해 보였다.

가상의 미래

이상의 용법 외에 '-았-'의 특이한 용법도 있다. 오히려 미래의 일에 쓰이는 것이 그것인데, 다음 예문에서 보듯이 아직 시작도 하지 않은 일을 이미 끝난 일처럼 말하는 용법으로 쓰이는 것이다. 가상(假想) 세계에서의 과거시제를 나타내는 기능이라 할 수 있을 것이다.

(5) a. 조카를 아들이라고 떠들고 다녔으니 너 이제 장가는 다 갔다.
b. 필름을 잊고 왔으니 사진은 다 찍었네.[5]
c. 이렇게 갇혔으니 이제 꼼짝없이 죽었구나.

---

4. "(~려면) 아직도 멀었다"는 관용구로 굳어진 듯하다. "선진국이 되려면 아직도 멀었다." "사전이 나오려면 아직도 멀었어." 등. 역시 과거의 사태가 아니라 '요원하다'는 현재 사태에 대한 표현이다.
5. 이 용법의 '-았-'은 '다 갔다', '다 찍었다'에서 보듯 부사 '다'와 함께 쓰이는 일이 많다.

10.4 '-었었-'의 용법

한국어의 과거시제 중에는 '-았-'에 다시 '-었-'을 하나 더 첨가하여, 즉 '-았었-'의 형태로 표현하는 종류도 있다. '-았었-'은 과거의 일이되 그다음에 그것과 관련되는 일이 하나 더 일어났다는 점을 함축한다는 점에서 '-았-'과 구별된다. 다음 (1)과 (2)에서 그 차이를 볼 수 있다.

(1) <A> 형 왔니?
<Ba> 예, 벌써 아까 왔어요. 지금 방에서 공부하고 있어요.
<Bb> 예, 벌써 아까 왔어요. 그런데 다시 이발소에 갔어요.

(2) <A> 형 왔었니?
<B> 예, 왔었어요. 내일 다시 온대요.

예문 (1)의 '왔다'는 (1Ba)에서 보듯이 그 상태가 현재에도 이어진다는 뜻을 함축하기도 하지만 (1Bb)에서 보듯이 그렇지 않을 수도 있다. '-았-'은 그 점에서 중립적(中立的)이다. 그러니까 비록 그 상태가 달라졌더라도 '왔다' 안에 그 사실이 함축되어 있지는 않다.

거기에 비해 (2)의 '왔었다'는 '와 있는' 상태가 이어지지 않음을 함축한다. 다시 말하면 그 뒤에 '갔다'처럼 '왔다'와 관련되는 일이 있었음을 함축하고 있는 것이다. 물음부터 (1A)에서는 대체로 형이 지금 와 있느냐 쪽에 무게가 실리지만 (1Bb)와 같은 상황까지 배제하지 않고 묻고 있는 것이며, (2A)에서는 "현재 내 눈에는 안 보이나 다녀가기로 한 형이 다녀갔느냐"는 뜻으로 묻는 것이다.

이러한 점 때문에 '-았었-'은 단순과거의 의미로 잘 쓰이는 단어보다 완료의 의미로 잘 쓰이는 단어에 더 자연스럽게 결합하고, 또 그때 그 의미가 더 잘 드러난다. 다음 예문 (3)을 보면 '찍었었다'가 그 후에(금년에) 사진을 또 찍은 일이 있다는 뜻을 좀더 잘 드러내기는 하지만 그 의미가 (3a)의 '찍었다'에도 없지는 않다. 이에 비해 (4)의 '결혼했다'와 '결혼했었다'나 (5)의 '망했다'와 '망했었다'에서는 두 영역이 확연히 구분된다.

(3) a. 우리 이런 사진 작년에도 찍었지?
b. 우리 이런 사진 작년에도 찍었었지?

(4) a. 저 사람이 결혼했니?
b. 저 사람이 결혼했었니?

(5) a. 그 회사도 완전히 망했지.
b. 그 회사도 완전히 망했었지.

'-았었-'이 나타내는 범주를 흔히 대과거시제(大過去時制)라 부른다. 과거시제보다 한 단계 앞의 과거를 나타내 주는 시제라는 뜻이다. 그런데 대과거시제는 앞에서 보았듯이 대개 그 뒤의 과거 상황이 문장 표면에 드러나지 않는다. 어떤 일이 그 후에 있었다는 것을 암시해 줄 뿐이다. 그리고 (3b)에서 보듯이 '-았-'과 그 구분이 늘 명쾌한 것도 아니다.

특히 다음 (6) 및 (7)과 같은 예문에서는 '-았었-'의 독자적인 기능이 거의 드러나지 않는다. 전체적으로 대과거시제는 하나의 독자적인 시제라고 하기에는 그 체계가 허술한 면이 있는 것이다. 과거시제의 한 변종이라 보아 좋을 것이다.[6]

6. 언어에 따라서는 한두 시간 전의 일과 몇 년 전의 일을 '가까운 과거'와 '먼 과거'로 구분하는 체계가 있는데 '-았었-'의 기능은 그것과는 거리가 멀다.

(6) a. 어제는 종일 바람이 불었다.
b. 어제는 종일 바람이 불었었다.

(7) a. 누나는 젊었을 때 대단한 미인이었다.
b. 누나는 젊었을 때 대단한 미인이었었다.

10.5 '–더–'의 용법

한국어의 시제와 관련된 또하나의 중요한 선어말어미는 '–더–'다. '–더–'는 과거(過去)의 일을 나타내 주면서도 그 의미며 분포가 매우 특이하여 각별한 주의를 요하는 어미다. 먼저 다음 예문을 보자.

(1) a. 벌써 개나리가 핀다.
b. 벌써 개나리가 피더라.[7]

(2) a. 벌써 개나리가 피었구나.
b. 벌써 개나리가 피었더구나.

(3) a. 형이 딱 한 번 왔었다.
b. 형이 딱 한 번 왔었더라.

(4) a. 이번에는 우리 팀이 지겠다.
b. 이번에는 우리 팀이 지겠더라.

---

7. 뒤에서 다시 보게 되듯이 '–더–' 다음에서는 어미 '–다'가 '–라'로 바뀐다.

(5) a. 그 영화 보고 사람들이 많이 울었겠다.
b. 그 영화 보고 사람들이 많이 울었겠더라.

자리 옮김

앞의 예문을 보면 '-더-'는 전부 과거의 일을 이야기하고 있음을 볼 수 있다. 그런데 그 과거의 일을 나타내는 방식이 특이하다. 한 예로 (2a)의 '피었구나'는 정상적인 과거임에 비해 (2b)의 '피었더구나'는 어디 다른 곳에서 겪은 이야기를 저만치 따로 두고 말하는 듯한 느낌을 준다. 실제로 제주도의 현장에서라면 (2a)처럼 '피었구나'라고 말할 것을 서울에 와서 말할 때는 (2b)처럼 '피었더구나'라고 말하게 된다. (2b)에 '거기는'은 잘 어울리는데 '여기는'을 넣으면 이상해지는 것도 그 때문이다.

이것은 나머지 네 예문에서도 다 같다. (1a)는 현장에서는 현재의 일로 지각(知覺)한 일인데 그것을 다른 자리에 와 말함으로써 과거의 사실로 말하게 된 것이며, (3a)는 형이 다녀간 현장에서 말하는 투임에 비해 (3b)는 그 자리를 벗어나 다른 곳에서 그 사실을 이야기하는 말투다. (4)와 (5)의 사정도 같다. 한쪽(즉 a 쪽)은 그렇게 지각한 현장에서의 말임에 비해 다른 한쪽(즉 b 쪽)은 그것을 다른 자리에서 건너다보며 하는 말인 것이다.

직접 체득

'-더-'의 대표적인 기능은 이처럼 과거에 체득한 일을 다른 자리로 옮겨와서 이야기해 주는 일이다. 여기에서 핵심적인 점은 두 가지다. 하나는 그 과거의 일이 화자가 직접 체득한 일이라는 점이다. (4b)의 경우는 '우리 팀이 지겠다'고 판단하게 된 어떤 상황을 화자가 직접 목격하였거나 아니면 누구한테 들은 경우일 터인데 '-더-'와 어울린 문장의 내용은 이처럼 화자가 직접 겪은 일이든 누구한테 들은 것이든 화자 스스로 지각한 일들이다. "내가 가 봐서 아는데", "내가 깨달은 사실인데", "알고 보니"와 같은 뜻이 함축되어 있는 이야기인 것이다.

현장감

다른 하나는 그 이야기를 그 현장감(現場感)을 살리면서 현재 말하고 있는 자리로 옮겨온다는 점이다. 따라서 대개는 어떤 사태를 지각한 장소와 그것을 말하는 장소가 달라진다. 두 장소가 같을 수도 있는데 그때는 두 자리의 조건이 다르며, 적어도 두 자리를 분리해 이야기한다는 뜻이 함축되어 있다. 가령 예문 (3b)는 과거의 현장에서도 이렇게 말할 수 있는데 그때는 형이 다녀가는 사이에 화자가 다른 곳에 있었을 경우, 말하자면 "나 없는 사이에" 정도가 들어갈 경우인 것이다. 또 다음 예문 (6)도 같은 자리에서의 이야기인데 앞쪽과 달리 뒤쪽에서는 지각한 장면을 저쪽에 두고 지금 그것을 이 장면으로 옮겨와 이야기한다는 뜻을 드러내는 것이다. 현장감을 살리는 장치, 그것이 곧 '-더-'라고 할 수 있다.

(6) a. 나 아까 되게 떨렸어. 정말 되게 떨리더라.
    b. 응, 제주도에도 비가 엄청나게 왔어. 정말이지 엄청나게 오더라.

여러 시제와의 어울림

앞의 예문 (1)−(5)에서 주목되는 것은 '-더-'가 어느 시제하고도 어울린다는 점이다. 이 예문들에서 '-더-'를 뺀 (1a)−(3a)를 보면 현재, 과거, 대과거가 다 있다. 그리고 거기에 다시 '-겠-'을 취한 (4a)−(5a)도 있다. 이는 '-더-'가 일반 시제와 층위(層位)를 달리하는 별도의 체계를 이루고 있음을 뜻하다. 앞에서 '현장감을 살린다', '자리를 옮겨온다'고 한 말은 이렇게 보면 층위를 달리한다는 말로 바꿀 수 있다. 그리고 '-더-'의 가장 중요한 기능은 어떤 이야기를 이렇게 층위를 달리하여 표현하는 것이라고 할 수 있다.

회상시제

종래 '-더-'를 두고 회상시제(回想時制)라 불러 왔으나 단순히 한 시제의 기능이기보다 과거의 일을 표현하되 한 층위 옮겨 이야기한다는 복합적인 기능으로 규정하여야 할 것이다. 보고(報告), 전달(傳達) 등의 기능으로 이해하려 하기도 하였으나 그런 것은 '-더-' 없이도 이루어지는 것들이다. 가령 다음 예문 (7)을 보면 그것은 보고도 될 수 있고, 전달도 될 수 있다. 그리고 과거의 일을 말하는 것이므로 의당 회상의 기능도 한다. 즉 이런 것들은 '-더-'가 주된 일로 하는 일이 아니다.

(7) a. 제주도는 유채꽃이 한창이었습니다.
    b. 오늘 우리 팀 정말 잘했어요.

서법 형태소로서의 '-더-'

'-더-'의 기능을 "자신이 지각한 일을 당시의 현장감을 살려 한 층위 옮겨 말하는 기능"이라고 할 때 이 기능이 어떤 문법범주에 해당할 것인지는 명확히 규정짓기 어렵다. 과거에 지각한 일을 나타내 준다는 점에서는 시제이겠으나 그것을 한 층위 옮긴다는 기능은 워낙 특이한 것이라 어떤 문법범주에 넣어야 할지 쉽지 않다.

여기에서는 일단 서법 범주에 넣어 두고자 한다. 그렇다면 '-더-'는 시제와 서법을 복합적으로 담당하는 꽤 특이한 문법 형태소가 되는 셈이다. 실제로 '-더-'가 하는 일은 보면 볼수록 오묘하기까지 한 면이 있다.[8]

'-더-'의 제약

'-더-'는 그 쓰임이 특이하여 제약도 많이 따른다. '-더-'는 화자 스스로가 체득한 일이라는 뜻을 가지므로 이와 거리가 먼 일에는 쓰이지 못한다. 누구나 다 아는 사실, 또는 자기 스스로의 이야기여서 굳이 옮겨와 말할 소재가 아닌 것 등에는 '-더-'가 부적합한 것이다. 물론 (8)의 예들도 "말만

8. 필자는 한국어의 섬세함을 가장 잘 드러내는 요소로 이 '-더-'를 꼽곤 한다.

듣다가 가 보니 진짜로 불국사가 경주에 있더라"처럼 적절한 조건이 부여되면 '-더-'가 쓰일 수 있다. 그리고 (10)은 자신의 이야기이지만 자신을 저쪽에 두고 말할 수 있는 조건의 것들이므로 '-더-'가 쓰인 것이다.

(8) a. *불국사는 경주에 있더라.
b. *해도 하나요, 달도 하나더라.
c. *하나에 하나를 더하면 둘이더라.

(9) a. *나는 주말마다 등산을 하더라.
b. *나는 어제 몹시 앓았더라.

(10) a. 나는 그 말을 듣고는 도저히 못 참겠더라.
b. 그 얘기를 들으니 눈이 번쩍 뜨이더라.
c. 나중 들으니 내가 3등이었더라.

'-더-'는 활용에서도 제약이 많다. '-더-' 뒤에 올 수 있는 어미가 아주 한정되어 있는 것이다. 반말체 어미 중에는 '-군' 정도, 그리고 거기에 '-요'가 붙은 해요체가 쓰이는 정도며, 해라체에서는 '-다', '-다고', '-다니까', '-구나', '-냐' 정도만 쓰인다.[9] 그리고 명령형 어미나 청유형 어미는 전혀 쓰이지 못한다.

(11) a. 희망이 보이더군.
b. 희망이 보이더군요.

9. 국어사전들에서 보통 한 어미로 다루는 '던가', '-던걸', '-던데' 등의 '-더-'는 분리해 낼 법한 것들인데 그러면 '-더-'가 취하는 종결어미의 폭이 조금은 넓어질 것이다.

'-더라'

거기다가 '-더-'는 다른 어미와의 결합에서도 좀 별나다. 우선 뒤에 덧붙는 '-다', '-다고', '-다니까'를 '-라', '-라고', '-라니까'로 바꾸는 것이 그렇다. '-더라'가 예문 (13)에서처럼 자문(自問)하는 데도 쓰이는데 이것도 역시 "이 일을 어쩐다?"에서처럼 자문에 쓰이는 '-다'가 '-라'로 바뀌었기 때문일 것이다.

(12) a. 희망이 보이더라.
  b. 희망이 보이더라니까.
  c. 희망이 보이더라고?

(13) a. 이걸 내가 어디에다 두었더라?
  b. 그때 창호가 몇 살이었더라?

'-디'와 '-데'

더욱 특이한 것은 '-디'의 형태들이다. 우선 해라체 의문문에 쓰이는 '-디'가 있다. 이 '-디'는 '-더-'와 해라체 의문형 어미 '-니'의 융합형으로 보인다. '-습디다/-ㅂ디다' 및 '-습디까/-ㅂ디까'에도 '디'가 들어 있는데 각각 '-습니다/-ㅂ디다' 및 '-습니까/-ㅂ니까'와 '-더-'가 이런 특이한 형태를 만들었을 것이다.[10] 한편 '-데'도 있는데 이는 '-더-'와 반말체 어미 '-어'가 융합한 것으로 풀어야 할 듯하다.[11]

---

10. 이런 분석이 맞는다면 '-습디다', '-습디까'는 합쇼체여야 하는데 실제로는 하오체로서 그렇게까지 공손한 말투는 아니다.

11. '-데'가 국어사전들에서는 하게체 어미로 기술되어 있다. 그러나 반말체로 쓰이기도 하거니와 '-요'를 취하여 '-데요'와 같은 해요체를 만드는 것을 보면 반말체가 그 본래의 자리로 보인다.

(14) a. 언니가 왜 왔디?
b. 일등을 못한 것이 그렇게도 억울하디?

(15) a. 어제 우리 회사 기사가 신문에 크게 났습디다.
b. 그 가게는 물건은 좋은데 너무 비쌉디다.

(16) a. 설악산이 그렇게도 좋습디까?
b. 아이들이 어느쪽으로 갑디까?

(17) a. 그놈 정말 똑똑하데.
b. 그놈 정말 똑똑하데요.

10.6 관형사절의 시제

10.6.1 '-는'과 '-은/-ㄴ'

한국어의 시제는 앞에서 본 것과 다른 별개의 체계가 하나 더 있다. 관형사절(冠形詞節)에서의 것이 그것이다. 선어말어미에 의해 운영되는 앞의 것과 달리 이것은 어말어미인 관형사형어미(冠形詞形語尾)에 의해 실현된다. 그러면서 이것은 이것대로 정연한 체계를 이루고 있다.

(1) a. 지금 읽는 책의 제목이 뭐니?
b. 어제 읽은 책의 제목이 뭐니?

(2) a. 지금 가는 곳이 더 좋아.
b. 아니야, 어제 간 곳이 더 좋아.

앞에서 보다시피 '-는'은 현재를 나타낸다. 그리고 '-은/-ㄴ'은 과거를 나타낸다. 관형사절에서도 현재시제와 과거시제가 문법 형태소에 의해 정연하게 구분되어 있는 것이다. 관형사절에서도 이 두 시제의 구분이 기본틀이라 할 수 있다.

그런데 이 구분은 동사에서만 가능하고 형용사나 계사에는 그러한 구분이 없다. 즉 이들에는 '-은' 하나만 쓰면서 여기서는 현재로 쓴다. 결과적으로 과거를 나타내 줄 어미가 없는 셈인데 곧 뒤에서 보듯이 이 빈자리는 '-던'이 맡는다.

(3) a. 저 맑은 눈과 검은 눈동자 좀 봐. 예쁘지?
    b. 예쁜 얼굴에 고운 마음씨, 거기에 건강한 몸, 더 이상 뭘 바라겠어요?
    c. 아직 학생인 처지에 이 정도면 좋은 대우인 줄 알아야지.

10.6.2 '-을/-ㄹ'

이상의 두 어미 외에도 시제와 얽힌 어미들이 더 있다. '-을/-ㄹ'이 그 하나다.

(1) a. 방학 동안에 읽을 책 좀 빌려 줘.
    b. 내일 갈 곳이 어디니?

앞의 예문 (1)을 보면 '-을'은 '-는' 및 '-은'과 대립하여 미래시제를 담당하는 것으로 보인다. 그러나 '-을'은 다음 (2)와 (3)에서 보듯이 현재나 과거의 일에도 쓰인다. 따라서 '-을'은 시제를 나타내는 어미라고 하기 어렵다. '-겠-'의 쓰임과 흡사하게도 추측을 나타내는 것을 그 임무로 하고,

(4)에서처럼 의지를 나타내 주기도 한다.

(2) a. 지금 비행기에 타고 있을 영미는 무슨 생각을 하고 있을까?
    b. 그 사람은 아직 자고 있을 사람이야.

(3) a. 늦어도 지난주에 왔을 편지가 이제야 오네.
    b. 이제는 어른이 되었을 손자 놈이 보고 싶구나.

(4) a. 나는 여기를 떠날 생각이 전혀 없다.
    b. 갈 사람은 가고 남을 사람은 남자.

10.6.3 '-을걸/-ㄹ걸'과 '-을게/-ㄹ게'

'-을걸'과 '-을게'는 비록 한 어미로 다루어지고 있지만 이들 어미의 '-을'도 추측과 의지를 나타내 준다. 이들의 '-을'도 앞에서 본 '-을'과 기원을 같이하는 '-을'이기 때문일 것이다.

(1) a. 형은 아직 자고 있을걸.
    b. 벌써 옛날에 다 없어졌을걸.

(2) a. 내일은 꼭 갚을게.
    b. 염려 마. 꿋꿋하게 살게.

10.6.4 '-던'

관형사형어미의 다른 한 종류로 '-던'이 있다. 이는 형태상으로 선어말어미 '-더'에 관형사어미 '-ㄴ'이 결합한 모습인데 실제로 '-던'에는 '-더-'의 의미 요소가 들어 있다. 그러나 반드시 그렇지만도 않아서 '-던'의 용법은 좀 복잡한 면이 있다.

과거

'-던'은 '-은'과 마찬가지로 과거의 일에 쓰인다. 특히 형용사와 계사는 이것으로 과거를 나타낸다.

(1) a. 짧던 해가 길어지고 춥던 날씨도 한결 풀렸다.
　　b. 앳된 소년이던 녀석이 갑자기 늠름한 청년이 되었구나.

그런데 이미 과거 담당의 '-은'을 가지고 있는 동사의 경우에도 '-던'이 쓰인다. 이때 '-던'이 하는 일은 형용사나 계사 때와는 같을 수 없을 것이다.

(2) a. 네가 아까 여기서 사과를 따 먹던 놈이지?
　　b. 네가 아까 여기서 사과를 따 먹은 놈이지?

(3) a. 여기가 내가 자주 다니던 영화관이다.
　　b. 여기가 내가 자주 다닌 영화관이다.

앞의 예문에서 보면 '-던'은 '-은'과 넘나들 수 있는 듯하다. 다같이 과거의 일을 나타내면서 그 의미에도 별 차이가 드러나지 않는다. '-던'이 '-더' 처럼 현장감을 더 살리는 면이 있는 듯도 하나 그것이 '-더' 때처럼 그렇게 분명하지 않다. 특히 (2a)의 '먹던'의 '-던'이 어떤 독자적인 의미를 나타내는지 그 분석이 쉽지 않다.

중단된 일 - 과거미완

그러나 '-던'은 '-은'과 구분되는 독자적인 세계를 분명히 가지고 있다. '-던'은 우선 어떤 기간을 두고 하던 일에 잘 쓰인다. 아울러 하다가 중단된, 또는 그 후 상황이 달라진 일에도 널리 쓰인다. 반면 이와 배치되는 상황, 가령 일회성 행위로서 다 완료된 일 따위에는 (6)에서 보듯이 '-던'은 부적절하다.

(4) a. 여기가 내가 다니던 학교다.
    b. 이쪽이 아군(我軍)이 진을 치고 있던 곳이다.

(5) a. 하던 일을 마저 해 치우자.
    b. 왜 가던 길을 되돌아왔니?

(6) a. 여기가 내가 졸업한(/*졸업하던) 학교다.
    b. 어머님이 출생하신(/*출생하시던) 곳은 바다가 그리 멀지 않은 곳이었다.
    c. 지진으로 몰사한(/*몰사하던) 가족들의 장례식 사진 좀 봐.
    d. 이게 어제 난(/*나던) 상처니?
    e. 놓친(/*놓치던) 고기가 더 크다. (속담)

이와 같은 '-던'의 기능에 근거하여 이 어미의 의미를 종래 '과거미완'(過去未完)으로 불러왔다. '-더-'에 '회상'(回想)이라는 의미를 부여하였던 것과 아주 다른 방향의 이름을 부여한 것이다. 그만큼 두 어미 사이에는 거리가 있다.

그러나 그 방향은 좀 달라도 두 어미에는 묶이는 점도 있다. 과거의 일에 관여하면서도 거기에 더하여 무엇인가 한 가지 일을 더 수행한다는 것이 그것이다. '-던'도 단순히 한 시제의 문법 형태소로 규정짓기보다는 한편으로는 과거라는 시제의 일을 맡으면서 다른 한편으로 시제 이외의 일을 맡는 복합적인 기능을 한다고 보는 것이 나을 듯하다. 다만 여기서도 그 나머지 하나가 무엇인지는 명확지 않다. 이번에는 '-더-' 때처럼 서법의 일종이라고 하기도 어려운 점이 있다. 한 숙제인 셈이다.

'-았던'

'-던'은 '-는', '-은' 등과는 달리 과거시제의 '-았-'과 어울린다. 이는 선어말어미 '-더-'의 특성이 '-던'에도 유지되는 일면일 것이다. '-았-'이 덧붙은 '-았던'은 '-던'에 비해 일이 완결된 상황을 나타내 준다. 한 예로 (7)의 '쓰러지던'은 채 덜 쓰러진 것에 비해 '쓰러졌던'은 완전히 다 쓰러진 상태를 가리킨다. 이 차이는 (8)의 예문에서도 잘 드러난다. 즉 '죽던'은 생명이 지속되던 상태임에 비해 '죽었던'은 생명이 끊어진 상태로 그 선이 분명히 그어진다. (9)의 예문에서도 이 점이 잘 드러난다.

(7) a. 바람에 <u>쓰러지던</u> 나무를 억지로 일으켜 세웠다.
    b. 바람에 <u>쓰러졌던</u> 나무를 억지로 일으켜 세웠다.

(8) a. <u>죽던</u> 사람이 씽씽하네.
    b. <u>죽었던</u> 사람이 어떻게 살아나겠니?

(9) a. 너는 한 번도 외가에 <u>갔던</u>(/*가던) 적이 없지?
    b. 너 언제 한 번이라도 우리 모임에 <u>왔던</u>(/*오던) 적이 있니?
    c. 우리나라도 36년 동안이나 국권(國權)을 <u>빼앗겼던</u>(/*빼앗기던) 적이 있다.

그러나 때로는 '-았던'이 '-던'과 어떻게 달리 쓰이는지 그 구분이 그렇게 잘 드러나지 않는 때가 있다. 한 예로 다음 (10)의 '놀라던'과 '놀랐던'

의 차이는 분명치 않다. (11)의 '즐겁던'과 '즐거웠던' 사이에도 실질적인 차이는 없어 보인다. 다만 이때의 '-았던'은 그 일이 옛일이라는 점을 좀더 부각시키는 효과는 내는 듯하다. 그렇다면 '-았-'이 덧붙은 만큼의 기능은 하는 셈이다.

(10) a. 그 소식을 듣고 <u>놀라던</u> 기억이 생생하다.
b. 그 소식을 듣고 <u>놀랐던</u> 기억이 생생하다.

(11) a. 그 <u>즐겁던</u> 시절이 그립구나.
b. 그 <u>즐거웠던</u> 시절이 그립구나.

10.7 절대시제와 상대시제

관형사절의 상대시제

앞에서 관형사절의 시제에도 현재시제와 과거시제가 있음을 보았다. 그런데 엄격히 보면 이 관형사절의 시제는 선어말어미에 의해 실현되는 시제와 다른 점이 있다. 관형사절의 시제는 현재라고 해도 말하는 시점을 기준으로 보면 현재가 아닐 수도 있기 때문이다.

(1) a. 꾀꼬리가 <u>우는</u> 소리가 들리는구나.
b. 어제 금년 들어 처음으로 꾀꼬리가 <u>우는</u> 소리가 들렸다.
c. 이제 5월이 되면 꾀꼬리가 <u>우는</u> 소리가 들리겠지.

앞 세 예문의 '우는'은 현재형이다. 형태로 보아 현재시제라고 해야 할 것이다. 그러나 그것은 그 뒤의 서술어 '들리다'의 시점에서 보았을 때 그렇다. (1a)에서는 어차피 마찬가지지만 (1b)에서는 '들렸다'의 시점, 즉 '어제'를 기준으로 현재며, (1c)에서는 앞으로 올 5월을 기준으로 현재다. 만일 말하는 때, 즉 발화시(發話時)를 기준으로 보면 (1b)의 '우는'은 과거의 일이요, (1c)의 '우는'은 미래의 일이다.

'우는'을 현재라고 할 때처럼 발화시 이외의 시점을 기준으로 규정하는 시제를 상대시제(相對時制, relative tense)라 한다. 그리고 발화시를 기준으로 규정하는 시제를 이와 구별하여 절대시제(絶對時制, absolute tense)라 한다. 앞에서 본 선어말어미에 의한 시제가 곧 절대시제다. 일반적으로 시제라 하면 절대시제이므로 굳이 절대시제라고 부를 필요가 없으나 상대시제라는 개념이 필요하게 됨에 따라 절대시제의 개념도 필요하게 된 것이다.

중문과 복문의 상대시제

상대시제는 관형사절의 시제에서뿐만 아니라 중문(重文)의 선행절이나 복문(複文)의 종속절에서도 유용하다. 이들의 시제도 발화시가 아니라 후행절 및 주절의 시제에 따라 결정되기 때문이다. 즉 다음 (2b)의 '자고'는 실제로는 과거의 일이나 '잤고'가 아니므로 현재라 하고, (3b)에서도 '벗어났으니'가 아닌 이상 현재라 해야 하는데 이는 상대시제로서 그런 것이다.

(2) a. 착한 어린이들은 일찍 자고 일찍 일어납니다.
    b. 착한 어린이들은 일찍 자고 일찍 일어났습니다.

(3) a. 도시를 벗어나니 기분이 상쾌하다.
    b. 도시를 벗어나니 기분이 상쾌하였다.

만일 상대시제의 개념이 없이 모두 발화시를 기준으로 한다면 형태상으로 같은 '자고' 또는 '우는'을 어떤 때는 현재, 어떤 때는 과거라 해야 한다. 그렇다면 문법 기술이 혼잡스러워질 것이 분명하다. 상대시제의 개념은 그만큼 시제 체계를 명쾌하게 해 주는 이점이 있다. 특히 관형사절에서 '가는 사람 오는 사람'의 '가는', '오는'은 현재이되 상대시제로서의 현재요, '간 사람 온 사람'의 '간', '온'은 과거이되 상대시제로서의 과거라는 점을 분별해 파악하는 일은 한국어 시제 체계의 이해에 큰 도움을 준다.

제11장 피동과 사동

11.1 피동태와 사동태

한국어에는 능동문(能動文)과 피동문(被動文)의 구분이 있고, 거기에 더하여 사동문(使動文)도 따로 있다. 이는 한국어에 태(態, voice)라는 문법범주가 있음을 뜻한다. 즉 능동태(能動態, active voice), 피동태(被動態, passive voice) 및 사동태(使動態, causative voice)가 문법범주로서 있다. 이들을 앞으로는 줄여 '능동', '피동', '사동'이라 부르면서 이 장에서는 이 세 문법범주의 쓰임을 보기로 하겠다.

능동 · 피동 · 사동

능동은 피동이 있기 때문에 필요한 개념이라 할 수 있다. 피동이 능동을 출발점으로 하여 만들어지고 서로 짝을 이루며 움직이기 때문에 필요한 개념인 것이다. 능동을 위해서는 어떤 특별한 장치를 더하는 법도 없다. 그만큼 형태적으로 가장 단순하며 특별히 따로 받는 제약도 없다.

능동은 일반적으로 동작주(動作主, agent)를 문장의 주어로 삼아 그 주어가 하는 행위를 나타내는 범주임에 비해 피동은 그 동작주의 동작이 미치던 경험주(經驗主, patient)[1]가 문장의 주어가 되어 그 경험주의 시각으로 표현되는 행위를 나타내는 범주다. 한편 사동은 사동주(使動主, causer)가 주어가 되어 누구 또는 무엇, 즉 피사동주(被使動主, causee)로 하여금 어떻게 하도록 만드는 행위를 나타내는 범주다.

피동과 사동의 문법 형태소

능동은 특별한 장치가 없는, 말하자면 무표(無標, unmarked)의 범주이므로 으레 있기 마련인 범주이지만, 피동이나 사동은 이를 위한 문법적 장치가 있어야 비로소 문법범주로 인정을 받는다. 가령 "A가 B를 때렸다"와 "B가 A에게 맞았다"를 비교하면 마치 능동과 피동의 관계가 성립할 듯하지만 그렇지 않다. '때렸다'에 어떤 문법적 장치가 가해져 '맞았다'가 만들어진 것이 아니기 때문에 "B가 A에게 맞았다"로써 한국에 피동 범주가 있다고 하지는 않는다.

한국어에는 "풀을 뽑는다"와 "풀이 뽑힌다"에서처럼 '-히-'와 같은 접미사, 곧 문법 형태소가 피동을 위해 따로 마련되어 있다. 마찬가지로 사동도 "목소리가 낮다"와 "목소리를 낮추다"의 비교에서 나타나듯 '-추-'와 같은 접미사에 의해 실현된다. 두 범주가 다 문법범주로서의 요건을 갖추고 있는 것이다. 그뿐 아니라 한국어의 피동과 사동은 접미사를 취하여 파생어를 만듦으로써 각각의 범주를 실현해 가는 방향이 매우 흡사하다. 이제 이들 두 범주를, 이들을 전담하는 접미사를 중심으로 살펴보기로 하겠다.

---

1. '피동작주'(被動作主)라고도 한다.

11.2 피동동사와 피동문

한국어의 능동문과 피동문은 한 문장의 서술어가 능동동사(能動動詞)로 되어 있느냐 피동동사(被動動詞)로[2] 되어 있느냐로 구분된다. 다음 예문 (1)의 두 문장을 보면, 한쪽에는 '물다(물었다)'라는 능동동사가 있고, 다른 한쪽에는 '물리다(물렸다)'라는 피동동사가 있다. 그리고 이것으로 각각 능동문과 피동문으로 갈리는 것을 볼 수 있다. 나머지 차이도 있으나 그것들은 이 두 다른 동사에서 비롯되는 부수적인 차이라고 할 수 있다.

(1) a. 모기가 아기를 물었다.
   b. 아기가 모기한테 물렸다.

피동동사

그러므로 한국어의 피동문은 피동동사를 확보하는 일에서부터 시작된다고 할 수 있다. 한국어의 피동동사는 능동동사에서 파생된 파생동사들이다. 즉 능동동사의 어간에 접미사가 덧붙어 피동동사가 만들어지는 것이다. '물리다'를 예로 보면 능동동사 '물다'의 어간 '물-'에 접미사 '-리-'가 덧붙어 '물리다'가 되었다. 몇 예를 더 보이면 다음과 같다.

(2) a. 잡-다 → 잡-히-다
   b. 보-다 → 보-이-다
   c. 쫓-다 → 쫓-기-다
   d. 몰-다 → 몰-리-다

---

2. '능동동사', '피동동사' 및 뒤에서 볼 '사역동사'를 흔히 '능동사', '피동사' 및 '사동사'라 부르는데 동사의 한 종류임을 좀더 선명하게 드러내는 데는 '피동동사', '사역동사' 등이 나아 보인다.

이렇게 능동동사가 피동동사가 된다는 것은 타동사이던 것이 자동사로 바뀐다는 의미도 된다. 능동동사는 예외 없이 타동사들인데 그것들이 접미사에 의해 피동동사가 되면 예외 없이 자동사로 바뀌기 때문이다. 앞의 예문 (1)에서 보아도 능동문인 (1a)에는 목적어 '아기를'이 있는데 피동문인 (1b)에는 목적어가 없다.

이렇듯 (2)에 쓰이는 접미사는 능동동사를 피동동사로 바꾸어 줄 뿐 아니라 동시에 타동사를 자동사로 바꾸어 주는 일을 한다. 따라서 이 접미사들은 파생접미사(派生接尾辭, derivational suffix)들이다. 그리고 피동동사를 만드는 접미사이므로 '피동 형성 파생접미사', 또는 줄여 '피동 접미사'라고 부를 수 있다.[3]

피동 접미사는 앞에 보인 '-히-', '-이-', '-기-', '-리-' 네 개인데 어떤 동사가 이들 중 어떤 접미사를 취할 것인가는 다 정해져 있다. 이제 그 목록을 보이면 아래와 같다.

(3) '-히-'를 취하는 동사

걷다, 긁다, 꼬집다, 꽂다, 닫다, 뒤집다, 막다, 먹다, 떼먹다, 맺다, 묻다, 파묻다, 박다, 처박다, 치받다, 들이받다, 밟다, 짓밟다, 뽑다, 꼽다, 손꼽다, 씹다, 짓씹다, 얹다, 얽다, 뒤얽다, 업다, 읽다, 잊다, 잡다, 사로잡다, 붙잡다, 접다, 찍다(사진을), 찍다(곡괭이로)

(4) '-이-'를 취하는 동사

개다, 깎다, 꺾다, 꼬다, 꿰다, 깨다(잠에서), 나누다, 낚다, 닦다, 덮다, 뒤덮다, 뜨다, 볶다, 들볶다, 매다, 얽매다, 묶다, 바꾸다, 뒤바꾸다,

3. 이들은 늘 뒤에 어미를 두어야 하는 것들이므로(그래서 '-리-'처럼 양쪽에 하이픈을 둔다) '선어말어미'에 맞추어 '선어말접미사'라 할 만한 것인데 일반적으로 접미사에 대해서는 이런 이름을 따로 붙이지 않는다.

보다, 깔보다, 얕보다, 섞다, 뒤섞다, 싸다, 둘러싸다, 에워싸다, 쌓다, 쏘다, 쓰다(글씨를), 쓰다(사용하다), 짚다, 짜다(편물을), 쪼다, 차다, 트다, 파다, 치다(값을)

(5) '-기-'를 취하는 동사
감다(실을), 감다(머리를), 끊다, 담다, 뜯다, 빼앗다, 씻다, 안다, 앗다, 쫓다, 찢다,

(6) '-리-'를 취하는 동사
가르다, 갈다(바꾸다), 갈다(밭을), 갈다(맷돌로 콩을), 걸다, 깔다, 끌다, 곯다, 날다, 널다, 누르다, 짓누르다, 달다(어디에 물건을), 매달다, 달다(저울에 무게를), 덜다, 듣다, 들다, 떨다, 뚫다, 말다, 몰다, 내몰다, 물다, 깨물다, 밀다, 내밀다, 벌다, 불다, 부르다, 붙들다, 빨다, 싣다, 쓸다, 휩쓸다, 썰다, 열다, 자르다, 찌르다, 털다, 뒤틀다, 비틀다, 팔다, 되팔다, 풀다, 헐다, 흔들다, 뒤흔들다

한국어의 피동문은 앞에 보인 동사들을 해당 접미사와 결합하여 피동동사로 바꿈으로써 이루어진다. 이 피동동사들이 말하자면 한국어 피동문의 주역(主役)들이다. 반복하지만 피동문은 기본 요건으로서 피동동사를 서술어로 가지고 있어야 한다.

피동문의 절차

그리고 여기에 몇 가지 부수적인 절차가 따른다. 능동문의 목적어를 피동문에서는 주어로 바꾸는 일이 그 하나다. 아울러 능동문의 주어를, 그 주어의 주격조사를 '에', '에게', '한테' 등으로 바꾸어 피동문에 와서는 부사어 노릇을 하게 해야 한다. 다만 이 부사어는, 능동문의 주어가 생략될 수 있듯이 생략될 때도 있다.

(7) a. 백설이 온 천지를 뒤덮었다.

b. 온 천지가 백설에 뒤덮였다.

(8) a. 누가 그 범인을 붙잡을까요?

b. 그 범인이 누구한테 붙잡힐까요?

(9) a. 학예회를 언제 열까?

b. 학예회가 언제 열릴까?

이처럼 피동문은 능동문과 짝을 이룬다. 능동문을 전제로 하여 성립하는 것이 곧 피동문이다. 능동문의 능동동사를 피동동사로 바꾸고, 능동문의 목적어를 주어로 바꾸는 등 모든 것을 능동문을 그 출발점으로 삼는 것이 피동문이다.

특수 피동문

그런데 드물지만 마치 타동사가 없는 문장에서 파생한 듯한 피동문이 없지 않다. 즉 다음 예문의 '울리다'와 '날리다'는 마치 자동사인 '울다'와 '날다'에서 파생된 것처럼 보인다.

(10) a. 문풍지가 운다.

b. 문풍지가 울린다.

(11) a. 꽃잎이 예쁘게 나는구나.

b. 꽃잎이 예쁘게 날리는구나.

앞의 예문에서는 목적어가 주어로 바뀌는 절차도 없다. 완전히 예외적인 사례처럼 보인다. 그러나 이것은 예외가 아닐 것이다. '울리다'와 '날리다'는 역시 타동사에서 파생된 피동동사로 보아야 할 것이다.

(12) a. 바람이 문풍지를 울린다.
b. 바람에 문풍지가 울린다.

(13) a. 바람이 꽃잎을 예쁘게 날리는구나.
b. 바람에 꽃잎이 예쁘게 날리는구나.

즉 '울리다'와 '날리다'는 사동동사인(따라서 타동사인) '울리다', '날리다'에서 파생된 피동동사일 것이다. '울리-','날리-'에 '-이-'가 결합되었으나 'ㅣ'가 겹쳐 외형상으로 구별이 안 되었을 뿐이다.[4] 그렇게 보면 (12), (13)에서 보는 바와 같은 정상적인 관계도 상정(想定)된다. 이는 마치 '알리다'와 '알려지다'의 관계가 '알리다'(타동사)와 '알리다'(피동동사)의 형태로 실현된 것과 같다.

이상에서 보아 온 틀이, 특히 예문 (1)과 (7)-(8)이 보여 주는 틀이 한국어의 능동문과 피동문의 가장 전형적인 틀이다. 그러나 한국어의 피동문은 이 기본틀로만 운영되지는 않는다. 어떤 다른 방식이 있는지, 또 어떤 제약이 있는지 다음에서 보기로 하자.

11.3 보조 수단에 의한 피동문

앞 절 (3)-(6)의 목록을 보면 상당히 많은 능동동사가 그 짝으로서 피동

4. 방언에 따라서는 이들이 성조(聲調)로 구별된다. 즉 타동사(사동동사) '울리다', '날리다'는 첫음절이 고조(高調)임에 비해 피동동사는 저조(低調)인 것이다.

동사를 가지고 있다. 그러나 한국어의 능동동사 중에는 그러한 짝이 없는 것들이 오히려 더 많다. 즉 타동사임에도 앞의 네 접미사를 취할 수 없는 동사들이 많은 것이다. 그 대표적인 목록을 보이면 다음과 같다.

(1) 피동 접미사를 취하지 못하는 동사
  a. 하다, 피하다, 기록하다, 수출하다, 연구하다, 판단하다, 파괴하다, 복구하다, 성취하다
  b. 주다, 받다, 드리다, 바치다
  c. 얻다, 사다, 찾다, 입다, 돕다, 잃다
  d. 배우다, 알다, 느끼다, 바라다
  e. 만나다, 닮다
  f. 만들다, 이루다, 지우다, 때우다
  g. 만지다, 때리다, 던지다, 지키다, 갈기다
  h. 세우다, 밝히다, 높이다, 알리다, 웃기다, 늦추다

'-어지다' 피동문

이처럼 피동 접미사를 취하지 못하는 타동사들은 다른 방도를 강구한다. 그 한 방도는 피동 접미사 대신 '-어지다'를 동원하는 길이다. 이렇게 만들어진 동사는 앞 절에서 본 피동동사와 대등한 구실을 한다.

(2) a. 이 해시계를 언제 만들었을까?
  b. 이 해시계가 언제 만들어졌을까?

(3) a. 조그만 진동을 느낄 거야.
  b. 조그만 진동이 느껴질 거야.

(4) a. 이 기쁜 소식을 온 천하에 알렸다.

b. 이 기쁜 소식이 온 천하에 알려졌다.

그러나 '-어지다'가 결합된 어형은 사전에 오르지 않는다. 즉 피동 접미사가 결합된 '붙잡히다', '갈리다', '빼앗기다', '쓰이다' 따위는 사전에 표제어로 오르지만 '만들어지다', '밝혀지다', '알려지다', '느껴지다' 따위는 사전 그 어디에서도 찾아볼 수 없다.[5] 같은 일을 하면서도 말하자면 편법 절차에 의한 것이라 하여 정식 피동동사에 넣어 주지 않는 것이다. '-어지다'는 뒤에서 곧 보게 되듯이 순수히 피동의 의미만 나타내 주는 형태가 아니긴 하다. 그러나 이들도 피동동사의 구실을 하므로 '준피동동사'(準被動動詞)로는 불러 주어야 할 것이다.

특수 '-어지다' 피동문

그런데 이 준피동동사와 흡사하면서도 앞의 '만들어지다'와 구별되는 한 부류가 있다. 이들은 '넘어지다'와 '떨어지다'를 제외하면 어원을 밝혀 적지 않는 것들이다. '문다'라는 동사가 없으므로 '문어지다'로 적을 근거가 없고, '쓸다'라는 단어는 있지만 '쓰러지다'가 거기에서 나왔다고 보기 어렵다고 해서인 것이다.

그러면서도 이들도 피동의 의미가 있고, 그 짝이라 할 만한 타동사들도 있다. (5)에서 보듯 그 타동사들은 한결같이 '-뜨리다'를 취하면서 마치 그것을 '-어지다'로 바꾸어 규칙적으로 피동동사를 만드는 듯한 모습을 보여준다. '넘어지다', '떨어지다'조차도 '넘다', '떨다'와 짝을 이루지 않고 '넘어뜨리다', '떨어뜨리다'와 짝을 이룬다.[6] 그리고 두 부류의 동사들이 만들

5. 이것은 국어사전이 임무 하나를 포기하는 것으로 보인다. (1)에 보인 동사들 중에도 '*받아지다', '*입어지다', '*바라지다', '*웃겨지다' '*도와지다' 등 '-어지다'를 취하지 못하는 것이 많아 '-어지다'를 취할 수 있는 동사는 그 정보를 따로 주어야 사전이 제 구실을 할 것이다. 사전마다 '이루어지다'는 '이루다'와 연관시키지 않은 채 표제어로 실었는데 이런 예외를 두는 근거도 모호해 보인다.

6. 이 점에서 '넘어지다', '넘어뜨리다' 및 '떨어지다', '떨어뜨리다'는 '너머지다', '너

어내는 문장은 (6)과 (7)에서 보듯이 바로 능동문과 피동문의 틀이다.

(5) a. 넘어뜨리다, 떨어뜨리다, 쓰러뜨리다, 무너뜨리다, 부러뜨리다, 자빠뜨리다
b. 넘어지다, 떨어지다, 쓰러지다, 무너지다, 부러지다, 자빠지다

(6) a. 이번 바람이 전신주를 전부 {넘어뜨렸다, 쓰러뜨렸다, 부러뜨렸다, 자빠뜨렸다}.
b. 전신주가 이번 바람에 전부 {넘어졌다, 쓰러졌다, 부러졌다, 자빠졌다}.

(7) a. 누가 이 오랜 아성(牙城)을 무너뜨릴까?
b. 이 오랜 아성(牙城)이 누구한테 무너질까?

워낙 유형이 달라 이들 '무너지다'류를 '만들어지다'류와 같은 종류라고 하기는 어려운 점이 있다. 그러나 피동 표현이 이들에 의해서도 같은 틀로 이루어지고 있다는 사실은 흥미로운 일이 아닐 수 없다.

피동문이 아닌 '-어지다' 구문

'-어지다'는 (8)에서 보듯 자동사에 결합되기도 한다. 이때에도 피동의 의미가 드러난다. 그러나 피동은 타동사를 가진 능동문의 짝이라는 기본 요건이 전제되어 있으므로 이들을 피동문이라고는 할 수 없다. '-어지다'는 (9)에서처럼 형용사에도 결합되어 형용사를 동사로 바꾸는 일을 하기도 하는데 이것 역시 피동의 범주에 넣을 수는 없다.

머뜨리다' 및 '떠러지다', '떠러뜨리다'로 표기하는 것이 맞을지 모른다.

(8) a. 요즈음은 전람회에도 잘 가지지 않아요.
b. 그렇게 마음에도 없이 울려고 하니 울어지겠니?

(9) a. 귀가(歸家) 시간이 점점 늦어지네요.
b. 학교가 달라지니 그 친구하고도 점점 멀어지는구나.

잉여적인 '-어지다'

'-어지다'는 이미 피동동사가 있는 동사에 결합하는 수도 있다. 그뿐만 아니라 (11)에서처럼 피동동사와 '-어지다'형이 분포를 달리하면서 다른 뜻으로 쓰이기도 한다. 한편 피동동사에 다시 '-어지다'가 덧붙기도 하는데 이 경우는 대개 '-어지다'를 군더더기로 써 잘못 쓴 경우이지만[7] 때에 따라서는 여기서도 두 형태가 공존하면서 독자적인 영역을 만들어 가는 양상을 보인다.

(10) a. 나는 그 얘기가 통 믿기지 않는다.
b. 나는 그 얘기가 통 믿어지지 않는다.

(11) a. ??요사이 논문이 잘 쓰이니?
b. 요사이 논문이 잘 써지니?

(12) a. 그 일이 그리 쉽게 잊히겠니?
b. 그 일이 그리 쉽게 잊혀지겠니?

(13) a. 이 논문은 주제가 매우 참신해 보인다(*보여진다).

---

7. "요즈음 젊은이들에게 잘 읽혀지는 소설"의 '읽혀지는' 따위가 그것이다. '생각되어지다'도 마찬가지인데 군더더기인 '-어지다'를 빼고 써야 맞다.

b. 이 논문은 주제가 매우 참신하다고 보여진다(??보인다).

'되다' 피동문

'-어지다'도 취하지 못하는 타동사들은 다시 제3의 방도를 구하기도 한다. '하다'류 동사의 '하다'를 '되다'로 바꾸는 것이 그것이다.

(14) a. 당시에는 강우량을 세밀히 기록하였다.
b. 당시에는 강우량이 세밀히 기록되었다.

(15) a. 이 다리를 언제 복구하나요?
b. 이 다리가 언제 복구되나요?

이 '되다' 동사는 대개 어떤 형식으로든 사전에 오른다. 그러나 '기록되다'와 '기록하다'의 관계는 꽤 기계적이어서[8] '기록되다'가 '기록하다'에서 파생된 새 단어라고 하기는 어려운 점이 있다. 이들도 역시 준피동동사에나 넣을 수 있을 것이다.

11.4 피동문의 제약

한국어의 타동사 중에는 앞의 어떤 방식으로도 피동문을 만들지 못하는 것들이 있다. 다음 예문 (1)이 그 대표적인 예들이다. 이들은 "여학생이 가르쳐진다"나 "성리학이 공부된다" 등 그 어떤 방식으로도 피동문이 되지 못한다.

---

8. '하다' 타동사 중에도 '사랑하다', '공부하다'처럼 '되다'를 취하지 못하는 것이 있기는 하다.

(1) a. 여학생을 가르친다.
b. 성리학을 공부한다.
c. 길을 묻는다.
d. 이웃을 돕는다.
e. 아이들을 웃긴다
f. 물가를 올린다

반면에 피동문은 있는데 그 짝이 될 만한 능동문이 없는 경우도 있다. 피동문이라면 으레 그와 짝이 뒤는 능동문을 기대하게 되고, 그뿐 아니라 피동문은 그 능동문을 발판으로 만들어지는 것이 일반적인 규칙인데 한국어의 피동문 중에는 말하자면 하늘에서 떨어진 피동문들이 있는 것이다.

(2) a. 날씨가 많이 풀렸지요?
b. *날씨를 많이 풀었지요?

(3) a. 영미가 또 감기에 걸렸다.
b. *영미를 또 감기에 걸었다.

(4) a. 일이 산더미처럼 밀리더라.
b.*일을 산더미처럼 밀더라.

(5) a. 아침에 먹은 것이 얹혔나?
b. *아침에 먹은 것을 얹었나?

이렇듯 피동문의 짝을 만들지 못하는 타동사가 있는가 하면 피동문은 있으면서도 그 짝이 될 능동문이 없는 수도 있다는 것은 한국어 피동문의 한 한계를 보여 준다. 피동동사를 만드는 동사가 한정되어 제2의 방법, 제3의 방법을 동원한다는 것부터가 한국어 피동문의 폐쇄성을 말해 주지만, 전체적으로 능동문과 피동문의 관계가 기계적으로 변환되는 관계가 아니라는 것이 한국어 피동문의 한 특징이라 할 수 있다.

11.5 사동동사와 사동문

한국어에는 사동동사(使動動詞)가[9] 따로 한 부류를 이루고 있다. 사동동사는 피동동사가 만들어지는 절차와 비슷한 절차로 만들어진다. 특히 형태도 비슷한 '-이-', '-히-', '-기-', '-리-'와 같은 일련의 접미사에 의해 사동동사를 만들어내는 방식이 그러하다. 그리고 이들 사동동사가 쓰이면 곧 사동문(使動文)이 되는 것도 피동문의 경우와 비슷하다.

사동문의 틀

그러나 사동동사는 타동사뿐만 아니라 자동사 및 형용사에서도 파생된다. 접미사도 앞의 네 개 외에 몇 가지가 더 참여한다. 그리고 무엇보다 다른 점은 피동동사는 모두 자동사인 데 반해 사동동사는 모두 타동사라는 점이다. 즉 애초에 타동사였든 자동사였든, 또 형용사였든 사동 접미사와 결합하게 되면 모두 타동사가 되는 것이다.

(1) a. 아기가 우유를 먹는다.
    b. 엄마가 아기에게 우유를 먹인다.

(2) a. 오후 내내 낙엽이 탔다.
    b. 나는 오후 내내 낙엽을 태웠다.

9. 사역동사(使役動詞)라고도 한다. 이때는 '사동형' 대신 '사역형'을 쓴다.

(3) a. 길이 넓군요.
b. 마을 사람들이 길을 넓히는군요.

앞의 예문들에서 보면 사동문은 어느것이나 목적어를 가지고 있다. 사실 의미상으로도 목적어가 없으면 사동문이 될 수 없다. 사동이란 '무엇으로 하여금' 어떻게 하도록 하는 것인데 그 '무엇'에 해당하는 목적어가 없으면 사동이 성립될 수 없기 때문이다.

사동문의 목적어는 피사동주(被使動主)라 한다. 그리고 그 문장의 주어를 사동주(使動主)라 한다. 사동주란 사동을 만들어 주는 주체라는 뜻이며 피사동주란 그 사동이 미치는 대상이라는 뜻이다. 결국 사동문의 기본틀은 <사동주 – 피사동주 – 사동동사>라고 할 수 있다.

사동동사

사동동사도 파생어이기 때문에 사동동사가 될 수 있는 동사와 형용사는 한정되어 있다. 어떤 동사와 형용사가 어떤 접미사들을 취하는지가 미리 정해져 있는 것이다. 이제 사동 접미사를 취할 수 있는 용언의 목록을 보면 다음과 같다. 아래 해당 용언 중 a가 타동사, b가 자동사, c가 형용사의 예며, 해당 품사가 없는 것은 해당 기호를 배당하지 않았다.

(4) '-히-'를 취하는 용언
a. 업다, 읽다, 입다, 잡다
b. 굳다, 눕다, 맞다, 묻다, 삭다, 식다, 썩다, 앉다, 익다
c. 간지럽다, 괴롭다, 굽다, 넓다, 더럽다, 덥다, 밝다, 좁다

(5) '-이-'를 취하는 용언
a. 먹다, 누다, 보다, 쓰다

b. 녹다, 죽다, 속다, 들다(힘이, 물감이), 끓다, 붙다(싸움이), 썩다, 기울다, 절다(소금에), 졸다(국물이)

c. 높다, 눅다

(6) '-기-'를 취하는 용언

a. 감다, 안다, 빗다, 벗다, 신다, 씻다, 맡다, 뜯다

b. 웃다, 숨다, 남다, 옮다, 굶다, 넘다(기한이)

(7) '-리-'를 취하는 용언

a. 알다, 들다(물건을), 빨다, 벌다(사이가), 물다

b. 울다, 놀다, 살다, 돌다, 얼다, 날다, 늘다, 불다, 오르다, 흐르다, 마르다, 구르다, 부풀다, 걷다, 나돌다, 되돌다, 곪다

(8) '-이우-'를[10] 취하는 용언

a. 깨다, 지다, (북)돋다, 걷다, 쓰다

b. 비다, 새다, 피다, 끼다, 찌다, 타다(불에), 차다(인원이), 자다, 서다, 트다, 뜨다

c. 크다

(9) '-추-'를 취하는 용언

a. 들다

b. 맞다, 빗맞다

c. 늦다, 낮다

(10) '애-'를 취하는 용언

10. '-이우-'가 'ㅣ'로 끝나는 어간 다음에서는 '-우-'만 나타난다.

a. 없다

동형의 피동동사와 사동동사

이상의 목록을 보면 피동동사와 그 형태가 완전히 일치하는 사동동사가 있다. 즉 '보이다', '물리다', '뜯기다', '안기다', '업히다', '읽히다', '잡히다' 등은 피동동사이기도 하였는데 여기 사동동사에도 들어 있다. 그러나 이들은 문장 안에서는 혼동될 염려가 없다. 그 의미도 피동의 의미와 사동의 의미로 구별되지만 피동문에는 목적어가 없는 반면 사동문에는 목적어가 있기 때문이다.

(11) a. 근래 들어 서양 사람들에게 동양 고전(古典)이 많이 읽힌다.
b. 근래 부모들이 자녀들에게 고전(古典)을 많이 읽힌다.

(12) a. 우리에게도 밝은 미래가 보인다.
b. 젊은이들이 우리나라의 밝은 미래를 보여 준다.

11.6 장형 사동문

사동동사를 만들 수 있는 용언도 피동동사 때와 마찬가지로 한정되어 있다. 따라서 그 나머지 용언들이 사동을 표현하고자 할 때는 다른 수단을 강구한다. 어간에 '-게 하다'를 결합하는 방식이 그것이다. 접미사에 의해 새 단어를 만드는 방식보다 구(句)로 된 풀어진 방식이지만 빈자리를 메우는 구실을 하여 '-게 하다' 문장도 흔히 사동문의 일종으로 간주한다.

(1) a. 하루 한 시간씩 음악을 듣는다.
b. 하루 한 시간씩 음악을 듣게 한다.

(2) a. 그 낭보(朗報)에 우리 온 가족의 가슴이 뛰었다.
b. 그 낭보(朗報)가 우리 온 가족의 가슴을 뛰게 하였다.

(3) a. 그 미소에 오히려 내 마음이 아팠다.
b. 그 미소가 오히려 내 마음을 아프게 하였다.

그런데 '-게 하다'는 사동동사가 있는 용언에도 적용된다. 이미 사동동사로 사동문이 만들어지는 경우에는 '-게 하다'가 쓰이지 않는 것이 원칙이겠는데 그렇지 않은 것이다. 다만 이때는 그 의미에 얼마간의 차이가 있고, 그 조건에서도 차이를 보인다.

(4) a. 누나가 막내{에게, *가} 양말을 신긴다.
b. 누나가 막내{에게, 가} 양말을 신게 한다.

(5) a. 소대장은 부하들{*이, 을} 자기 막사{에, *?에서} 재웠다.
b. 소대장은 부하들{이, 을} 자기 막사{*에, 에서} 자게 했다.

앞의 예문에서 보듯이 우선 조사(助詞)의 선택에서 차이를 보인다. 즉 '-게 하다'는 주격조사를 취하는데 사동동사 사동문은 그렇지 못하다. 그리고 의미에서도 '양말을 신기다'의 경우는 그 일을 사동주인 '누나'가 하는데 반해 '양말을 신게 하다'에서는 '막내'가 제 손으로 그 일을 한다는 차이를 보인다.

'-게 하다' 문장을 사동동사에 의한 사동문과 구별하여 흔히 '장형 사동문'(長形使動文)이라 한다. 이 때문에 전형적 사동문은 여기에 맞추어 '단형 사동문'(短形使動文)이라 한다. 그러나 앞에서 보면 '-게 하다' 문장은 진정한 사동문은 아니다. 그것이 진정한 사동문이라면 이미 사동동사에 의

한 사동문이 있는 자리에 또 쓰이는 일도 이상하고 그 의미가 다르다는 것도 설명하기 어렵다. '준사동문'(準使動文) 정도로 부르는 것이 나을 것이다. 그러니까 한국어의 사동문은 일단 사동동사에 의해 실현되는 전형적 사동문만으로 한정해 두는 것이 좋을 것이다.

제12장 부정문

12.1 궁정문과 부정문

긍정과 부정

사람들은 세상일을 긍정(肯定)과 부정(否定)으로 양분(兩分)하여 인식한다. 기호로도 ○와 X를 정하여 놓고 기면 ○, 아니면 X로 표시하게 한다. 언어에도 이것이 잘 반영되어 "지금 비가 오니?"라는 물음에 대해 그렇다든가 그렇지 않다든가 둘 중 하나로, 즉 '예'와 '아니요'로 대답한다.

그렇기 때문에 문장도 으레 긍정문(肯定文)과 부정문(否定文)이 짝을 이룬다. 긍정문이 있으면 반드시 그에 짝이 되는 부정문이 있기 마련이다. 이때 기본이 되는 쪽은 긍정문이다. 긍정문을 기반으로 하여 거기에 어떤 문법적 장치를 가하여 부정문을 만드는 것이다.

부정문의 틀

긍정문을 부정문으로 만드는 문법적 절차를 부정법(否定法, negation)이라[1] 한다면 긍정문과 부정문의 관계는 다음 (1)과 같은 도식이 될 것이다.

(1) 긍정문 + 부정법 → 부정문

이 틀에 의해 만들어지는 한국어 부정문의 기본 형식은 다음과 같다. 각 쌍의 앞쪽 것이 부정문이고 뒤쪽 것이 그 짝인 긍정문이다.

(2) a. 눈이 녹지 않는다.
b. 눈이 녹는다.

(3) a. 눈이 녹지 않았다.
b. 눈이 녹았다.

(4) a. 눈이 녹지 않겠다.
b. 눈이 녹겠다.

(5) a. 눈이 녹지 않더라.
b. 눈이 녹더라.

앞에서 보면 부정문은 일차적으로 긍정문에 부정사(否定辭, negative)인[2] '않다(아니하다)'를[3] 덧붙임으로써 만들어진다. 여기에 부수적인 절차

---

1. negation은 '부정'(否定)으로 번역될 수도 있고 '부정법'(否定法)으로 번역될 수도 있는 두 가지 의미를 가지고 있다.
2. 부정사란 어떤 문장에 첨가되어 그 문장이 나타내는 명제(命題)의 진리치(眞理値)를 뒤집는 문법적 요소나 어휘 목록을 말한다. 영어의 not과 같은 것이 대표적인 예다. 한국어는 부정사가 '않다','못하다', '안', '못'과 같은 단어, 즉 어휘 목록으로 되어 있다.
3. '않다'는 '아니하다'의 준말이다. 그러나 '아니한다', '아니하고', '아니하였다'와 같은 형식은 특수한 경우가 아니면 거의 쓰이지 않는다.

가 몇 가지 따른다. 긍정문의 서술어에 있던 어미가, 선어말어미든 어말어미든 전부 '않다'의 어미로 자리를 옮기는 것이 그 하나다. 그리고 그 어미들이 떠나고 난 자리에 '-지'를 보충해 주는 것이 다른 하나다.

이때 부정사 '않다'를 흔히 보조용언(補助用言)의 하나로 분류한다. 늘 본용언 뒤에 분포되어 그것들을 돕는 일을 한다고 해서다.[4] 뒤에서 볼 '못하다'와 '말다'도 마찬가지이다.

앞의 예들은 긍정문의 서술어가 동사이면서 해라체 평서문인 경우만을 보인 것이다. 그 서술어가 형용사이면서 다른 종류의 어미들도 쓰인 문장의 예를 몇 더 보이면 다음과 같다.

(6) a. 방이 넓지 않구나.
    b. 방이 넓구나.

(7) a. 방이 넓지 않습니까?
    b. 방이 넓습니까?

'않다'의 품사

여기서 하나 주목할 일은 '않다'의 품사 문제다. '않다'가 긍정문 서술어의 어미를 고스란히 넘겨받는다는 것은 '않다'의 품사는 곧 긍정문 서술어의 품사에 따라 결정된다는 것을 뜻한다. 즉 긍정문의 서술어가 동사이면 그 부정문에 쓰인 '않다'도 동사이며, 긍정문의 서술어가 형용사이면 그 부정문에 쓰인 '않다'도 형용사다.[5] '오지 않는다', '오지 않는구나'와 '어둡지 않다(*않는다)', '어둡지 않구나(*않는구나)'의 대립에서 이 사실이 잘

4. 보조용언에 대해서는 제13장에서 다룬다. 그러나 부정사는 여기서 다루므로 그 자리에서는 다루지 않는다.
5. 보조용언의 테두리에 넣어 부르려면 보조동사(補助動詞)와 보조형용사(補助形容詞)로 부르게 될 것이다.

확인된다.

'-시-'의 위치

이상에서 보인 틀이 한국어 부정문의 기본틀이다. 그러나 한국어의 부정문은 사실 이렇게 단순한 세계가 아니다. 여러 변종이 있고, 당장 앞의 절차에서도 선어말어미 '-시-'가 쓰일 때는 규칙이 갈린다. 즉 '-시-'는 '-았-'이나 '-겠-' 등과는 달리 긍정문 서술어의 어간에 그대로 남는다. 그러면서 그 '-시-'가 청자에 붙는 '-시-'면 다음 (9a)와 (10a)에서 보듯이 '-시-'의 자리가 유동적이고 심지어 이중으로 쓰이기도 한다.

(8) a. 손님들이 더 오시지 않겠더라.
  b. 손님들이 더 오시겠더라.

(9) a. 내일 모임에 오지(/오시지) 않으시겠어요?
  b. 내일 모임에 오시겠어요?

(10) a. 오늘 여기서 주무시지 않으십니까(/않습니까)?
  b. 오늘 여기서 주무십니까?

12.2 '않다'와 '못하다'

앞에서 부정어 '않다'에 의해 부정문이 만들어지는 것을 보았는데 한국어의 부정어에는 '않다' 외에 '못하다'도 있다. '못하다'는 '않다'와 함께 부정(否定)의 세계를 맡되 서로 영역을 나누어 관할한다. 다음 예문에서 그것을 볼 수 있다.

(1) a. 이곳 사람들은 글을 읽지 못한다.
    b. 이곳 사람들은 글을 읽지 않는다.

(2) a. 창호는 밤새 한잠도 자지 못했다.
    b. 창호는 밤새 한잠도 자지 않았다.

의지와 능력

앞의 예문에서 '않다'와 '못하다'의 의미는 확연히 다르다. 즉 '않다'는 화자의 의지로 그런다는 뜻임에 반해 '못하다'는 능력이 없거나 어쩔 도리가 없는 사정이 있어서 그런다는 뜻이다. 문맹자라면 글을 읽지 '못하는' 경우이며, 문맹자가 아니더라도 주변이 너무 시끄러우면 역시 글을 읽지 '못하는' 경우일 것이다. 시험공부로 밤새움을 한 경우라면 의지로 그런 것이어서 잠을 자지 '않은' 것이겠지만, 몹시 아팠거나 무슨 고민거리가 있었거나 아니면 옆방에서 밤새 고성방가(高聲放歌)라도 있었다면 잠을 자지 '못한' 경우일 것이다.

'않다'와 '못하다'는 이처럼 관할하는 영역이 다르다. 크게 보면 '않다'가 중심 지역을 맡는다고 할 수 있다. 특별한 조건이 붙지 않는 지역, 말하자면 무표적(無標的)인 지역이 '않다'의 구역이다. 그에 비해 '못하다'는 그 나머지 주변 지역으로서 무엇인가 조건이 더 많고 그만큼 유표적(有標的)인 구역이라 할 만하다.

타의에 의한 부정 '못하다'

'못하다'에 붙는 조건은 이미 앞에서 보았지만 이를 좀더 정리해 보면 그 하나는 그 일이 화자가 '바라는 일'이라는 것이다. 그리고 다른 조건 하나는 그 결과가 화자의 의지에 의한 것이 아니라는, '의지 밖'의 결과라는 점이다. 즉 바라기는 바라는 일인데 여건이 허락지 않아 그 일이 여의치 않을 때 '못하다'가 쓰인다. 흔히 '못하다'를 타의(他意)에 의한 부정으로 규정하는 것도 바로 이 특성을 근거로 하는 것이다.[6] '못하다'의 이러한 특성은 다음 예문 (3)에서 더욱 잘 확인되는데 이때 '않다'는 쓸 수 없다.

(3) a. 문제가 어려워 절반도 풀지 못했다(/*않았다).
b. 이렇게 맛있는 걸 배가 불러 도저히 더 먹지 못하겠어요(/*않겠어요).

'바라는 일'이라는 조건 때문에 만일 어떤 일이 기본적으로 바랄 성질의 일이 아니라면 '못하다'는 쓸 수 없다. 다음 예문의 '굶다'나 '걱정하다'는 바랄 일이 아니다.[7] 수도꼭지에서 물이 새는 일도 전혀 바랄 일이 아니다. 또 '떨리다'나 '보이다' 및 '떨어지다'도 저절로 그렇게 되는 것이지 바라고 말고 할 성질의 것이 아니다. 따라서 이때는 '못하다'를 쓰면 안 되고 따로 조건을 달고 다니지 않는 '않다'를 쓰게 된다.

(4) a. 우리는 한 끼도 굶지는 않았다(/*못했다).
b. 나는 그런 일은 걱정하지 않는다(/*못한다).
c. 수도꼭지를 갈았으니 이제는 물이 새지 않겠지(/*못하겠지).

(5) a. 막상 시험장에 들어가니 하나도 떨리지 않았다(/*못했다).
b. 그 소리를 들으니 앞이 캄캄해 아무것도 보이지 않지(/*못하지)?
c. 객지에 어린놈을 두고 가려니 발걸음이 떨어지지 않는구나(/*못하는구나).

---

6. '못하다'의 '타의'와 대립시켜 '않다'를 자의(自意)로 하는 부정으로 규정하는 수가 많은데 이것은 해당될 때도 있고 그렇지 않을 때도 있다. 뒤에서 보듯이 '않다'도 화자의 의지와 관계없이 쓰이는 때가 많다.
7. 다이어트를 하는 사람이라면 굶기를 바랄 수 있고, 그 상황이라면 "결국 한 끼도 굶지 못했다"가 가능할 것이다.

한편 '의지 밖'이라는 조건 때문에 화자의 의지가 들어 있는 표현에는 '못하다'를 쓸 수 없다. 한 예로 '-고자', '-려고', '-ㄹ게', '-고 싶다' 등 의지를 드러내는 표현과 '못하다'는 어울리지 않는다.

(6) a. 나는 되도록 그 일에 참견하려고 하지 않았다(/*못했다).
  b. 오래오래 너를 잊지 않을게(/*못할게).
  c. 나는 다시 고향에 가고 싶지 않다/(*못하다).

형용사와 '못하다'

형용사에는 원칙적으로 '않다'가 쓰인다. 가령 '춥다'와 같은 형용사는 바랄 수 있는 대상이 아니어서 '못하다'의 영역이 아니기 때문이다. 그러나 형용사에도 '못하다'가 쓰이는 수가 있다. 형용사 중에는 '좋다', '만족스럽다', '넉넉하다', '원만하다', '신사답다' 등과 같이 그런 상태가 되기를 바랄 수 있는 상태를 나타내는 것들이 있기 때문이다. 그러한 상태를 바라는데도 여건이 허락지 않아 그 상태가 기대만큼 이루어지지 않을 때는 '못하다'를 쓸 수 있는 것이다.

(7) a. 그렇게 발버둥치는데도 아직 살림이 넉넉하지 못합니다.
  b. 너 요즘 건강 상태가 별로 좋지 못하구나.
  c. 사람이 왜 그리 신사답지 못할까?
  d. 선물이 변변치 못해서 미안합니다.
  e. 그 사람은 성격이 원만치 못해서 신망(信望)이 없습니다.

'못하다'도 '않다'와 마찬가지로 동사 뒤에 올 때는 동사이며, 형용사 뒤에 올 때는 형용사가 된다. 따라서 '좋지 못하구나'로 활용하고 '좋지 못하는구나'로는 활용하지 못한다.

완곡법의 '못하다'

'못하다'가 이상의 조건과 좀 다른 조건에서, 말하자면 특수한 용법으로 쓰이는 일도 있다. 실제로는 '않다'를 쓸 상황일 수도 있는데 '못하다'를 써서 무엇을 거절하는 자기의 태도를 완화하는 용법으로 쓰는 경우가 그것이다.

(8) a. 죄송해요. 더 이상은 당신을 돕지 못하겠어요.
    b. 저는 댁의 의견에 찬성하지 못하겠습니다.

이 예문들도 "그러고 싶지만 여건이 허락하지 않아서"라는 의미가 함축되어 있기는 하다. 실제로 불가피한 사정이 있어서일 수도 있고, 무엇보다 "마음이 내키지 않아서"라는 정당하다면 정당한 사유가 있기도 하다. 그러나 사실은 본인의 의지로 그러면서 이렇게 돌려서 말하기도 한다는 것이다. 그리고 그것이 공손한 태도를 보이는 효과를 내기도 한다.

12.3 '말다'

명령문 및 청유문과 '말다'

한국어의 부정문은 '않다'와 '못하다' 외에 '말다'에 의해서도 만들어진다. '말다'가 관할하는 부정(否定)의 영역이 또 따로 있는 것이다. 즉 명령문과 청유문에는 '말다'가 쓰이고 '않다'나 '말다'는 쓰일 수 없다. 명령문과 청유문은 말하자면 '말다'의 전담 구역인 것이다.

(1) a. 잘 되겠지요. 너무 걱정하지 말아요.
    b. 내일은 오지 마라.[8]
    c. 잔디밭에 들어가지 마시오.

(2) a. 거기는 가지 말자.
b. 도로변에 쓰레기를 버리지 맙시다.

이처럼 명령문과 청유문에는 '말다'만 쓰이고 '않다'와 '못하다'는 얼씬도 하지 못하므로 '말다'의 영토 경계는 매우 뚜렷하다. '않다'와 '못하다' 사이의 경계가 얼마간 애매한 면이 있었던 것과는 대조적이라 할 만하다.

희구를 나타내는 '말다'

그러나 '말다'의 경계가 늘 그렇게 선명한 것만은 아니다. '말다'가 앞의 예문 (1)-(2)에서처럼 종결어미와 결합하여 명령문이나 청유문으로 쓰일 때는 그 쓰임의 경계가 뚜렷하지만 연결어미와 결합하여 문중(文中)에서 쓰일 때는 반드시 그렇지도 않다. 이때는 '않다'와 넘나들며 '않다'와의 차이가 그렇게 분명하게 그어지지 않는 것이다.

(3) a. 너희들의 그 아름다운 우정이 오래 변치 말기를(/않기를) 바란다.
b. 집값이 오르지 말기를(/않기를) 바라기나 해야지 뭐.

(4) a. 입학시험 날 날씨나 춥지 말았으면(/않았으면) 좋겠어요.
b. 이제 더 이상 늙지 말았으면(/않았으면) 좋겠지?

앞의 예문 중 (3)-(4)의 내용은 사실 어째라, 어쩌지 마라 할 성질의 것이 아니다. 즉 "우정이 변치 마라", "집값이 오르지 마라", "날씨가 춥지

8. '말아라', '말아'는 각각 '마라', '마'로 실현된다. 이에 따라 '말아라', '말아'는 비표준어로 처리되고 있다. 한편 '-시-' 앞에서는 어간말음 '-ㄹ'이 탈락하여 '마십시오', '마세요'로 실현되며, 간접인용일 때는 "가지 말라고 했다"처럼 '말라'가 된다.

마라"와 같은 말이 실제로 성립하지 않는다. 그럼에도 '말다'가 쓰였다.

이들은 '말다'의 본연의 자리는 아니다. '않다'가 쓰이는 것이 정상적인 자리인 것이다. 실제로 '않다'가 쓰이기도 한다. 그럼에도 '말다'가 쓰이면서 '않다'와는 다른 의미를 나타내 주고 있는데 그 다른 의미가 그리 선명하지는 않다. 그렇게 되기를 바라는 마음이 좀더 적극성을 띤다는 정도일 것이다. 즉 누군가가 좀더 적극적인 의지를 가지고 그렇게 해 달라는 그런 희구(希求)가 '말다'에 담겨 있다고 할 수 있다.

'-지' 없이 쓰는 '말다'

'말다'는 '-지'의 개입 없이 앞말에 연결되는 수도 있다. 다음 예에서 보듯이 '하다'가 생략된 상태에서 '말다'가 쓰이는 것이다.

(5) a. 아무 걱정 마세요. 다 잘 될 거예요.
b. 너무 슬퍼 마. 이럴 때일수록 용기를 내야 해.

12.4 특수 부정사

한국어에는 '않다', '못하다', '말다'와는 다른 몇 가지 특수 부정사(否定辭)가 있다. 이들은 긍정문의 서술어를 살려 두고 추가로 첨가되는 '않다' 등과는 달리 그 서술어를 통째로 바꾸어 버리는 부정사들이다. '없다', '모르다', '아니다'가 이에 해당한다.

12.4.1 '없다'

'없다'는 '있지 않다'와 같은 의미를 가진다. 그렇게 풀어서 표현할 것을 한 단어로 통합하여 표현하는 꼴이다. 곧 '없다'는 '있다'의 부정사(否定

辭)로서 말하자면 통합형(統合型) 부정사요, 그 점에서 특수한 부정사다.

(1) a. 이 마을에는 학교가 없다.
    b. 이 마을에는 학교가 있다.

(2) a. 약이 효험이 없더라.
    b. 약이 효험이 있더라.

(3) a. 그 노인이 재력(財力)이 없으시구나.
    b. 그 노인이 재력(財力)이 있으시구나.

그러나 '없다'는 모든 '있다'의 부정사 노릇을 하지는 않는다. '있다' 중에서 형용사인 '있다'의 부정사 노릇만 할 뿐 동사 '있다'의 부정사 노릇까지는 하지 못하기 때문이다.

형용사 '있다'의 짝인 '없다'는 자동적으로 형용사일 수밖에 없다. '없다'는 '없다', '없구나'로 활용하고 '없는다'나 '없는구나'와 같은 활용은 허용되지 않는다. '없어라', '없자'와 같은 활용도 물론 쓰이지 않는다. '없으신다', '없으시는구나'가 되지 않고 '없으시다', '없으시구나'의 형태를 취하는 것도 다 형용사로서의 모습이다.

동사 '있다'의 부정문

동사의 '있다' 및 '계시다'는 '않다'와 '못하다' 및 '말다'를 이용하여 부정문을 만든다. 형용사 '있다'가 특수한 방법으로 부정문을 만든다면 동사 '있다'는 정상적인 길을 좇아 부정문을 만든다고 할 수 있다.

(4) a. 저놈이 잠시도 가만히 있지 않는구나.
    b. 저놈이 잠시도 가만히 있지 못하는구나.

(5) a. 이 방에는 아무도 계시지 않습니다.
b. 이 방에는 아무도 계시지 못합니다.
c. 이 방에는 아무도 계시지 마십시오.

12.4.2 '모르다'

'모르다'는 '알지 못하다'와 같은 의미를 가진다. 곧 '알다'의 부정사다. 이 점에서 '없다'와 마찬가지로 '모르다'도 말하자면 통합형 부정사이며, 그 점에서 특수한 부정사다.

(1) a. 나는 한자(漢字)를 잘 모른다.
b. 나는 한자(漢字)를 잘 안다.

(2) a. 너 저 사람 모르니?
b. 너 저 사람 아니?

(3) a. 나는 이 일이 이렇게 될 줄 몰랐다.
b. 나는 이 일이 이렇게 될 줄 알았다.

'모르다'와 '알지 못하다'

그러나 '알다'의 부정에는 '모르다' 외에 '알지 못하다'도 쓰인다. 앞의 예문들의 '모르다' 자리에 '알지 못하다'를 넣어 보면 쉽게 대체됨을 볼 수 있다.

(4) a. 나는 한자(漢字)를 잘 알지 못한다.
b. 나는 이 일이 이렇게 될 줄 알지 못하였다.

이때 '모르다'와 '알지 못하다' 사이에 어떤 의미 차이가 있는지는 분명히 드러나지 않는다. 대체로 '모르다'가 중립적인 데 반해 '알지 못하다'는 '모르다'보다 부정의 정도를 좀 완화하는 느낌을 풍기는 것으로 보인다. 그러니까 '모르다'가 기본이요 '알지 못하다'는 그 한 변종인 셈이다. '모르다'가 제약 없이 자유롭게 쓰임에 비해 '알지 못하다'는 가령 다음 예문 (5)－(7)과 같이 완벽한 부정을 요구하는 표현에서 '모르다'만큼 자연스럽지 못한 것도 이 때문일 것이다.

(5) a. 너는 몰라도 너무 모르는구나.
    b. ?너는 알지 못하여도 너무 알지 못하는구나.

(6) a. 낫 놓고 기역 자도 모른다.
    b. ?낫 놓고 기역 자도 알지 못한다.

(7) a. 이 문제는 정말 모르겠구나.
    b. ?이 문제는 정말 알지 못하겠구나.

12.4.3 '아니다'

'아니다'는 '이다'의 부정사다. 그런데 '이다'와 '아니다'의 관계는 '있다'와 '없다' 사이, 또는 '알다'와 '모르다' 사이의 관계와는 다른 점이 있다. '이다'가 독립되어 쓰이지 않는 형태여서 진정한 '아니다'의 짝 노릇을 못하는 것이 그것이다. 즉 '이다'는 독립성이 없어 독립된 자리에서 '아니다'의 짝이 되려면 '기다'라고 하는 남의 신세를 져야만 한다.

(1) a. 있니? 없니?

b. 아니? 모르니?

(2) a. *이니? 아니니?
b. 기니? 아니니?

'이다' 자리에 그대로 '아니다'가 대입되지 못하는 것도 이들 사이의 관계에서만 볼 수 있는 특수성이다. 즉 '이다' 자리에 '아니다'가 들어가려면 '이다' 자리에 주격조사를 하나 넣어 주어야 하는 것이다.

(3) a. 여기가 서울이 아니다.
b. 여기가 서울이다.

(4) a. 그게 꽹과리가 아닌가요?
b. 그게 꽹과리인가요?

12.5 '안'과 '못'

지금까지 보아 온 부정문은 '-지 않다' 및 '-지 못하다', '-지 말다'의 틀을 기본으로 하는 부정문이었다. 한마디로 부정사 '않다', '못하다', '말다'(및 '없다'와 같은 특수 부정사)를 활용하는 부정법이었다. 그런데 한국어에는 이와 다른 한 계열의 부정문이 있다. 이른바 단형 부정문(短形否定文)이라 하는 것으로 부정사인 '안'과[9] '못'을 긍정문의 서술어 앞에 넣어 만드는 부정문이 그것이다. '안'과 '못'은 동사나 형용사를 꾸미므로 품사로

9. '안'은 '아니'의 준말이다. 그러나 '아니'는 좀 고풍스러운 표현 등 특수한 경우에만 쓰일 뿐 거의 쓰이지 않는다.

는 부사다.

(1) a. 오늘은 비가 안 오는구나.
b. 비가 전혀 안 왔어요.

(2) a. 나는 한 문제도 못 풀었다.
b. 나는 도저히 더 못 참겠다.
c. 못 살게도 구는구나.

(3) a. 배 안 고프니?
b. 여기는 하나도 안 춥네.

이 단형부정문과 구별하기 위해 '-지 않다' 부정문을 장형 부정문(長形否定文)이라 한다. 한국어의 장형부정문과 단형부정문은 많은 경우 자유롭게 넘나든다. 다만 '말다'가 쓰이는 경우는 장형부정문만 가능하다. 그리고 '없다', '모르다', '아니다'가 쓰이는 때도 한 가지 방식으로 고정되어 있다.

단형부정문의 제약

그런데 '말다'나 '없다' 등과 같은 특수한 경우가 아닌데도 단형부정문과 장형부정문이 잘 넘나들지 못하는 경우가 있다. 어느 한쪽 종류의 부정문만 쓰이거나, 아니면 적어도 어느 한쪽 종류의 부정문이 더 잘 쓰이는 경우가 있는 것이다.

(4) a. ??그만큼 놀았으니 이제 안 공부할래?
b. ??저는 안 낙제했어요.

(5) a. ??저 그림의 풍경 별로 안 아름답지?
b. ??결론 부분의 논점이 안 분명하구나.
c. ??얼굴이 너무 안 험상궂니?

앞의 예문들은 장형부정문으로 바꾸면 아주 자연스러울 문장들이다. 그런데 단형부정문의 형태로는 어색하기만 하다. 대체로 '하다' 등과 같은 것과 복합어가 된 것들인데 그중에서도 형용사가 단형부정문의 쓰임에 더 많은 제약을 받는 경향을 보인다.

'못'은 제약이 더 크다. 형용사는 기본적으로 '못하다'와 어울리지 않기는 하지만, '못'은 '못하다'를 취하던 '좋다', '넉넉하다' 따위의 형용사와도 어울리지 못한다.

(6) a. *살림이 아직도 못 넉넉하니?
b. *그 사람은 성격이 못 원만합니다.
c. *결과가 못 만족스럽지만 어떻게 하겠어요?

단형부정문의 특성

이렇게 보면 한국어의 부정문은 장형 부정문이 기본적인 부정문이다. 단형 부정문은 그 장형 부정문의 간이형(簡易形)이라 할 수 있다. 그 때문인지 단형 부정문은 덜 격식적인 상황에, 특히 일상 구어(口語)에 더 잘 어울린다.

복합어를 이룰 때나 관용구적인 표현 및 속담 등에도 주로 단형부정문이 쓰인다. 형식이 짧은 특성 때문이기도 하지만 구어적 특성 때문이기도 할 것이다.[10]

---

10. '마지못해', '하다못해', '죽지 못해' 등의 예외도 있다.

(7) a. 이 좋은 구경을 두고 가야 하다니 안됐구나.[11]
b. 안되는[12] 사람은 뒤로 넘어져도 코가 깨진다.

(8) a. 못생긴 며느리 제삿날에 병난다.
b. 못된[13] 송아지 엉덩이에 뿔 난다.
c. 옛날에야 맨 못사는 사람들뿐이었지 뭐.
d. 나는 재주가 없어 요리도 못하고 노래도 못하고 뭐 잘하는 것이라곤 없다.
e. 나는 모든 면에서 너만 못하단다.

12.6 이중부정문

부정문이 다시 부정문이 될 수도 있다. 즉 부정을 다시 부정하는 이른바 이중부정(二重否定, double negation)을 나타내는 이중부정문(二重否定文)이 있는 것이다.

(1) a. 버스가 안 오지는 않아요.
b. 영미도 카레를 못 먹지는 않지?

(2) a. 나도 물론 개가 밉지 않지는 않아.
b. 이곳이 유명하지 않지는 않다.

---

11. 이 '안되다'는 애석하다는 뜻으로 쓰이는 형용사로서 늘 과거형으로 쓰인다.
12. 이 '안되다'는 실패하다, 그릇되다의 뜻을 가지는 복합어다. "삼십 리도 안 된다"나 "그러면 안 돼"와 같은 경우에는 띄어 써야 한다.
13. 이 '못되다'는 고약하다, 악하다는 뜻의 복합어다. "너 그러다가는 아무것도 못 되겠다" 등의 '못 되다'는 복합어가 아니므로 띄어 써야 한다.

(3) a. 나도 돈이 없지는 않아.
  b. 물론 나도 자네의 딱한 사정을 모르지는 않네.

이중부정문은 결과적으로 긍정을 나타낸다. 그러나 단순한 긍정문과는 의미며 효과가 같지 않다. 긍정은 하되 어떤 단서(但書)를 다는 의미가 있다. "오기는 오되 제때에 안 온다"든가 "딱한 사정을 알기는 하지만 당장 어떻게 해 주기는 어렵다"와 같은 의미를 담게 되는 것이다. 이중부정문이 대개 특수조사 '는'을 동반하는 것은 이러한 단서 조건 때문일 것이다. 이중부정문은 전체적으로 긍정은 긍정이되 소극적인 긍정이라 할 수 있다.

"~ㄴ 것은 아니다"와 같은 형식을 써서 이중부정의 효과를 내는 수도 있다. 그러나 이 형식은 엄격히 보아 이중부정문은 아니다. 앞의 부정문이 내포문으로 들어가 전체적인 구조는 "영호는 학생이 아니다"와 같은 구조이기 때문이다.

(4) a. 나는 잠꾸러기가 아닌 것은 아니다.
  b. 영호가 한 번도 지각하지 않는 것은 아니다.

12.7 부정문의 독자성과 부정의 범위

부정문은 긍정문을 바탕으로 만들어지지만 항상 긍정문과 곧이곧대로 짝이 되는 형식에 머물지는 않는다. 부정문에는 긍정문에 있던 것을 옮겨 온 것이 아닌 성분들이 있을 수 있기 때문이다. 대표적인 한 예로 '아무'나 '아무것', '아무데' 등이 특수조사 '도'와 만나면 부정문과만 어울린다.

(1) a. 나는 아무것도 모른다.

b. *나는 아무것도 안다.

(2) a. 나는 아무데도 안 가겠다.
b. *나는 아무데도 가겠다.

(3) a. 아무도 그를 좋아하지 않았다.
b. *아무도 그를 좋아하였다.

부정문에만 쓰이는 부사

특히 부사 중에는 부정문하고만 어울리는 것이 있다. '도무지', '도시'(都示) '전혀', '결코', '차마', '미처', '좀처럼' 등. '조금도'도 '아무도'와 마찬가지로 특수조사 '도' 때문에 부정문에만 쓰인다.

(4) a. 나는 전혀 기쁘지 않다.
b. *나는 전혀 기쁘다.

(5) a. 나는 도무지 마음이 내키지 않는구나.
b. *나는 도무지 마음이 내키는구나.

(6) a. 도시 애초부터 될 일이 아니었어.
b. *도시 애초부터 될 일이었어.

(7) a. 이 은혜를 결코 잊지 않겠습니다.
b. *이 은혜를 결코 잊겠습니다.

(8) a. 저 광경은 차마 못 보겠어요.
b. *저 광경은 차마 보겠어요.

(9) a. 일이 이렇게 될 줄을 미처 깨닫지 못했다.
b. *일이 이렇게 될 줄을 미처 깨달았다.

(10) a. 비바람은 좀처럼 멎을 것 같지 않았다.
b. *비바람은 좀처럼 멎을 것 같았다.

(11) a. 이런 좋은 일에 쓰는 돈은 조금도 아깝지 않다.
b. *이런 좋은 일에 쓰는 돈은 조금도 아깝다.

부정의 범위

이것 말고도 긍정문과 부정문의 관계에서 단순히 '기다'와 '아니다'의 관계, 다시 말하면 '진'(眞)과 '위'(僞)의 관계만으로 풀리지 않는 문제가 있다. 긍정문에서 부정문이 될 때 긍정문의 어느 부분이 부정되느냐의 문제가 그것이다. 당연히 긍정문의 모든 것이 부정되는 것이 아니겠느냐고 생각하기 쉽지만 그렇지 않은 것이다.

한 예로 다음 예문 (12a)에서 보면 부정된 것이 '영호'일 수도 있고, '이 책'일 수도 있고, 또 '샀다'일 수도 있다. 즉 책을 산 것은 '영호'가 아니라 '철수'라는 뜻일 수도 있고, 영호가 산 책이 '이 책'이 아니라 '저 책'이라는 뜻일 수도 있으며, 나아가서는 영호가 책을 '산' 것이 아니라 '빌린' 것이라는 뜻일 수도 있는 것이다.[14]

(12) a. 영호가 이 책을 사지 않았다.
b. 영호가 이 책을 샀다.

---

14. 물론 이렇게 의미가 달라질 때마다 억양이 달라진다. 즉 부정의 대상에 강조하는 억양이 놓인다.

이처럼 부정문에서 부정사가 미치는 범위를 '부정의 범위'(scope of negation)이라 하는데 그 부정의 범위가 앞에서 보듯이 기계적으로 결정되는 것이 아니다. 긍정문의 '기다'를 '아니다'로 바꾼 것이 부정문이라고 하기에는 부정의 범위가 복잡한 양상을 띠고 있는 것이다.

다음 예문 (13a)에서 비슷한 사정을 볼 수 있다. (13b)에서는 다른 것은 다 잃더라도 건강은 잃지 말라는 한 가지 뜻만으로 읽힌다. 그런데 (13a)에서는 '콜라'를 먹되 콜라 외에 다른 것도 먹으라는 뜻도 되고 다른 것은 다 먹더라도 콜라는 먹지 말라는 뜻도 된다.

(13) a. 제발 콜라만 먹지 마라.
b. 제발 건강만 잃지 마라.

이렇게 부정의 범위가 달라지는 일은 '다', '모두'와 같은 수량 표현이 쓰였을 때 두드러지게 나타난다. 즉 다음 예문에서 보면 하나도 온 것이 없다는 뜻도 되고, 일부는 왔지만 아직 안 온 것도 있다는 뜻도 된다. 전체 부정과 일부 부정으로 갈리는 것이다.

(14) 택배 물건이 다 오지 않았어.

그런데 앞에서와 같은 중의성(重義性)과 관련하여 특수조사 '은/는'의 쓰임에 주목해 볼 만하다. 그 중의성을 줄이는 데 큰 몫을 하기 때문이다. 즉 아래 예문 (15)를 보면 '는' 때문에 부정의 범위가 하나로 한정됨을 볼 수 있다. '은/는'은 (16)에서 보듯이 전체 부정을 부분 부정으로 한정해 주는 기능도 가지고 있다.

(15) a. 영호가 이 책을 사지는 않았다.

b. 제발 콜라만은 먹지 마라.

c. 택배 물건이 다는 오지 않았어요.

(16) a. 모든 회원이 찬성하지는 않았다.

b. 그 고서(古書)들이 모두가 희귀본(稀貴本)은 아니었다.

12.8 '예'와 '아니요'

긍정문 및 부정문과 관련되는 것으로 감탄사 '예'와 '아니요'가 있다. '예'는 긍정하는 대답이요 '아니요'는 부정하는 대답이다. '예' 대신 '네'나 '응' '그래'를 쓸 수도 있고, '아니요' 대신 '아니'를 쓸 수도 있다.[15]

그런데 한국어의 '예'와 '아니요'는 한국어대로의 규칙이 있다. 그 긍정과 부정이 현재 자기가 대답하는 내용을 기준으로 하는 것이 아니라 저쪽 질문 내용을 기준으로 한다는 것이 그것이다.

(1) <A> 너도 갈래?

<B-a> 응, 나도 갈래.

<B-b> 아니, 나는 안 갈래.

(2) <A> 너는 안 갈래?

<B-a> 응, 나는 안 갈래.

---

15. 현재 『표준국어대사전』 등에서 '아니'의 경칭으로 '아니요'만을 잡아 놓고 있는데 '아니요'는 '네'만큼 아주 공손한 자리에는 쓰이기 어려운 제약이 있다. '아닙니다' 나 적어도 '아녜요(←아니어요)'라야 합쇼체나 해요체에 어울린다. '그럼'에 대해 '그럼요', '그래'에 대해 '그래요'만한 공손함도 '아니요'에는 없는 것이다. '아니요'는 '아니'에 '요'가 결합된 것이 아니라 '아니오'가 '아니요'로 발음되는 것이기 때문일 것이다.

<B-b> 아니, 나도 갈래.

앞의 예문을 보면 '응' 다음에 긍정문도 오고 부정문도 온다. 마찬가지로 '아니' 다음에도 긍정문도 오고 부정문도 온다. 이것은 영어와 대조적이다. 즉 영어에서는 yes 다음에는 긍정문만 오고, no 다음에는 부정문만 오는데 한국어는 그렇지 않은 것이다.

한국어의 '예'와 '아니요'의 선택은 전적으로 이 대답을 유도한 질문문의 지배를 받는다. 그 질문문에 동의할 때는 '예'를 쓰고, 동의하지 않을 때는 '아니'를 쓰는 것이다. 질문문이 긍정문이면 어차피 마찬가지이나 질문문이 부정문일 때는 이 규칙 때문에 영어와는 다른 길을 걷게 된다. 즉 자기가 대답하는 문장이 부정문이라도 그것이 그 앞의 질문문에 동의하는 결과라면 '예'로 대답하고, 자기가 하는 대답이 긍정문이라도 그것이 그 앞 질문문에 대한 부정이라면 '아니'로 대답하게 되는 것이다.

이중부정문에도 이 규칙이 그대로 적용된다. 즉 다음 예문 (3)에서 '응'은 부정의 부정을 수긍한 것이며, '아니'는 그걸 부정한 것이다.

(3) <A> 영호가 이제는 못 걷지는 않지?
<B-a> 응, 가까운 곳은 출입해.
<B-b> 아니, 아직 치료를 더 받아야 한대.

12.9 반어적 부정문

부정문은 때로 형식은 부정문으로 되어 있으면서 내용적으로는 긍정의 뜻을 나타내는 수가 있다. 의문문의 형식을 빌려 "안 그러냐?"라고 하면서 사실은 "그렇지?"라는 뜻을 담고 있는 경우가 그것이다. 일종의 반어적(反語的) 용법인 것이다. 다시 말하면 어떤 사태를 반어적인 기법을 통해 강조함으로써 상대방으로 하여금 이쪽 이야기를 더 잘 받아들이게 하고자 하는 용법이다.

(1) <A> 내가 뭐라고 했니? 틀림없이 우리가 이길 거라고 하지 않았니?
<B-a> 응, 그랬어.
<B-b> 아니, 언제 그랬어? 안 그랬어.

앞 예문 (1)의 "하지 않았니?"는 정상적인 부정문에서는 볼 수 없는 의미를 나타낸다. 가령 "누가 오지 않았니?"와 같은 정상적인 부정문에서는 누가 왔는지 오지 않았는지 그 가부(可否)를 묻는다. 그러나 예문 (1)의 "하지 않았니?"는 '않았다'쪽은 관심이 없다. 진정한 의미는 "하지 않았지?"가 아니라 "했지?"인 것이다.

그래서 이때는 대답의 형식도 보통 때와 달라진다. 즉 "응, 그랬어"라고 하면 이길 거라고 말했다는 뜻이고, "아니, 안 그랬어"라고 하면 이길 거라고 하지 않았다는 뜻이 된다. 정상적인 경우와 정반대가 되는 것이다.

'-잖-'

이 반어적 용법의 부정문은 특히 '-잖느냐', '-잖니', '-잖습니까'와 같은 형태를 취하는 특징을 보인다. '-잖-'은 말할 것도 없이 '-지 않-'의 준말이다. 이 형태는 반어적 부정문이 아닌 곳에서도 쓰일 수는 있으나 (2)에서 보듯 그리 매끄러운 느낌은 주지 않는다. 그에 비해 반어적 부정문에서는 아주 자연스럽게 쓰이며, 나아가 반어적 부정문은 이 형태를 취할 때 오히려 그 고유의 영토를 더 확실하게 드러내는 면을 보인다.[16]

16. 뒤에서도 계속 보게 되듯이 '-잖-'은 선어말어미로 문법화하는 과정에 있는 듯한 현상을 보인다.

(2) a. ??잠이 오잖는구나.
b. 잠이 오지 않는구나.

(3) a. 저것 보세요. 결국 우리가 이기잖습니까?
b. 저것 보세요. 결국 우리가 이기지 않습니까?

(4) a. 쟤는 저렇게 밤낮 졸고 있잖니?
b. 쟤는 저렇게 밤낮 졸고 있지 않니?

'-았-'과 '-겠-'의 위치

반어적 용법의 부정문에서 또 하나 특이한 것은 선어말어미의 위치다. 일반 부정문에서는 긍정문의 서술어에 있던 '-았-'과 '-겠-'은 부정사로 옮아갔다. 그런데 반어적 부정문에서는 이것들이 긍정문의 서술어에 그대로 남아있을 수가 있다. 특히 '-잖-'이 쓰일 때는 이 특징이 더 두드러진다.

(5) a. 내가 뭐랬어? 이길 거라고 그랬잖니?
b. 내가 뭐랬어? 이길 거라고 그러잖았니?
c. 내가 뭐랬어? 이길 거라고 그랬지 않니?
d. 내가 뭐랬어? 이길 거라고 그러지 않았니?

앞의 예문에서 보면 네 가지 형식이 다 가능하다. 그러나 '-았-'이 긍정문의 서술어인 '그러-'에 남아있을 수 있다는 것은 특이한 현상이 아닐 수 없다. 특히 '-잖-'이 한몫을 더하는 것으로 보인다. 전체적으로 반어적 부정문이 어떤 독자적 세계를 이루고 있음을 보여 준다.

이중부정문의 반어적 용법

이 반어적 용법은 이중부정문에도 적용된다. 즉 이중부정문에도 의문문의 형식을 빌려 부정사 하나는 없는 것과 같은 용법으로 써서 부정 상태를 강조하는 효과를 낸다. 부정의 부정이면 긍정이 되는 것이 일반 이중부정문의 용법인데 여기에서는 여전히 부정의 의미를 나타내며, 나아가 그것을 더 강조하여 상대방에게 어떤 사태를 좀더 확실히 부각시키는 효과를 낸다. 여기서는 주로 '–잖–'의 형태만 쓰인다.

(6) a. 글쎄 어제부터는 물 한 모금 안 먹잖아요?
b. ??글쎄 어제부터는 물 한 모금 안 먹지 않아요?

(7) a. 보십시오. 아무리 들어 보려 해도 이렇게 꿈쩍도 하지 않잖습니까?
b. ??보십시오. 아무리 들어 보려 해도 이렇게 꿈쩍도 하지 않지 않습니까?

(8) a. 그러기에 따라오지 말랬잖니?
b. ??그러기에 따라오지 말라지 않았니?

제13장 동사연쇄와 보조용언

13.1 절 결합의 세 유형

다음 장(14.1)에서 좀더 자세히 다루게 되겠지만, 복잡한 내용을 담으려면 문장과 문장이 결합하여 더 큰 문장을 만들어야 한다. 이때 더 큰 문장의 일원이 되려면 각 문장은 절(節, clause)의 자격으로 바뀌어야 한다. 결과적으로 절과 절이 결합하여 새로운 문장이 되는 것이다. 절 중 어느 하나가 새 문장의 주된 자리에 있게 되면 주절(主節, main clause)이라 하고, 그에 부속되는 자리에 놓이게 되면 종속절(從屬節, subordinate clause)이라 한다.

그런데 절과 절이 결합하여 문장을 만드는 형식이 언어에 따라 다르다. 한국어는 한국어대로의 형식이 있는데 이것이 다른 언어의 것과 어떤 점이 다른지를 잠시 비교해 보기로 하자.

세계 여러 언어들이 절을 결합하여 문장을 이루는 형식은 크게 다음의 세 유형으로 나누어 볼 수 있다.

(1) 절 결합 형식의 세 유형

(가) 접속사형

(나) 부동사형

(다) 고립어형

접속사형과 고립어형

접속사형(接續詞型)은 영어의 and, if, because와 같은 접속사에 의해 절이 결합되는 유형이다. 이 유형에서는 양쪽 절의 서술어가 다 정동사(定動詞, finite verb)의 모습을 취한다. 다시 말하면 서술어의 모습이 주절에 쓰일 때나 종속절에 쓰일 때나 달라지지 않는다.

고립어형(孤立語型)은 중국어, 베트남어와 같은 고립어(孤立語)에서 볼 수 있는 유형이다. 양쪽 절의 서술어가 같은 모습을 취한다는 점에서는 고립어형도 접속사형과 같다. 그러나 고립어는 형태변화를 하지 않는, 즉 동사가 어미를 취하지 않는 언어이므로 사실 정동사의 개념이 적용될 여지가 없다. 주절에서든 종속절에서든 어디서나 來면 來, 動 이면 動과 같이 늘 같은 모습으로 쓰이는, 고립어에서나 볼 수 있는 유형이다.[1]

부동사형

부동사형(副動詞型)은 바로 한국어에서 볼 수 있는 유형이다. 한국어에서는 주절의 서술어만 정동사의 모습을 취한다. 달리 말하면 주절의 서술어만 종결어미를 취한다. 나머지 자리에서는 연결어미를 취하여 문장의 다른 부분에 연결되겠다는 자세를 취하여 독립적으로 한 문장을 이루지 않는다.

---

1. 이런 고립어의 동사 배열 상태를 '연속동사 구성'(serial verb construction) 또는 '동사연속'(verb serialization)이라 하여 구별하여 부르고, 이에 따라 이 유형을 '동사연속형'이라고도 한다. 한국어에 이들 용어를 쓰는 경우가 있는데 고립어가 아닌 한국어에는 적용될 수 없는 개념이다.

(2) a. 네가 가면 나도 가겠다.
b. 네가 가니 나도 갔다.
c. 네가 떠나자 다들 따라 일어섰다.
d. 너는 떠나고 영호는 남아라.

이처럼 연결어미를 취한 상태의 모습을 정동사와 구별하여 '부동사'(副動詞, converb)라 한다.[2] 대체로 '부사적인 동사' 정도의 의미로 붙여진 이름일 것이다. 그러나 넓은 의미로는 앞 예문 (2d)의 '-고'와 같이 대등하게 문장을 결합시키는 어미까지 포함하여 정동사가 아닌 것은 모두 부동사라 부른다.

한국어는 전형적인 부동사형 언어라 할 수 있다. 한국어는 중요한 문법 사항이 문장 끝에서 이루어지는 언어로 알려져 있듯이 문장 끝의 서술어만 정동사로서 시제며 문장형이며 상대경어법 등 많은 일을 떠맡는다. 종속절의 서술어는 많은 것을 이 문장 끝의 정동사 쪽으로 떠넘긴 채 그저 종속절을 주절에 어떻게 연결시켜 줄까 하는 일에만 몰두한다.

연쇄와 문중동사

그만큼 부동사형 언어에서의 절 결합은 좀더 긴밀히 묶이는 면이 있다. 이 묶이는 성질을 들어 '연쇄'(連鎖, chaining)라 하고, 한국어처럼 한쪽 절이 부동사가 되는 구조를 '연쇄구조'(連鎖構造, chaining structure)라 한다.[3] 이러한 연쇄구조의 언어라는 것이, 다시 말하면 문장이 결합할 때 한

---

2. '부동사' 또는 converb라는 용어는 국내에서도 꽤 오래 전부터 쓰여 왔음에도 아직 생소한 편이다. 애초에는 G. J. Ramstedt에서 비롯된 것으로 이미 이기문(1972)에서 쓰인 것을 볼 수 있다. 최근 유럽을 중심으로 크게 부상(浮上)되고 있는 용어다.
3. 연쇄구조에 대립되는 개념은 '동렬구조'(同列構造, co-ranking structure)다. 영어에서처럼 두 절의 서술어가 다 정동사인 구조로 그 점에서 두 절이 대등한 자격으

쪽 절의 서술어가 부동사의 모습을 취한다는 것이 한국어의 가장 큰 특징 중의 하나라 할 수 있다.

부동사는 문장 끝에는 오지 못한다. 반면에 정동사는 늘 문장 끝에만 온다. 이 점에 초점을 맞추어 정동사는 문말동사(文末動詞) 또는 문말형(文末形)이라 부르고, 부동사는 문중동사(文中動詞) 또는 문중형(文中形)이라 부를 수 있는데 한국어는 한마디로 주절 이외의 절의 서술어는 정동사가 아닌 특별한 형태로, 즉 문중형으로 바꾸어야 하는 언어라고 할 수 있다.

13.2 동사연쇄

부동사형 언어에서는 절이 연쇄구조를 이루며 두 절이 긴밀하게 묶이는 것이 기본적인 특징이면서도 거기에서 한걸음 더 나아가 서술어, 곧 동사들이 바로바로 이어지면서 긴밀히 묶이는 성질이 있다. 한국어도 이 점이 매우 두드러지는데 그 대표적 예를 몇 보이면 다음과 같다.

(1) a. (도시락을) 싸 가지고 오너라.
    b. (도시락을) 싸 가지고 갔다.
    c. (도시락을) 싸 가지고 다닌다.

(2) a. (꼭 한번) 가 보고 오너라.
    b. (꼭 한번) 와 보고 가거라.

로 만나는 구조라는 뜻이다. 고립어처럼 두 절의 서술어가 원형으로 만나는 것도 이에 넣을 수 있을 것이다.

(3) a. (선반에) 얹어 두어라.
　　b. (다락에) 감추어 놓았다.

앞 예문에 보인 세 동사 내지 두 동사들의 어울림은 우리가 일상 아주 자주, 아주 자연스럽게 쓰는 표현들이다. 한국어는 동사들이 흔히 이렇게 뭉쳐서 쓰이는 성질이 있다. 이들에서는 동사 하나하나가 독립되어 있다가 더 큰 새 문장을 만들기 위해 모였다기보다 한 덩어리로 뭉쳐 다니는 듯한 그런 어울림이다.

특히 '싸 가지고 오다', '싸 가지고 가다'는 가령 영어라면 bring이나 take와 같은 한 단어로 표현될 것들인데 이렇게 세 단어씩이나 줄줄이 묶여 표현되고 있다. '싸'를 빼고 '가지고 오다', '가지고 가다'라고 해도 마찬가지고, '얹어 두다', '숨겨 두다'도 마찬가지다. 마치 고리에 묶인 사슬의 모습이요, 그야말로 '연쇄'의 모습이다. 이러한 동사의 묶음을 앞으로 '동사연쇄'(動詞連鎖)라 부르기로 하겠다.

동사연쇄와 복합어

동사연쇄는 아예 복합어를 이루기도 한다. 늘 묶여 다니다가 너무 밀착하여 한 단어로 굳어져 버린 것이다. 예가 아주 많지만 몇 예만 보이면 다음과 같다. (4)의 예들은 뒤쪽 동사를 기준으로 보인 것이며, (5)의 예들은 앞쪽 동사를 기준으로 보인 것이다. 동사연쇄에서나 복합어에서나 (4)와 같은 유형이 더 많다.

(4) a. 건너가다, 다녀가다, 지나가다
　　b. 나오다, 다녀오다, 돌아오다, 따라오다
　　c. 놀고먹다, 놀려먹다, 떼먹다, 부려먹다, 빌어먹다, 붙어먹다
　　d. 노려보다, 뜯어보다, 몰라보다, 살펴보다

(5) a. 잡아가다, 잡아들이다, 잡아떼다, 잡아매다, 잡아먹다
b. 알아내다, 알아듣다, 알아먹다, 알아보다, 알아주다, 알아채리다
c. 집어내다, 집어넣다, 집어먹다, 집어삼키다, 집어치우다

이렇게 복합어로까지 발전하는 일이 많다는 것은 동사연쇄 현상이 그만큼 흔한 일이며 또 그 연쇄의 결속력(結束力)이 높다는 것을 뜻한다. 실제로 동사연쇄가 아직 구(句)의 상태로 머물러 있는 경우에도 복합어와의 경계를 선명히 긋기 어려울 때가 많다. 국어사전의 처리에서도 이 어려움이 드러나는데 가령 '핥아먹다'는 표제어로 올라 있고, '씹어 먹다'는 올라 있지 않다. 또 '말아먹다', '놀고먹다'는 국어사전에 따라 표제어로 올라 있기도 하고 올라 있지 않기도 하다. 그 경계를 분명히 긋기 어렵다는 증거가 아닐 수 없다.

심지어 형태가 똑같은 데도 둘로 갈라 처리하는 수도 있다. 다음 예문들의 b에서처럼 두 단어 각각의 의미가 살아 있는 편이면 구로 처리하고, a에서처럼 '먹다'가 '입으로 음식을 넘기다'라는 뜻에서 멀어져 다른 의미가 생겼으면 복합어로 처리하는 경우가 그것이다.

(6) a. 서둘다 한 문제를 빼먹고 썼지 뭐니?
b. 곶감 꼬치에서 곶감 빼 먹듯.(속담)[4]

(7) a. 남의 돈을 떼어먹고 달아났다.
b. 접시에 붙어 있는 엿을 억지로 떼어 먹었다.

(8) a. 그 많던 재산을 다 말아먹었다.
b. 밥을 물에 말아 먹었다.

4. 남이 애써 모은 것을 힘들이지 않고 먹어 없앤다는 뜻.

동사연쇄는 이처럼 한걸음만 옮기면 복합어가 될 정도로 묶여 움직인다. 사실 앞 (8b)의 '말아 먹다'를 굳이 (8a)의 '말아먹다'와 구별하여 동사연쇄로 다루는 것은 지나친 세분일 수 있고, 뒤에서 볼 '씹어 먹다'나 '볶아 먹다' 등도 복합어로 다루어도 '핥아먹다'보다 복합어로서의 자격이 모자랄 것이 없다. 한마디로 복합어까지는 되지 않았어도 거기에서 그리 멀지 않은 데까지는 가 있는, 그만큼 긴밀히 묶여 움직이는 것이 동사연쇄의 특성이다.

활기찬 동사연쇄

그러한 동사연쇄가 한국어에는 매우 광범위하게 나타난다. 더욱이 동사에 따라서는 놀라우리만치 활발히 연쇄를 만들어내는데 한 예로 다시 '먹다'의 예를 보기로 하자.

(9) a. 앉아서 먹는다.
 b. 누워서 먹는다.
 c. 서서 먹는다.
 d. 쭈그리고 앉아서 먹는다.

(10) a. 덥혀 먹는다.
 b. 끓여 먹는다.
 c. 쪄 먹는다.
 d. 삶아 먹는다.
 e. 구워 먹는다.
 f. 볶아 먹는다.
 g. 비벼 먹는다.
 h. 씻어 먹는다.

i. 말려 먹는다.

(11) a. 씹어 먹는다.
b. 깨물어 먹는다.

(12) a. 찾아 먹는다.
b. 뒤져 먹는다.
c. 훔쳐 먹는다.

(13) a. 손에 들고 먹는다.
b. 방바닥에 내려놓고 먹는다.

'빌어먹다', '놀고먹다' 등 이미 많은 것을 복합어로 보내고도 '먹다'가 이루는 동사연쇄가 이렇게 많다. 이것만 보아도 한국어에 동사연쇄가 보통의 수준이 아님을 짐작할 수 있다. 겨우 '먹다' 하나에 연쇄되는 예가 이 정도라면 나머지 동사 전반에 걸쳐 이런 연쇄가 얼마나 활발히 만들어질지는 짐작이 가고도 남는다.

관용어적 표현

다음에 '-고'를 매개로 관용어적인 표현으로 쓰이는 예를 하나 더 보기로 하자. 이들은 서로 연결되어 일어나는 일을 '-고'를 사이에 두고 묶어 일종의 관용어로 만든 것들이다. 또 같은 말을 역시 '-고'를 매개로 반복하여 쓰는 표현도 많다.

(14) 갈고 닦는다, 쓸고 닦는다, 지지고 볶는다, 날고 뛴다, 찧고 까분다, 밀고 당긴다, 치고 박고, 이고 지고, 울고불고[5]

(15) 돌고 도는 세상, 멀고 먼 고향 , 길고 긴 세월, 맑고 맑은 하늘

(16) a. 길고 짧은 것은 재 보아야 안다.
b. 속고 속는 세상 아니니?

동사연쇄와 절

동사연쇄는 한국어의 절 결합의 한 특징을 이루기도 한다. 동사연쇄는 그 관계가 긴밀하여 동사 하나하나가 한 절의 서술어를 대표하는 것 같지 않고 마치 그 전체가 묶여 한 문장의 서술어 노릇을 하는 것처럼 보인다. 그러나 동사연쇄는 역시 절의 결합 결과일 것이다. 즉 '가 보고 오너라'는 '가거라', '보아라', '오너라'를 서술어로 하는 세 절이 결합한 것이고, '씻어 먹었다'는 '씻었다'와 '먹었다'를 서술어로 하는 두 절의 결합일 것이다.

그러므로 한국어에 동사연쇄가 풍부하다는 것은 한국어에 이러한 절 결합 방식이 활발하다는 것을 뜻한다. 이 절 결합 방식에 대해서는 제14장에서 다시 살펴볼 기회가 있을 것이다.

13.3 보조동사

한국어에는 동사연쇄 뒤쪽에 쓰이면서 그 동사 본래의 의미와 다른 의미로 쓰이는 부류가 있다. 가령 다음 예문의 '보다'는 '눈으로 지각하다'라는 본래의 의미와는 멀다. 그러면서 어떤 일정한 의미를 나타내 준다. 이런 부류의 동사를 보조동사(補助動詞)라 한다.

보조동사란 그 앞의 동사를 돕는 기능을 하는 동사라는 의미에서 붙여

5. '울고불고'는 복합어로 인정되어 붙여 쓰며 사전에 표제어로 등재된다. 그러나 기원적으로 이것도 동사 연쇄였을 것이다.

진 이름이다. 그래서 그 앞의 동사를 보조동사와 대립시켜 가리키고자 할 때는 본동사(本動詞)라 한다. 보조동사란 다시 말하면 그 문장의 주된 의미를 맡고 있는 본동사를 의미적으로 보조해 주는 동사라는 의미로 쓰인다.

이 점에서 보조동사는 일반 동사연쇄와 다른 점이 있다. 일반 동사연쇄에서는 가령 '앉아서 먹는다'나 '쉬어 간다'에서는 뒤쪽 동사에 무게가 실린다. 그리고 그 뒤쪽 동사를 빼고 "우리는 밥을 앉았다"라는가 "우리는 공원에서 쉬었다"라고 하면 말이 안 되거나 사뭇 다른 뜻이 된다. 그에 비해 보조동사는 의미상으로 보조적이기도 하지만 뒤에서 곧 보게 되듯이 그것이 빠져도 그렇게 엉뚱한 의미가 되지는 않는다. 보조동사 구성은 동사연쇄이긴 하여도 특수한 동사연쇄인 셈이다.

이제 '보다'를 비롯하여 대표적인 보조동사의 쓰임을 보기로 하자. 이들 보조동사 대부분은 '-아(/-어)' 뒤에 결합된다는 특징이 있다.

13.3.1 '보다'

다음 예문에서 보조동사를 뺀 문장도 자연스러운 문장이며 그렇게도 얼마든지 쓰는 문장이다. 그런데 그 뒤에 보조동사 '보다'가 쓰여 새 의미를 더해 주고 있다. 이때 '보다'의 의미가 "두 눈으로 보았다"의 '보다'와는 거리가 멀다는 것은 분명하다. 그리고 이들 '보다'의 이미에 어떤 공통되는 의미가 있음도 분명하다. 그러면서 다른 동사, 즉 본동사의 뒤에 쓰이고 있다. 이런 것이 보조동사의 기본 요건들이다.

(1) a. 이 장미 냄새 좀 맡아 봐요.
    b. 이 장미 냄새 좀 맡아요.

(2) a. 한쪽 눈을 감고 걸어 봐. 힘들지?

b. 한쪽 눈을 감고 걸어. 힘들지?

(3) a. 형한테 부탁해 보자.
    b. 형한테 부탁하자.

(4) a. 그 합창곡은 나도 여러 번 들어 보았다.
    b. 그 합창곡은 나도 여러 번 들었다.

(5) a. 고생을 해 본 사람은 아무래도 다르지요.
    b. 고생을 한 사람은 아무래도 다르지요.

시도

보조동사 '보다'의 의미는 보통 '시도'(試圖)로 잡는다. "한쪽 눈을 감고 걸어 본다"는 "한쪽 눈을 감고 걸어 보는 일을 시도한다"는 의미라고 해석하는 것이다. '시도'란 여러 사람이 해도 잘 안 되는 일을 두고 "어디 내가 한번 해 볼게"라고 할 때의 '보다'가 나타내 주는 바로 그 의미다.

완화

그러나 '보다'의 의미는 그렇게 단순치만은 않다. 한 예로 예문 (1)의 '보다'는 시도해 보라는 의미보다 어떤 행위를 좀 부드럽게 권유하는 뜻이 담겨 있다. "내 말 좀 들어 봐"라고 할 때도 마찬가지인데 특히 명령문에서는 명령이라는 무거운 상황을 부드럽게 권유로 바꾸는 역할을 해 준다.

경험

더욱이 예문 (5)의 '보다'는 시도와는 거리가 멀다. 또 예문 (4)의 '보다'도 시도일 수도 있으나 우연히 그렇게 된 경험을 나타내는 일이 더 일반적이다. 특히 다음 (6)과 같은 예문은 시도가 아닌 것이 분명하다. 피동적인

일, 원치 않는 일을 시도하는 일이란 없을 것이기 때문이다. 이럴 때의 '보다'는 어떤 일을 겪었음을, 즉 무엇을 '경험'하였음을 나타내 주는 것으로 풀이된다.

(6) a. 나도 벌에 쏘여 보았는데 무척 아파요.
b. 시험에 안 떨어져 본 사람이 몇이나 되겠어?
c. 나도 허리가 아파 본 적이 있다.

'-고 보다'

앞의 '보다'는 '-아' 뒤에 연결된 것들인데 '보다'는 '-고'나 '-다가(/-다)' 뒤에도 연결된다. 다만 이때는 '보다'가 종결어미를 취하지 못하고 연결어미 중에서도 '-니'와 '-면'하고만 어울린다. 그리고 이때는 의미도 앞의 '보다'들 때와는 달라진다.

(7) a. 듣고 보니 네 말에 일리가 있구나.
b. 이렇게 되고 보니 말을 안 꺼낸 것만도 못하게 됐네.
c. 알고 보면 그 사람도 악의는 없는 사람이야.

(8) a. 한참 가다 보니 길을 잘못 들었더라고.
b. 그럭저럭 살다 보니 이렇게 됐어.
c. 살다 보면 그런 일도 있게 마련이겠지.

이때의 '보다'는 그 앞 동사(본동사)가 가리키는 사태의 결과에서 어떤 새로운 사실을 깨닫게 되었거나 그로 말미암아 어떤 사태가 초래되었음을 나타내 준다. 즉 앞 예문들에서 '보다' 뒤의 절들은 그 새로 깨닫게 되었거나 초래된 사태를 나타내고 있다.

우선 시행

'보다'는 다음 예문 (9)에서와 같이 꽤 특이한 의미로도 쓰인다. 이때에도 '-고'와 어울리는데 이번에는 주로 '보자'와 같은 청유형으로 쓰인다.

(9) a. 아무 회사에든 일단 들어가 놓고 보았다.
　　b. 주는 것이니 받아 놓고 보자.
　　c. 나중에는 삼수갑산을 가더라도 신나게 놀고 보자.

이때의 '보다'는 "나중 결과는 불문에 붙이고 우선 한다"는 정도의 의미를 나타낸다. 그래서 부사 '일단'과 함께 쓰이는 일이 많고, 또 그러면 잘 어울린다.

13.3.2 '주다'

시혜

보조동사 '주다'는 본동사가 가리키는 행위가 누구에게 혜택을 베푸는 행위임을 나타낸다. 흔히 그 의미를 '봉사'로 규정하는데 '시혜'(施惠)라고 하는 것이 좋을 듯하다. '-아' 뒤에만 연결되며, 일반 동사 '주다'와 마찬가지로 객체경어법에서는 '드리다'가 된다.

(1) a. 좀 비켜 주시겠어요?
　　b. 글씨가 너무 작아 안 보이는구나. 네가 좀 읽어 주렴.
　　c. 우리 봉사단은 그 마을에 가 홍수 때 망가진 다리를 고쳐 주었다.
　　d. 할머니, 어깨를 주물러 드릴까요?

특수한 시혜

앞에서 보면 보조동사 '보다'가 누구에게 혜택이 되는지는 매우 분명하다. 그런데 그렇지 않을 때도 있다. 즉 다음 예문 (2)에서 보면 '놀려 주다'와 '때려 주다'가 누구에게 혜택이 되는지 그리 선명치 않다. 놀림을 받는 일이 혜택일 수는 없기 때문이다.

그렇더라도 놀림을 받는 것을 좋아할 것이라는 어떤 짓궂은, 일방적인 생각이 깔려 있다고 해석할 수밖에 없을 것이다. 그리고 '때려 주다'의 경우도 그렇게 혼을 냄으로써 어떤 교육적 효과를 얻게 될 것이고 그것이 비록 매를 맞는 일일망정 혜택이라는 생각이 깔려 있다고 해석하여야 할 것이다.[6]

(2) a. 얘들아. 우리 저 엿장수 한번 놀려 줄까?
 b. 너 그렇게 말 안 들으면 이 아빠가 때려 준다!

무의지 시혜

'주다'는 혜택을 주는 일인 만큼 의지를 가지고 할 수 있는 행위와 어울리는 것이 원칙이다. 그런데 더러는 그렇지 못한 동사와 어울릴 때도 있다. 다음 예문 (3)에서 보면 '병이 낫다' 따위는 의지로 할 수 없는 일임에도 '주다'가 쓰이고 있다. 어떤 전능(全能)한 존재가 혜택을 베풀어 준 결과라는 뜻이 담겨 있는지 모른다.

(3) a. 다행히 병이 쉽게 나아 주었다.
 b. 아이들이 이렇게 무럭무럭 자라 주니 고마울 뿐이야.
 c. 무대에서 옷이 벗겨져 쩔쩔 매고 있는데 글쎄 전기가 나가 주더라니까.

---

6. "아주 사람을 죽여주는군"의 '죽여주다'는 복합어가 되긴 하였으나 이때의 '주다'는 특히 어떤 혜택이 주어진다고 해야 할지 불분명하다. 일종의 반어적 용법일 것이다.

13.3.3 '버리다'와 '치우다'

'버리다'

보조동사 '버리다'는 두 가지 의미로 쓰인다. 하나는 다음 예문 (1)에서처럼 어떤 일이 바라지 않는 방향으로 끝난다는 것을 나타내는 일이요, 다른 하나는 (2)에서처럼 어떤 일을 속 시원히 끝내고 정리한다는 뜻을 나타내 주는 일이다. (2)에서와 같은 용법에서는 의지가 들어가며 그 결과는 바라는 방향이라는 점이 특징이다.

(1) a. 가뭄에 화초가 다 말라 버렸구나.
 b. 우물쭈물하는 사이에 다 팔려 버려 결국 한 개도 못 사고 말았다.

(2) a. 내일 또 오기 귀찮은데 오늘 다 끝내 버리자.
 b. 회사가 그렇게 마음에 안 들면 나와 버려.
 c. 그놈들을 보내 버리고 나니 숨통이 다 트이는구나.
 d. 이번에는 아주 본때 있게 이겨 버리자.

'치우다'

'치우다'도 '버리다'의 의미와 비슷한 의미로 쓰인다. 그러나 '치우다'는 '버리다'만큼 폭넓게 쓰이지 않으며, 그 의미에서도 좀더 적극적으로 하는 행위라는 느낌을 풍긴다. 다음 예문 (3)-(4)에서 그 실례를 볼 수 있다.

(3) a. 그 많은 걸 하루에 다 팔아 치웠다.
 b. 이거 오늘 다 끝내 치우자.

(4) a. *가뭄에 화초가 다 말라 치웠구나.
 b. *그놈들을 보내 치우고 나니 숨통이 다 트이는구나.

13.3.4 '대다'와 '쌓다'

'대다'는 어떤 일이 반복되되 좀 극성스럽게 반복됨을 나타내는 보조동사다. '쌓다'도 거의 같은 의미를 나타내는데 다만 '쌓다'는 사투리 같은 풍김 내지 덜 점잖은 느낌을 풍긴다.

(1) a. 그날은 명호가 계속 혼자서 떠들어 댔다.
b. 개가 얼마나 짖어 대는지 정신이 없더라.
c. 바람은 불어 대고 날씨는 어두워져 전진 속도가 점점 느려졌다.
d. 그렇게 열심히 공부를 해 대니 누가 당하겠니?

(2) a. 이놈아, 왜 그리 짖어 쌓니?
b. 요즘 매미는 밤에도 울어 쌓는다니까.

13.3.5 '놓다'와 '두다'

보조동사 '놓다'의 의미는 두 가지 정도로 갈린다. 다음 (1)에서는 본동사의 상태가 유지, 지속되는 것을 나타내 준다. 거기에 비해 (2)에서는 그 의미가 그리 선명하지 않은데 대개 "일을 좀더 확실하게 한다", "준비를 미리미리 착실히 한다"는 의미를 나타낸다. 다음 예문들의 '놓다' 자리에 '두다'를 넣으면 거의 같은 뜻으로 쓰인다.

(1) a. 문을 열어 놓자. 바람이 너무 좋구나.
b. 늘 귀를 열어 놓아라. 그리고 남의 이야기를 많이 들어라.

(2) a. 시간이 없을 테니 지금 점심을 먹어 놓자.
b. 윤 박사 여권 번호 좀 알아 놓으렴.

c. 그래, 걱정 마라. 단단히 부탁해 놓았으니까.

13.3.6 '가다'와 '오다'

'가다'와 '오다'의 방향

'가다'와 '오다'는 다같이 어떤 사태가 어떤 방향으로 진행됨을 나타내면서도 그 분포가 거의 겹치는 일 없이 독자적인 세계를 이루고 있다. 대체로 시점(視點)을 중심으로 이쪽에서 멀어지는 것은 '가다'를 쓰고, 저쪽에서 이쪽으로 가까워지는 것은 '오다'를 쓴다.

(1) a. 날이 저물어 간다.
  b. 날이 밝아 온다.

(2) a. 그 무렵부터 좋은 풍속이 급속히 사라져 갔다.
  b. 전화(戰禍) 중에서도 이 문화유산은 잘 보존되어 왔다.

(3) a. 그 문제는 이 책을 읽어 가면서 생각해 보자.
  b. 이 책을 읽어 오면서 어느 장면이 가장 인상에 남니?

(4) a. 앞으로 살아갈 일이 걱정입니다.
  b. 지금까지 살아온 일이 꿈만 같습니다.

진행 의미의 '가다'

그러나 전체적으로 진행의 표현에는 '가다'가 주로 쓰인다. 다음 예문의 '가다' 자리는 이치상으로는 '오다'가 못 올 것도 없는데 '가다'만 쓰이는 것이다.

(5) a. 감이 보기 좋게 익어 가네요.
b. 세상이 정신 못 차리게 기계화되어 가지?
c. 다행히 경기가 회복되어 간답니다.
d. 가을 하늘이 하루가 다르게 높아져 가는구나.
e. 갖은 야단을 다 들어 가면서도 배우는 기쁨은 크기만 하였다.

13.3.7 '내다'

'내다'는 어떤 일을 힘들게 극복함을 나타내 주는 보조동사다. 즉 보통 같으면 극복하기 어려울 일을 용케 잘 극복한다는 뜻을 담고 있다.

(1) a. 마을 사람들이 모두 팔을 걷어붙이고 그 엄청난 홍수를 끝까지 막아 냈다.
b. 마음이 여린 놈이 그 수모(受侮)를 이겨 낼 수 있을까?

'내다'는 쉽게는 성취하기 어려운 일에 쓰이기 때문에 본동사로는 '견디다', '참다', '이기다' 등이 자주 쓰인다.[7]

(2) a. 온갖 시련을 다 견뎌 내고, 오늘 이 영광의 자리에 선 여러분에게 뜨거운 박수를 보냅니다.
b. 옛날 어머니들은 그 힘든 시집살이를 잘 참아 내셨지요.

7. '찾아 내다', '(제자를) 길러 내다', '(그 장면을 멋지게) 그려 냈다', '생각해 내다' 등의 '내다'는 '빛을 내다', '용기를 내다' 등의 '내다', 즉 일반 동사의 뜻이 그대로 살아 있어 보조동사 '내다'와는 구별하여야 한다.

13.3.8 ‘빠지다’와 ‘버릇하다’

‘빠지다’

‘빠지다’는 그 정도가 심함을 나타내는 보조동사인데 그 상태가 좀 못마땅하다는 뜻을 곁들이고 있다.

(1) a. 다 낡아 빠진 걸 무엇에다 쓰려고 그러니?
b. 그건 아무데 가나 흔해 빠졌더라.

‘빠지다’는 주로 ‘낡다’, ‘늙다’, ‘흔하다’, ‘약다’, ‘약하다’, ‘느리다’, ‘어리석다’ 등 부정적인 단어 뒤에 쓰인다. 심지어 ‘착하다’ 등 긍정적인 단어 뒤에 쓰여도 그 단어의 부정적인 면을 부각시킨다. 전체적으로 상당히 한정된 본동사하고만 어울리는 특징이 있다. 그 쓰임에서도 그리 격식 있고 점잖은 말에는 어울리기 어렵다는 제약이 있기도 하다.

(2) a. 저렇게 착해 빠져서 어디다 쓴담.
b. 용해 빠진 것이 세상 물정을 몰라도 너무 모른다니까.

‘버릇하다’

‘버릇하다’는 일반 동사로 쓰이는 일 없이 보조동사로만 쓰인다. 이 점 앞의 ‘주다’나 ‘버리다’ 등과 다른 점이다. 그 의미는 ‘버릇’에서 비롯되었을 것으로, 어떤 일을 그야말로 버릇이 될 정도로 되풀이하는 것을 뜻한다.

(3) a. 비위에 안 맞는 것도 먹어 버릇하니 잘 먹게 되더라.
b. 어렸을 때부터 책 한 권씩을 떼 버릇하면 그거야 큰 밑천이지요.
c. 자꾸 져 버릇하면 그것도 습관이 된다니까.

13.3.9 '가지고'

보조동사 '가지다'는 '가지고'로만 활용하는 특수한 동사다. '데리다'가 겨우 '데리고', '데리러'로만 활용하여 불구동사(不具動詞)라 불리는데 이 동사는 그보다도 더한 불구동사인 셈이다.

'가지고' 앞에는 '-아'만 오고 '-고'가 쓰이는 일은 없다. 이 점도 여느 보조동사와 다른 점이라 할 수 있다.

'가지고'는 별로 새로운 의미를 덧보태지 않는다. 다음 예문들에서 보듯이 '가지고'를 빼고 써도 거의 같은 의미가 되며, 오히려 그 편이 더 정상적인 말, 더 제대로 교육을 받은 사람의 말이라는 풍김마저 풍긴다.

(1) a. 국화를 한 다발 사 가지고 왔다.
    b. 국화를 한 다발 사 왔다.

(2) a. 공교롭게 그때 팔을 다쳐 가지고 고생이 많았답니다.
    b. 공교롭게 그때 팔을 다쳐 고생이 많았답니다.

(3) a. 왜 심술이 나 가지고 그러니?
    b. 왜 심술이 나서[8] 그러니?

(4) a. 칭찬을 듣더니 좋아 가지고 어쩔 줄을 모르더구나.
    b. 칭찬을 듣더니 좋아서 어쩔 줄을 모르더구나.

(5) a. 재주가 그렇게 없어 가지고 무얼 하겠어요?
    b. 재주가 그렇게 없어서 무얼 하겠어요?

---

8. '가지고'를 빼면 그 앞의 '-아'가 '-아서'로 쓰일 수도 있다.

이때의 '가지고'는 말을 좀더 구어적(口語的)으로 만들고 좀더 부드럽게 풀어 주는 정도의 일을 한다고 보면 좋을 것이다. 어떻게 보면 뜻 없이 덧붙이는 일종의 말버릇이라고도 할 수 있을 것이다.

13.3.10 '말다'

보조동사 '말다'는 일차적으로 (1)에서처럼 원하지 않는 일이 일어남을 나타내는 데 쓰인다. 그러나 '-겠-'과 함께 쓰이면 (2)에서처럼 원하는 일을 이룩하겠다는 의지를 나타내 준다. 그래서 "이기고 말았다"는 이상한데 "이기고 말겠다"는 자연스럽다. '말다'는 '-고' 뒤에만 연결되어 이 점 지금까지 앞에서 보아 온 대부분의 보조동사와 구별된다.

(1) a. 아깝게 지고 말았어요.
 b. 다 잡았던 고기를 놓치고 말았다.
 c. 그렇게 게을러서야 누구나 망하고 말지.

(2) a. 이번에는 꼭 이기고야 말겠어요.
 b. 밤을 새워서라도 오늘 중으로 이 책을 다 읽고 말겠다.[9]

13.3.11 '있다'

지속과 진행

'있다'는 보조동사 중 좀 복잡한 쓰임을 보인다. '-아' 뒤에 오기도 하고 '-고' 뒤에 오기도 하는 점이 그 하나다. 이중 어느 어미 뒤에 쓰이느냐에 따라 의미가 달라진다.

---

9. '말겠다'는 글에서 고풍스럽게 '말리라'로 쓸 수도 있다.

(1) a. 전신주가 넘어져 있다.
    b. 전신주가 넘어지고 있다.

(2) a. 꽃이 펴 있다.
    b. 꽃이 피고 있다.

앞에서 보듯이 '-아 있다'는 본동사가 일으킨 결과가 '지속'되고 있음을 나타내 준다. 전신주가 '넘어진' 상태, 꽃이 '핀' 상태가 유지되고 있음을 보여 주는 것이다. 거기에 비해 '-고 있다'는 그 사태가 '진행' 중임을 나타내 준다. 전신주가 넘어지기 시작하여 아직 다 넘어지지는 않은, 그 중간 단계에서의 진행 상태를 보여 주는 것이다.[10]

지속의 '-고 있다'

그런데 이러한 구분이 늘 이렇듯 선명하지는 않다. '-고 있다'가 동작의 '진행'이 아니라 상태의 '지속'을 나타낼 때도 있기 때문이다. '알고 있다', '모르고 있다'가 대표적인 경우인데 이때에는 대개 '-고 있다'만 쓰이고 '-아 있다'는 쓰이지 않는다.

(3) a. 그건 누구나 알고 있다.
    b. *그건 누구나 알아 있다.

10. 흔히 '-고 있다'의 '있다'는 보조동사, '-아 있다'의 '있다'는 보조형용사로 처리하고들 있으나 "앉아 있어라", "앉아 있자", "앉아 계신다" 등에서 확인되듯이 어느 경우나 보조동사로 보아야 할 것이다. "설치되어 있다" 등에서는 "설치되어 있자"가 안 되지만 그것은 "읽히자", "설치되자"가 안 되는 것과 같다. 『표준 국어대사전』에서 이 점 바로잡혀 있어 다행스럽다.

(4) a. 감투를 쓰고 있는 사람들은 특히 몸가짐에 조심해야 한다.
b. *감투를 써 있는 사람들은 특히 몸가짐에 조심해야 한다.

(5) a. 오빠는 은행에 다니고 있어요.
b. *오빠는 은행에 다녀 있어요.

(6) a. 그걸 아직도 괴로워하고 있구나.
b. *그걸 아직도 괴로워해 있구나.

'살고 있다'와 '살아 있다'

'-고 있다'가 상태의 지속을 나타내는 경우임에도 '-아 있다'가 함께 쓰이는 경우도 있다. '살고 있다'와 '살아 있다'가 그 대표적인 예인데 이들의 의미 차이는 색다른 면이 있다. '살아 있다'는 생명과 관련된 표현으로 "생명을 유지하고 있다", "죽지 않았다"는 뜻이며, '살고 있다'는 "생활하고 있다", "거주하다"의 뜻이다.

(7) a. 선원(船員)들이 모두 살아 있답니다.
b. 조카들은 아직 중국 연변에 살고 있답니다.

(8) a. 내가 돌아올 때까지 꼭 살아 있어야 해.
b. 내가 돌아올 때까지 이사 가지 말고 여기에서 살고 있어.

'있다'가 앞의 예문들에서 보인 경우 외에도 본동사의 종류에 따라서 '-아 있다'와 '-고 있다' 중 어느 한쪽만으로 쓰이는 때가 있다. 본동사의 의미와 어느 한쪽은 어울리지 않기 때문일 것이다.

(9) a. 운동장에 나가 뛰고 있어라.

b. *운동장에 나가 뛰어 있어라.

(10) a. 너는 여기 남아 있어라.
b. *너는 여기 남고 있어라.

'있다'의 부정문

보조동사 '있다'는 부정문을 만들 때에도 한 특징을 보인다. '-고 있다'의 경우에 한해서이지만 다음 (11c)와 같은 방식의 부정문을 만들 수 있는 것이 그것이다. 다른 보조동사에서는 (12c)에서 보듯이 이런 방식의 부정문은 허용되지 않는다.

(11) a. 아무도 울고 있지 않았다.
b. 아무도 안 울고 있었다.
c. 아무도 울지 않고 있었다.

(12) a. 아무도 길을 비켜 주지 않았다.
b. 아무도 길을 안 비켜 주었다.
c. *아무도 길을 비키지 않아 주었다.

보조동사 뒤의 '있다'

'있다'는 다른 보조동사 뒤에 다시 쓰이는 특징도 있다. 그 앞 보조동사까지의 의미에 다시 진행의 의미를 더해 주어야 할 때에는 다시 '있다'가 덧붙는 것이다.[11] 심지어 (14)에서처럼 이미 진행을 나타내는 '가다'와 '오다'에 '있다'가 다시 진행의 의미를 덧붙이기도 한다. 두 '진행'의 의미가

---

11. 진행의 의미가 덧붙기 부적합한 보조동사 뒤에는 '있다'가 쓰이지 못한다. "*시합에 지고 말고 있다" 등.

다르기 때문에 충분히 가능한 결합인 것이다.

(13) a. 다들 잘 도와주고 있습니다.
b. 냄새를 맡아 보고 있어요.
c. 계속 떠들어 대고 있구나.
d. 염려 마. 잘 견뎌 내고 있어.

(14) a. 감이 익어 가고 있다.
b. 날이 밝아 오고 있다.

보조동사 '있다'의 높임말

보조동사 '있다'의 높임말은 '있으시다'가 아니고 '계시다'다. 앞의 '있다'는 어느것이나 주어에 따라 '계시다'로 바뀔 수 있다.

(15) a. 할아버지께서는 지금 신문을 읽고 계십니다.
b. 할아버지들은 여기 앉아 계세요.

기타 유사한 동사들

보조동사로 분류되는 것으로는 이 외에도 상당히 더 있다. 부정어 '않다', '못하다', '말다'를 비롯하여 의존명사에 '하다'가 결합된 '척하다', '체하다', '양하다', '뻔하다' 등. 그러나 이것들은 앞에서 본 보조동사와 성격이 다른 점이 있어 여기서는 다루지 않기로 하겠다. 이들은 우선 그 의미가 '보조적'이라 하기 어렵다. 가령 부정사 '않다'는 문장의 내용을 정반대로 뒤집는 일을 하는데 이것을 보조적인 지위에 묶는 것은 균형이 맞지 않는다. 그리고 '척하다' 따위는 "모르는 척하다"처럼 관형사형어미 뒤에 쓰여 동사의 자리에 쓰이지 않고 있다. 여기서는 이들은 일단 보조동사의 범주에 넣지 않기로 하고 해당되는 부분에서 따로 다루고자 한다.

13.4 보조형용사

보조동사와 비슷한 성격의 부류로 보조형용사(補助形容詞)도 있다. 보조동사와 보조형용사를 묶어 보조용언(補助用言)이라 하는데 그만큼 두 부류는 공통되는 바가 있다. 무엇보다 그 쓰이는 자리가 흡사하다. 본동사 바로 뒤에 이어 쓰인다는 것이 그것이다. 이 공통점 때문에, 즉 당당한 본동사의 자리가 아니라 거기에 곁붙어 그 본동사에 부수되는 듯한 자리에만 쓰인다는 공통점 때문에 '보조'라는 이름을 함께 달게 된 것이다.

그러나 보조동사와 보조형용사는 단순히 품사가 한쪽은 동사이고 다른 한쪽은 형용사라는 차이보다 더 큰 차이가 있다. 보조동사는 '보다', '주다' 등 거의가 일반 동사로 쓰이는 것들이 어떤 특정 환경에서 특정한 의미로 쓰이면서 보조동사로 자격을 바꾼 것들이다. 그에 반해 보조형용사는 늘 보조형용사일 뿐 일반 형용사로 쓰이는 일이 없는 것이다.

의미에서도 차이가 있다. 보조동사는 문장이 본동사만으로 끝났을 때의 의미에 살짝 새로운 의미를 덧칠하는 정도에 머문다. 그야말로 '보조'의 수준이다. 그에 비해 보조형용사의 기능은 적극적이다. 다시 말하면 보조형용사가 쓰였을 때의 의미와 그것 없이 본동사로 끝난 문장의 의미 사이에는 상당히 큰 차이가 있다. 거의 다른 의미가 된다고 하는 것이 맞는 표현일지 모른다.

13.4.1 '싶다'

가장 대표적인 보조형용사는 '싶다'라고 할 수 있다. 먼저 '싶다'의 용법을 통해 보조형용사의 구체적인 특성을 살펴보기로 하자.

(1) a. 나는 죽고 싶었다.

b. 나는 죽었다.

(2) a. 나는 이 온갖 난관을 잘 이겨내고 싶다.
b. 나는 이 온갖 난관을 잘 이겨낸다.

앞의 예문에서 '죽고 싶었다'와 '죽었다'는 사실 아주 다른 세계다. 보조동사의 경우 "장미 향기를 맡아 보았다"와 "장미 향기를 맡았다"는 장미 향기를 맡은 사실 자체에는 차이가 없던 것과는 아주 다른 양상이 아닐 수 없다.

'보조' 이상의 기능

그러므로 '보조'의 개념이 보조형용사의 경우는 보조동사의 경우와 상당히 다른 점이 있다. 보조형용사는 분포의 제약이 있다는 점, 그래서 자립성이 없다는 점에서 의존적이기는 하지만 그 특징만으로 '보조'의 테두리에 묶는 것은 적절치 않다. 의미에 관한 한 보조형용사의 의미는 '독립적'이요 '보조적'이 아니다.

동사적인 '싶다'

'싶다'는 형용사이면서도 그 의미에는 의지적인 요소도 섞여 있다. 다음 예문에서 보듯 동사하고나 어울리는 '싫다'와 함께 쓰이는 것이 바로 그 의지적인 요소 때문일 것이다. '싶다'는 말하자면 형용사이면서 동사적인 의미를 함께 가지고 있어 가령 "나는 가고 싶다"를 영어로 번역을 하려 해도 want 같은 동사를 동원하여야 한다.

(3) <A> 너도 가자.
<B> 싫어. 나는 가고 싶지 않아.

1인칭 주어와 '싶다'

'싶다'는 원칙적으로 1인칭 주어만을 취한다. '싶다'는 결국 '마음'의 상태를 나타내는 것이므로 남의 마음을 이렇다 저렇다 할 수 없기 때문일 것이다. '싶다'가 3인칭 주어를 취하는 것은 소설 등에서 전지적(全知的)인 시점으로 표현하는 경우이거나 추측으로 말하는 경우다. 2인칭 주어도 의문문일 때에만 가능하다.

(4) a. 나는 놀고 싶다.
    b. *영호는 놀고 싶다.

(5) a. 너도 놀고 싶지?
    b. *너도 놀고 싶다.

(6) a. 영호도 놀고 싶겠다.
    b. 영호는 아무하고도 놀고 싶지 않았다.

'-았으면' 뒤의 '싶다'

'싶다'는 '-고' 뒤에뿐만 아니라 여러 다른 어미 뒤에도 광범위하게 쓰인다. 먼저 '-으면' 뒤에 쓰이는 것을 볼 수 있다. 이때는 본동사가 과거형이 되어 '싶다'는 실제로는 '-았으면' 뒤에 쓰이는 꼴이 된다. 이때는 '싶다'의 의미는 대개 그대로 유지되나 의지적인 요소는 적다.

(7) a. 월급은 적더라도 일이나 좀 적었으면 싶었다.
    b. 그 사람을 꼭 만났으면 싶었는데 기회가 오지 않더구나.

종결어미 뒤의 '싶다'

'싶다'는 특히 '-다', '-는가(/-은가)', '-을까(/-ㄹ까)' 등 몇몇 종결어미 뒤에 널리 쓰인다. 이때는 의미도 '-고' 다음에 쓰일 때와 상당히 달라 대개는 희망보다는 "그런 느낌이 든다", "그렇게 될까 걱정된다"와 같은 의미를 나타내 준다. 한마디로 '추측'이라고 요약할 만한 의미다. 대표적인 몇 예를 보이면 다음과 같다.

(8) a. 나는 모든 게 꿈인가 싶었다.
    b. 이것이 지금까지의 논의에서 가장 핵심적인 부분이 아닐까 싶다.

(9) a. 좋겠다 싶어 갔더니 기대했던 것보다 훨씬 좋더라.
    b. 이번이 마지막 기회다 싶어 최선을 다 하였지요.
    c. 언제 죽자 살자 싸웠냐 싶게 정답게 팔짱까지 끼고 다녔다.

(10) a. 누가 알까 싶다. 어디 깊이 감추어 두어라.
     b. 또 떨어질까 싶어 조마조마하였다.

13.4.2 '보다'

짐작

보조형용사 '보다'는 '-는가', '-을까', '-나'와 같은 종결어미 뒤에 쓰이는 것이 특징이다. 이들 중 어떤 어미 뒤에 쓰이느냐에 따라 의미가 갈리는데 다음 예문 (1)-(2)에서처럼 '-는가'와 '-나' 뒤에 쓰이면 짐작을 나타내 준다.

(1) a. 너 여기가 아주 좋은가 보구나.
    b. 일이 잘 되는가 봐요.

(2) a. 길이 많이 막히나 보다.

b. 아직도 안 오는 걸 보니 구경이 무척 재미있나 봅니다.

걱정스러운 짐작

그런데 다음 예문 (3)에서처럼 '보다'가 '–을까' 뒤에서 '보아'나 '보아서'의 형태를 취하면, 즉 '–을까 보아(서)'의 형태를 취하면 부정적인 사태 뒤에 쓰여 "그 사태가 일어날 것을 걱정스럽게 짐작하여"라는 의미를 나타내 준다. '짐작'이라는 의미는 유지되되 원하지 않는 사태에 대한 짐작, 걱정스러운 짐작이라는 특별난 의미가 덧붙은 셈이다.

(3) a. 운동회 날에 비가 올까 봐 얼마나 전전긍긍했는지 몰라.
b. 네가 안 올까 봐서 마음을 졸이고 있는 중이었어.

조심스러운 의향

한편 '보다'가 (4)에서처럼 '–을까' 뒤에 쓰이면 무엇을 할 의향을 나타내되 그것이 확고히 결심이 선 의향은 아닌 것 같은 느낌을 주는 효과를 곁들인다.

(4) a. 저는 이만 돌아갈까 봐요.
b. 에이, 다 벗어 던지고 시골 가서 농사나 지을까 보다.

보조형용사의 목록에는 대개 이상의 '싶다'와 '보다' 외에 '듯하다', '듯싶다', '법하다', '만하다', '직하다' 및 부정사 '않다', '못하다' 등이 더 들어간다. 그러나 이들은 보조동사에 '척하다'나 '않다'를 포함시키지 않았던 것과 같은 이유로 여기서는 다루지 않기로 하겠다. 또 보조동사와 보조형용사로 분류되는 '하다'도 일반 보조용언과 성격이 달라 여기에서 다루지 않았다.

제14장 중문과 복문

14.1 문장과 절

단문과 절

문장 중 가장 단순한 문장은 주어와 서술어가 하나씩 있는 문장이다. 달리 말하면 주술(主述) 관계가 한 번만 이루어지는 문장이다. 이런 문장을 단문(單文, simple sentence)이라 한다. 다음 예문 (1)이 단문들이다.

(1) a. 바람이 불었다.
    b. 비가 왔다.
    c. 나는 눈을 번쩍 떴다.

그러나 문장 중에는 더 복잡한 구조를 이루고 있는 것들도 많다. 한 예로 다음 예문 (2)는 앞의 예문 (1)에 비해 더 복잡한 구조를 가지고 있다. 즉 이들은 주술 관계가 두 개씩 있다. 즉 (2a)에는 '바람이 불고'에서 한번, '비가 왔다'에서 한번 있고, (2b)에서는 '비가 오는'에서 한번, '나는 눈을 번쩍 떴다'에서 한번 있다. 따라서 이들은 단문이 아니다.

(2) a. 바람이 불고 비가 왔다.
  b. 나는 비가 오는 소리에 눈을 번쩍 떴다.

주술 관계가 이루어져 있으면서 보다 큰 문장의 일부를 이루고 있으면 절(節, clause)이라 한다. 단문이 모여 더 큰 문장이 되려면 그 문장이 일단 절로 바뀌어야 한다. 예문 (2)의 두 주술 관계는 애초 문장이던 것들이 절로 바뀐 것들이다.

중문과 복문

한 문장 안에 주술 관계가 두 개, 혹은 그 이상인 것은 다시 중문(重文, compound sentence)과 복문(複文, complex sentence)으로 갈린다. 중문은 두 절이 대등한 자격으로 결합한 문장이요, 복문은 한 절이 다른 절의 한 성분의 자격으로 결합한 문장이다. 앞 예문의 (2a)가 중문의 예요, 반면 (2b)는 '비가 오는'이 '소리'를 꾸미는 자격으로, 즉 관형어라는 문장성분의 자격으로 들어간 것이므로 복문이다.

중문과 복문은 각각 병렬문(竝列文)과 내포문(內包文)이라 부를 수도 있다. 중문의 경우 두 절이 대등하게 결합한다는 것은 다른 말로 두 절이 '병렬'(竝列, conjoining / coordination)의 방식으로 결합한다는 뜻이기 때문이며, 복문의 경우 한 절이 다른 절의 성분 자격으로 들어간다는 것은 다른 말로 곧 '내포'(內包, embedding / subordination)의 방식에 해당되기 때문이다.

중문과 복문을 묶어 부르는 이름이 필요할 때가 있는데 아직까지 이를 위한 마땅한 용어가 없다. 이 책에서는 '합성문'(合成文, multiple sentence)이라는 이름을 쓰고자 한다. 그러면 문장의 종류는 다음과 같은 분류 체계가 될 것이다.

(3) 문장의 종류

- 문장
  - 단문
  - 합성문
    - 중문(병렬문)
    - 복문(내포문)

주절과 종속절, 그리고 대등절

여기서 절(節)도 몇 가지 구분해 둘 필요가 있다. 이상에서 보면 절이 합성문 안에서 가지는 지위가 한결같지 않기 때문이다. 특히 복문에서 한 절이 다른 한 절의 성분으로 내포된다는 것은 두 절의 관계가 주종(主從)의 관계임을 뜻한다. 이를 구분하여 그중 하나는 주절(主節, main clause)이라 하고 다른 하나는 종속절(從屬節, subordinate clause)이라 한다.[1]

이와는 달리 중문을 이루는 절은 대등절(對等節, coordinate clause)이라 한다. 예문 (2a)와 같은 중문의 경우는 두 절이 대등한 관계로 결합하기 때문이다. 그렇다면 중문은 '대등절+대등절'로 이루어진 문장이요, 복문은 '종속절+주절'로 이루어진 문장이라고 할 수 있을 것이다.

14.2 정동사와 부동사

한국어의 합성문은 두 개의 절 중 한 절만 정동사(定動詞, finite verb)를 취한다. 이 절의 서술어는 반드시 문장 끝에 놓이면서 종결어미를 취

---

1. '주절'과 '종속절'을 각각 '모문'(母文, matrix sentence)과 '성분문'(成分文, constituent sentence)이라 하기도 한다. '절' 대신 문장이라는 용어를 쓰는 것이 특이하나 이 용어 체계에서도 '문' 대신 '절'을 쓰는 때도 많다.

하여 문장형이며 서법을 나타내 주고, 동시에 상대경어법도 나타내 준다. '-았-', '-겠-'과 같은 선어말어미도 대개 여기에만 결합하여 한 문장의 시제 따위도 대개 여기서 전담한다. 아울러 정동사를 취하는 절은 그 자체로 하나의 문장을 이룰 수도 있다.

반면 나머지 절의 서술어는 연결어미를 취한다. 다음 예문 (1)의 '불고'의 '-고'나 (2)의 '오는'의 '-는' 따위가 그것이다. 이렇게 연결어미를 취한 형태를 정동사와 구별하여 부동사(副動詞, converb)라고 한다.[2] 부동사는 독자적으로 문장형이나 서법 및 시제 따위를 나타내 주지 못하고 거의 모든 것을 정동사에 의존한다. 따라서 부동사를 취하는 절은 그 자체로는 독립된 문장을 이룰 수 없다.

(1) a. 바람이 불고 비가 왔니?
    b. 바람이 불고 비가 왔지.
    c. 바람이 불고 비가 왔군.
    d. 바람이 불고 비가 왔어요.
    e. 바람이 불고 비가 온다.
    f. 바람이 불고 비가 오겠구나.

앞의 예문에서 뒤쪽 절, 즉 후행절(後行節)인 '비가 왔니?'나 '비가 오겠구나'는 그 자체로 독립된 문장이 될 수 있다. 이들의 서술어는 정동사로서 스스로 모든 것을 해결하고 있다. 반면 앞 절, 즉 선행절(先行節)의 서술어 운명은 전적으로 이 후행절의 정동사에 매어 있다. 정동사가 '왔니?'이면 '불고'는 자동적으로 '불었니?'가 되는 것이며, '왔어요'이면 '불었어요', '오겠구나'이면 '불겠구나'가 되는 것이다. 그러므로 선행절은 독립성이 없고 그 스스로는 문장을 이룰 수 없다.

---

2. 앞 장에서 언급하였듯이 부동사의 이러한 용법은 넓은 의미로서의 용법이다.

다음 예문에서도 사정이 비슷하다. '오는'은 문장형이나 서법에 전혀 관여하지 못할 뿐 아니라 시제도 정동사 '좋다'가 현재면 같이 현재가 되고, 정동사가 '좋았다'로 과거이면 함께 과거가 되는 운명을 안고 있다. '비가 오는'이 그 자체로 하나의 문장 구실을 할 수 없는 것은 말할 것도 없다.

(2) a. 비가 오는 소리가 듣기 좋다.
b. 비가 오는 소리가 듣기 좋았다.

그러므로 한국어 합성문의 기본 구조는 정동사절(定動詞節), 곧 정동사를 취하는 절 하나와 부동사절(副動詞節), 곧 부동사를 취하는 절 하나로 이루어진다고 할 수 있다. 정동사가 반드시 문장 끝에 놓이는 것까지 반영하여 이를 다음 (3)과 같이 나타낼 수 있을 것이다.

(3) 한국어 합성문의 구조

합성문 → 부동사절 + 정동사절

14.3 중문

선행 대등절의 종속성

중문은 앞에서 '대등절+대등절'의 구조를 가진다고 하였다. 다시 말하면 선행절과 후행절이 대등한 관계로 결합한 문장이 곧 중문이다. 그런데 앞에서 보았듯이 한국어는 중문의 경우도 한쪽만 정동사를 취하고 다른 한쪽은 거기에 지배를 받는 형편이다.[3] 더욱이 후행절은 스스로 독립하여 한

3. 다음 예문 (1a)에서 보듯이 선행절이 시제에서 독립적일 수 있을 때가 있다. 한국어의 선행절이 의존적이라 하여 모든 것이 후행절의 정동사에 매이는 것은 아니

문장을 이룰 수 있는데 반해 선행절은 그렇지 못하다. 한마디로 한국어 중문의 두 절은 이 점에서는 대등한 관계에 있지 않다.

한국어 중문에서 '대등절'이라든가 '대등하다'는 용어를 쓸 때는 이 점이 늘 전제되어야 한다. 얼마간의 한계를 가지고 있다는 점을 전제하여야 하는 것이다. 적어도 한 문장으로서의 독립성에서는 중문의 선행절은 부동사절로서 정동사절인 후행절과 대등하지 못하다.

의미적 대등성

그럼에도 한국어의 대등절은 의미상으로는 대등하다. "바람이 불고 비가 왔다"에서 "바람이 불다"와 "비가 온다"는 의미상으로는 각각 독립적이고 어느 하나가 어느 하나를 지배하거나, 어느 하나가 어느 하나에 종속되는 관계에 있지 않다. 그리고 문법적으로도 어느 한 절이 다른 한 절의 성분은 아니다. 적어도 그 점에서는 두 절은 주종의 관계에 있지 않다. '대등절'이라는 이름을 붙인다면 여기에 근거를 두고 붙인 이름인 셈이다.

대등절 어미

한국어의 대등절을 이끄는 연결어미, 즉 병렬어미는 종속절을 이끄는 어미만큼 다양하지 않다. 다음 예문에 보인, '-고', '-며', '-요', '-지만', '-으나', '-는데' 정도가 그 목록의 거의 전부라고 할 수 있다.

(1) a. 애들은 어제 떠났고, 어른들은 내일 가.
b. 어제는 비바람이 몰아치며 야단이었지만, 오늘은 너무 좋아.
c. 여기는 차나, 거기는 따뜻해.
d. 저놈은 잘생겼는데, 이놈은 못생겼다.

다. 그리고 이 점도 한국어의 한 특징이라 할 만하다.

(2) a. 여기까지가 경기도요, 여기부터는 강원도다.
b. 저 성곽(城郭)은 언제 누가 쌓았으며, 이 운하는 누가 무슨 목적으로 팠을까?

자유로운 자리바꿈

중문은 선행절과 후행절의 자리를 뒤바꾸어도 기본적인 의미가 달라지지 않는다. 두 절이 의미적으로 대등한 관계에 있기 때문에 어느 자리에 있으나, 비록 어느것에 더 초점이 놓이느냐와 같은 가벼운 차이는 있을 수 있으나 기본적인 의미에는 변화가 생기지 않는 것이다.

(3) a. 어른들은 내일 가고, 애들은 어제 떠났다.
b. 오늘은 너무 좋지만, 어제는 비바람이 몰아치며 야단이었어.

(4) a. 여기부터는 강원도요, 여기까지가 경기도다.
b. 이 운하는 누가 무슨 목적으로 팠으며, 저 성곽은 언제 누가 쌓았을까?

이 점은 뒤에서 볼 복문과 다른 점이다. 특히 부사절은 대등절과 의미상으로 그 구분이 뚜렷하지 않을 때가 있으나 이 점에서 차이를 보인다. 즉 종속절과 주절이 자리를 바꾸면 아예 문장이 성립되지 않거나, 문장이 성립된다고 해도 전혀 다른 뜻의 문장이 되는 것이다.

(5) a. 배가 고프면, 너 혼자 먼저 먹어라.
b. 개학이 되니, 캠퍼스가 활기에 넘치는구나.
c. 여기서도 들을 수 있도록 좀 크게 말씀해 주세요.

(5') a.*너 혼자 먼저 먹으면, 배가 고파라.

b. ??캠퍼스가 활기에 넘치니, 개학이 되는구나.

c. *좀 크게 말씀해 주시도록 여기서도 들을 수 있으세요.

14.4 명사절

종속절에는 명사절(名詞節), 관형사절(冠形詞節), 부사절(副詞節)의 세 종류가 있다. 종속절이란 주절의 한 성분으로 내포되는 절인데 그때의 성분이란 곧 명사, 관형사, 부사를 뜻한다. 한 절이 명사와 같은 자격으로, 또는 관형사나 부사와 같은 자격으로 주절에 들어가는 것이다. 명사절, 관형사절, 부사절이란 이름은 바로 그것에서 따온 것이다.

이 세 종류의 절 중 부사절에 대해서는 다음 장에서 다루고, 명사절과 관형사절만 이 장에서 다루되 먼저 명사절부터 보고자 한다.

명사절은 문장의 종결어미를 명사형어미 '-기'나 '음/-ㅁ'으로 바꿈으로써 만들어진다.

(1) a. 비가 오-ㄴ다.

b. 비가 오-기

c. 비가 오기를 기다린다.

(2) a. 비가 왔다.

b. 비가 왔음

c. 비가 왔음이 분명하다.

d. 비가 왔음을 알겠다.

앞 예문에서 보면 '-기'나 '-음'을 취하면 명사처럼 조사를 취할 수 있게 되고 따라서 명사의 자격으로 주절에 들어가게 된다. 종속절이되 명사의 자격으로 쓰이는 것이 곧 명사절인 것이다.

그런데 '-기'와 '-음'은 무엇이 다른가? 왜 어떨 때는 '-기'를 취하고 어떨 때는 '-음'을 취할까? 그 쓰임의 경계가 늘 분명한 것은 아니나 이들은 대체로 주절의 서술어가 어떤 부류인가에 따라 갈린다. 이제 이들 어미의 쓰임을 하나씩 따로 보아 가기로 하자.

14.4.1 '-기' 명사절

'-기' 명사절, 즉 '-기'로 끝나는 명사절과 어울리는 주절의 서술어를 보면 주로 다음과 같은 것들이다.

(1) a. 기다리다, 바라다, 희망하다, 빌다
b. 권하다, 제안하다, 명령하다, 경고하다, 당부하다
c. 결심하다, 계획하다, 약속하다
d. 시작하다. 멈추다, 그치다, 포기하다
e. 쉽다, 어렵다, 힘들다, 좋다, 즐겁다, 나쁘다, 싫다, 귀찮다, 알맞다, 편하다, 불편하다
f. 좋아하다, 싫어하다, 즐기다, 꺼리다

결정되지 않은 일과 '-기'

이 용언들이 가지는 공통점은 이미 끝난 일과는 어울리지 않는 것들이라는 점이다. 가령 '기다리다'나 '약속하다'는 앞으로 일어날 일에 대해 취하는 행동이지 이미 이루어진 일에 대해 취하는 행동은 아니다. '-기' 명사절이 주절의 서술어로 이러한 용언을 택한다는 것은 '-기'가 바로 그러한 특성을 지니고 있다는 것을 뜻한다. 다음 예문에서 이를 확인할 수 있다.

(2) a. 온 국민이 비가 오기를 {기다린다, 빌고 있다}.
b. 나는 혼자 산책하기를 {좋아한다, 즐긴다, 꺼린다}.
c. 선생님께서는 우리에게 잡기(雜技)에 시간을 빼앗기지 말기를 {당부하셨다, 경고하셨다}.
d. 나는 새해부터 담배를 끊기로 {결심했다, 약속했다}.
e. 그때는 시간 약속을 지키기가 {쉬웠다, 힘들었다}.
f. 오늘은 한 발자국도 꼼짝하기가 {싫구나, 귀찮구나}.
g. 나무를 심기에 {좋은, 알맞은} 계절이다.

앞의 예들을 보면 '-기' 명사절은 어느것이나 아직 일어나지 않은 일들이다. 앞으로 그러기를 어쩌겠다, 앞으로 그러기에 어떻겠다와 같은 내용들인 것이다. 이러한 내용을 아직 결정되지 않은 일이라는 데 초점을 두어 [-결정]이라는 의미자질(意味資質)로 나타낸다면[4] 이것이 '-기'의 기본 의미라고 할 수 있다.

예외적 용법

예외적인 예도 없지는 않다. '-기 쉽다' 구성에서 보이는 용법으로 '-기' 앞에 과거시제의 '-았-'이 쓰이는 경우가 그 하나다. 그런데 이것도 실제로 일어난 일이 아니기는 마찬가지다. 과거형이 쓰였으나 추측으로 하는 말이므로 [-결정]의 의미는 그대로 유지되는 상황인 것이다. 그 점에서 이 용법은 예외가 아니라고 할 수 있다.

(3) a. 애들이 이미 왔기 쉽다.
b. 그렇다면 우리가 틀렸기 쉽다.

4. 흔히 [결정성]이라고 하여 '성'을 붙이나 [ ]의 기호가 이미 자질을 나타내는 것이므로 '성'은 군더더기일 것이다.

다른 한 경우는 '-기에'의 형식에서 보이는 용법이다. 이때는 이미 일어난 일이 자유롭게 쓰이는 것이다. '-기' 앞에 과거시제의 '-았-'도 자유롭게 쓰인다. 완전한 예외라 할 만한 것이다.

(4) a. 너무 소란을 피우기에 혼을 내 주었다.
    b. 떡을 해 보냈기에 답례로 과일을 사 보냈습니다.
    c. 전국 대회에서 우승하였기에 상장을 수여함.

그러나 '-기에'는 명사형어미 '-기'에 조사 '에'가 결합한 것으로 분석하기보다 그 전체를 어미로 보는 것이 낫다. 실제로 사전에서도 그렇게 처리하고 있다. 그렇다면 이것도 '-기'의 예외적 용법이라 할 것이 없을 것이다.[5]

관용적인 용법

'-기'는 때로 주변의 말과 묶여 관용구처럼 쓰이기도 한다. 이런 관용구적인 쓰임에서는 (6)에서와 같이 [-결정]의 의미가 지켜지지 않는 때가 있다. 따라서 예외라면 이들이 진정한 예외인 셈이다. 몇 예를 보이면 다음과 같다.

(5) a. 여기 오기 위해 3년을 기다렸다.
    b. 저러다 또 다치기 십상이지.
    c. 다 자기가 하기 나름이다.

5. 비슷한 경우로 '-기로' 및 '-기로서니'도 있다. 이들도 그 전체가 한 어미로 쓰이는 것들이다.

(6) a. 날씨가 좋았기 때문에 모든 일이 순조로웠다/그것은 다 날씨가 좋았기 때문이다.
b. 그 말을 듣자 부끄럽기 그지없었다.

14.4.2 '-음' 명사절

'-음' 명사절, 즉 '-음'으로 끝나는 명사절은 '-기' 명사절이 차지하고 있지 않은 영역, 곧 [+결정]의 영역을 담당한다. '-음' 명사절과 어울리는 용언도 따라서 다음 (1)과 같은 다른 계열의 것들이다.

(1) a. 보다, 듣다
b. 알다, 깨닫다, 느끼다
c. 드러나다, 밝혀지다
d. 주장하다, 고백하다, 지적하다, 알리다
e. 분명하다, 확실하다, 틀림없다
f. 필요하다, 중요하다

이미 일어난 일과 '-음'

이들 용언은 이미 일어난 일과 잘 어울리는 것들이다. 가령 '보다'나 '드러나다'가 아직 일어나지 않은 일과 어울릴 수는 없다. 따라서 '-음'은 (3)에서와 같이 과거시제의 '-았-'과도 자유롭게 어울린다.

(2) a. 나는 온몸에 다시 기운이 솟구침을 느꼈다.
b. 변화의 속도가 놀랍도록 빨라지고 있음이 분명하다.

(3) a. 우리는 숲이 다시 살아났음을 두 눈으로 똑똑히 보았다.
b. 그것이 거짓이었음이 이내 드러났답니다.

c. 여기가 백제의 도읍지였음이 분명합니다.

결정되어 있는 일과 '-음'

'-음'은 이미 일어난 일은 아닐지라도 이미 결정되어 있는 일, 새삼스레 새로 일어나고 어쩌고 할 것이 없는 일이면 역시 자유롭게 쓰인다. 이때는 물론 현재형과 어울린다.

(4) a. 여기가 모교가 있던 자리임을 한눈에 알겠구나.
b. 세월이 화살 같음을 누가 모르랴.
c. 재물의 많고 적음으로써 사람을 평가해서는 안 된다.
d. 자기 소임(所任)에 충실해야 함은 두말할 필요도 없다.

문장 끝의 -음'

한편 '-음'은 문장 끝에 쓰이기도 한다. 일종의 종결어미로 쓰이는 특이한 용법인데 문장을 명사문(名詞文)으로 만드는 셈이다. 이때는 [+결정]이라는 의미의 제약을 받지 않는다.

(5) a. 이 지역에서는 취사(炊事)를 금함.
b. 내일 오후에 다시 들르겠음.

'-기' 명사와 '-음' 명사

명사형어미 '-기'와 '-음'은 새 단어를 만들 때에도 그 영역을 분할한다. 이때에도 명사절에 적용된 기준이 그대로 적용되는지는 분명히 드러나지 않으나 서로 독자적인 세계를 분할해 가지고 있는 것은 확실하다.

즉 다음 (6)과 (7)에 보인 예들을 어미를 바꾸어 가령 '글짓기 대회'나 '띄어쓰기 규칙'을 '글지음 대회'나 '띄어씀 규칙'이라고 하거나, '만남의 광장'이나 '쉼터'를 '만나기의 광장'이나 '쉬기터'라고 하면 거북한 느낌을 일으킨다. '-기'와 '-음'의 다른 의미가 어떤 방식으로든 작용하기 때문일 것이다.

(6) a. 달리기. 짜깁기, 밝기, 크기, 띄어쓰기
b. 글짓기, 그네뛰기, 술래잡기, 줄다리기

(7) a. 지음(著), 엮음(編), 가르침, 놀림
b. 눈가림, 산울림, 말막음, 끝맺음, 발돋움
c. 만남의 광장, 쉼터

14.4.3 명사문

명사절 중에는 '-기'나 '-음'과 같은 명사형어미에 의존하지 않고 문장이 그대로 명사절이 되는 경우도 있다. 다시 말하면 한 문장이 종결어미를 그대로 유지한 채 명사절 구실을 하는 것이다.

(1) a. 사느냐 죽느냐가 문제다.
b. 나무는 왜 여기 놓이고 저기 놓이지 않았는가를 말하지 않는다.
c. 언제 갈까만 놓고 그러지 말고 언제 어디로 갈까에도 마음을 써야지 않겠니?

이것은 문장이 그대로 명사가 된 셈이어서 이런 문장을 명사문(名詞文)이라 부를 수 있을 것이다. 그런데 이렇게 명사절 구실을 하는 명사문은 의문문뿐이다.

다음 (2)의 '-지'로 끝나는 문장도 일종의 의문문으로서 명사절 구실을 한다. '-지'로 끝나는 이들 의문문은 앞의 (1)의 의문문들보다 독립된 문장으로 쓰이는 힘이 약하나 '어디', '무엇', '어떻게'와 같은 의문사와 어울리는 점에서나 (3)에서와 같은 쓰임으로 보아 의문문의 일종인 것만은 분명하다.

(2) a. 풍향(風向)이 어떻게 변할지가 그때 우리들의 가장 큰 관심사였다.
b. 우리가 무엇 때문에 이 먼 곳에 왔는지를 잠시도 잊어서는 안 된다.
c. 그놈이 어디로 튈지는 아무도 모른다.
d. 이 능(陵)에 어떤 부장품(副葬品)이 묻혔던지는 아직 밝혀지지 않았다.

(3) a. 재는 왜 밤낮 저 모양이지?
b. 글쎄, 이 나라의 장래가 어떻게 될지?
c. 그날은 왜 그리도 덥던지?

이들 명사문은 직접 조사를 취하지 않고 그 전체를 대명사로 받게 하기도 한다. 흔히 대명사가 문장을 받는 경우로 간주하나, 이때의 문장은 실은 곧 명사문이므로 이 현상은 대명사가 명사를 받는 극히 자연스러운 현상에 불과하다고 보아야 할 것이다.

(4) a. 사느냐 죽느냐, 이것이 문제로다.
b. 풍향이 어떻게 바뀔지, 그것이 최대의 관심사였다.

14.5 관형사절

종속절 중 관형사절은 한 문장이 그 종결어미를 '-는', '-은(-ㄴ)', '-을(-ㄹ)', '-던'과 같은 관형사형어미로 바꿈으로써 만들어진다. 그럼으로써 관형사와 같은 자격을 얻어 주절에 내포되는 것이다.

(1) a. 비가 오-ㄴ다.
    b. 비가 오-는
    c. 비가 오는 소리에 잠이 깼다.

관형사형어미는 시제 및 서법을 나타내 주는 기능을 함께한다. 앞의 여러 어미로 갈려 있는 것은 그들이 각각 이런 기능까지 담당하기 때문이다. 관형사절의 시제에 대해서는 제10장에서 자세히 다루었으므로 여기에서는 얼마간 중복되는 대로 기본적인 것만 간단히 다시 보기로 하겠다.

'-는' 관형사절과 '-은' 관형사절

'-는'은 앞의 (1)에서 보듯 동사에 쓰여 현재시제를 나타내 준다. '-은'은 동사에 쓰일 때는 다음 (2)에서 보듯 과거시제를 나타내고, 형용사에 쓰이면 (3)에서처럼 현재시제를 나타낸다.

(2) a. 그 병은 나도 앓은 적이 있다.
    b. 폭우가 할퀴고 간 흔적이 여기저기에 남아 있다.

(3) a. 저기 나무가 많은 집이 우리 집이다.
    b. 목이 마른 사람이 우물을 판다.

'-을' 관형사절

'-을'은 동사와 형용사에 다 쓰인다. 이 어미는 미래의 일에도 많이 쓰이지만 다음 (5)에서 보듯이 현재의 일에도 쓰이고, 또 과거시제의 '-았-' 다음에도 결합하는 등 시제와 무관하게 쓰이는 일이 많다. 전체적으로 시제보다는 추측을 나타내 주는 성격이 더 크다.

(4) a. 오늘 할 일을 내일로 미루지 마라.
    b. 그걸 좋아할 사람이 있을까?

(5) a. 지금 한창 피어 있을 고향 집 살구꽃이 보고 싶다.
    b. 옛날에 죽었을 사람이 아직 살아 있었다고?

(6) a. 결과가 좋을 줄 알았는데 기대대로 되지 않았어.
    b. 어디도 여기보다 더 멋질 수는 없을 거야.

'-던' 관형사절

'-던'은 동사와 형용사에 다 쓰이면서 과거의 일을 나타내 준다. 그러나 동사에 쓰이는 과거시제의 '-은'과는 그 의미가 다르다. '-던'은 과거의 일이되 완료는 되지 않은 일, 또는 그 이후에 상황이 달라진 일을 나타내 주는 것이다. '-던'은 과거시제의 '-았-'과도 결합한다.

(7) a. 어제까지도 불티나게 잘 팔리던 물건이 오늘은 전혀 팔리지 않는구나.
    b. 그렇게 건강하던 사람이 어떻게 저렇게 될 수 있는지 믿을 수가 없습니다.

(8) a. 아까 전화했던 사람이 누구였지?

b. 돌이켜보면 그때가 가장 행복했던 시절이었어요.

문장 관형사절

관형사절 중에는 종결어미를 살려 둔 채 관형사형어미를 취하여 만들어지는 것도 있다. 이 종류의 관형사절은 관형사절의 꾸밈을 받는 명사가 '사실', '기대', '소식', '정보' 등 특정한 단어일 때 나타난다.

(9) a. 나는 여기가 한때 번화한 도시였다는 사실이 믿어지지 않는다.
    b. 내일이면 가족을 만날 수 있다는 기대로 지혜는 밤새 잠을 이룰 수 없었다.

그런데 이 종류의 관형사절은 일종의 인용문의 성격을 띠고 있는 것으로 보인다. 즉 이들 관형사절은 "여기가 한때 번화한 도시였습니다", 또는 "내일이면 가족을 만날 수 있구나"와 같은 문장을 간접인용으로 표현한 것이기가 쉽다. 이에 대해서는 바로 뒤에서 좀더 자세히 보기로 하겠다.

14.6 인용절

직접인용과 간접인용

종속절 중에는 남의 말(때로는 스스로의 말)을 인용하여 주절에 내포시키는 종류도 있다. 이를 흔히 인용절(引用節)이라 하여 일반 종속절과 구별한다. 이때 그 인용이 원상(原狀)대로라면 직접인용(直接引用)이라 하고 그것을 변형시켜서 한 것이면 간접인용(間接引用)이라 한다.

직접인용일 때는 인용부호를 쓴다. 그리고 간접인용일 때는 다음 예문 (1) - (4)에서 보듯이 주어나 부사 및 종결어미 등을 적절히 바꾸는 절차를 밟아야 한다.

(1) a. 꼬마가 형에게 "전화 왔어"라고 외쳤다.
b. 꼬마가 형에게 전화가 왔다고 외쳤다.

(2) a. 어젯밤 일기예보에서 "내일부터 기온이 예년 수준으로 풀리겠습니다"라고 하였다.
b. 어젯밤 일기예보에서 오늘부터 기온이 예년 수준으로 풀리겠다고 하였다.

(3) a. 그는 "제가 범인입니다"라고 순순히 자백하였다.
b. 그는 자기가 범인이라고 순순히 자백하였다.

(4) a. 나는 "일이 다 틀렸나 보군"이라고 생각했다.
b. 나는 일이 다 틀렸나 보다고 생각했다.

인용절은 무엇보다도 다른 종속절에 쓰이지 않는 어미를 쓰는 점에서 구별된다. 직접인용일 때는 '-라고', 간접인용일 때는 '-고'라고 하는 특별한 어미를 쓰는 것이다.[6] 그리고 이 어미들이 어간이 아니라 종결어미 뒤에 결합한다는 것도 인용절이 가지는 특색이라 할 만하다.

명사절로서의 인용문

그런데 인용절은 문장성분으로 보자면 무엇일까? 한 예로 (1)에서 인용절은 '외쳤다'의 목적어일까 아니면 부사어나 어떤 다른 것일까?

그 경계가 그리 뚜렷하지는 않지만 인용절은 직접인용이든 간접인용이

6. 이때 계사 '이다'의 '다'는 '-고' 앞에서 '라'로 바뀐다. 그런데 근래 계사와 관계없는 간접인용에서 "여기가 더 좋겠다라고 생각했다"처럼 '라'를 넣는 일이 많아지고 있는데 잘못된 용법이다. "여기가 더 좋겠다라는 생각"도 역시 잘못이다.

든 일종의 명사절이라고 할 수 있다. 인용절 뒤에 오는 '외치다', '말하다', '예보하다', '고하다', '자백하다'와 같은 동사들이 인용절을 목적어로 취하고 있다고 보는 것이 의미적으로 가장 가깝기 때문이다. 즉 (1)은 결국 "전화 왔음을 외쳤다"의 의미로 풀리는 구조며, (2)는 "기온 회복을 예보하였다"의 의미로, 또 (3)은 "범인임을 자백하였다"의 의미로 풀리는 구조인 것이다.

관형사절 인용문

인용절은 이렇게 명사절의 일종으로뿐만 아니라 관형사절의 일종으로도 쓰인다. 즉 인용절이 뒤에 오는 명사를 수식하는 자리에 쓰이는 것이다. 이때는 어미로 '-라고'와 '-고' 대신 '-라는'과 '-는'이 쓰인다.[7]

(5) a. 왜 "아니 땐 굴뚝에 연기 날까"라는 속담도 있지 않습니까?
    b. 왜 아니 땐 굴뚝에 연기 나겠느냐는 속담도 있지 않습니까?

(6) a. "용길이가 살아왔답니다"라는 소식에 온 동네가 들떴다.
    b. 용길이가 살아왔다는 소식에 온 동네가 들떴다.

(7) a. 나는 "자네 작품이 최고 걸작일세"라는 말에 정신을 잃을 뻔하였다.
    b. 나는 내 작품이 최고 걸작이라는 말에 정신을 잃을 뻔하였다.

---

7. 이때도 '이다'의 '다'는 '-고' 앞에서 '라'로 바뀐다.

제15장 부사절

부사절(副詞節)은 명사절이나 관형사절과 함께 종속절(從屬節)의 하나다. 종속절이되 주절에 부사와 같은 자격으로 내포되는 종속절이다. 명사절이나 관형사절이 한 문장의 종결어미를 각각 명사형어미 및 관형사형어미로 바꿈으로써 이루어지듯이 부사절도 한 문장의 종결어미를 부사형어미로 바꿈으로써 이루어진다.

그런데 부사절을 이끄는 부사형어미는 명사형어미나 관형사형어미와는 비교가 안 될 정도로 그 종류가 매우 많다. 그만큼 한국어의 부사절은 앞 장에서 본 명사절이나 관형사절보다 그 내용이 다채롭고 복잡하다. 이 장에서는 그 부사형어미들을 의미를 중심으로 몇 부류로 나눈 다음 그 개개 어미의 용법을 살펴보기로 하겠다.

15.1 조건의 부사절

부사형어미 중에는 선행절(곧 부사절)로 하여금 뒤에 오는 후행절(곧 주절)의[1] 조건이 되게 하는 어미들이 있다. 말하자면 '조건의 부사절' 곧 조건절(條件節)을 이끄는 어미들로서 '-으면(/-면)', '-거든', '-아야(/-어야)' 및 '-던들'들이 그것이다. 이제 이들 어미를 중심으로 조건을 나타내는 부사절의 쓰임을 하나씩 보아 가기로 하겠다.

15.1.1 '-으면/면'

부사형어미 '-으면'은 선행절로 하여금 후행절의 조건이 되게 하는 가장 대표적인 어미다. '-으면'은 그 조건이 이루어지는 것을 전제로 주절의 사태가 이루어짐을 드러내 주는 일을 한다.

(1) a. 진달래가 피면 고향이 더 그리워진다.
    b. 아가들은 배가 고프면 울기부터 한다.

(2) a. 나는 잠이 깨면 창문부터 열었다.
    b. 창호는 시험 때만 되면 배탈이 났다.

'-으면'은 주절이 명령문이나 청유문일 때도 쓰이는 등 미래의 일을 서술하는 주절과도 어울린다. 즉 앞으로 일어날 사태의 조건도 나타내 준다.

(3) a. 전화 오면 좀 받아 줘.
    b, 아빠가 돌아오시면 이 상장부터 보여 드려야지.
    c. 방학이 되면 무슨 일을 하고 싶니?

'-으면'은 대소(大小) 관계에서 큰 쪽에 그 일부, 또는 그 한 종류로 소

1. 앞으로 선행절과 부사절, 또 후행절과 주절을 그때그때 편의에 따라 자유롭게 선택해 쓰고자 한다.

속되는 작은 쪽임을 나타내 주기도 한다. 즉 'A면 B다'에서 A가 B에 포함되는 관계에 있음을 나타내 줄 때에도 쓰인다.

(4) a. 제천이면 충청북도지요.
    b. 돌단풍이면 나무가 아니고 초본(草本)이잖아요?

15.1.2 '-거든'

'-거든'은 '-으면'과 흡사한 의미를 나타내 준다. 따라서 많은 경우 '-거든'과 '-으면'은 넘나들 수 있다.

(1) a. 전화 오거든(/오면) 좀 받아 줘.
    b. 아직 안 떠났거든(/떠났으면) 거기서 기다리라고 해라.
    c. 동이 트거든(/트면) 바로 떠나자.

그러나 '-거든'은 '-으면'에 비해 그 쓰임의 폭이 훨씬 좁다. 즉 '-거든'은 앞의 예문 (1)에서처럼 주절이 명령문이거나 청유문일 때 잘 어울리고 나머지 경우에는 잘 쓰이지 않는다.

(2) a. *봄이 오거든 산에 들에 진달래 피네.
    b. *창호는 시험 때만 되거든 배탈이 났다.
    c. *방학이 되거든 무슨 일을 하고 싶니?

15.1.3 '-아야/야'

'-아야'도 조건을 나타내는 부사절을 만드는 어미다. 그러나 '-아야'는 그 조건이 좀더 필요불가결한 것일 때 쓰인다는 특징이 있다.

(1) a. 윗물이 맑아야 아랫물이 맑다.
b. 표적은 한 눈을 감고 보아야 잘 보인다.
c. 내가 회초리를 들어야 말을 듣겠니?

'-아야'는 그 의미의 특수성 때문에 사용 범위가 좁아져 특히 명령문이나 청유문에는 쓰이지 못한다. 이 점에서 '-거든'과 대립적이라 할 만하다.

(2) a. *동이 터야 바로 떠나자.
b. *선생님이 오셔야 나한테 연락 좀 해 줘.

15.1.4 '-던들'

'-던들'은 반드시 과거시제의 어미 '-았-'과 결합해서 쓰이면서 어떤 가정적(假定的)인 조건을 나타내 주는 일을 한다. 이때는 주절에도 실제 일어났던 것과 반대의 상황을 추측으로 설정하여 '-던들' 부사절과 호응을 이룬다. 한마디로 '-던들'은 어떤 조건을 나타내되 가정적(假定的)인 조건을 나타내는 데 쓰인다.

(1) a. 그때 내가 조금만 더 참았던들 이런 일은 없었을 거야.
b. 우리 민족에 이 같은 인고(忍苦)의 정신이 없었던들 아직까지 살아남을 수 있었을까?

그러나 이러한 특수한 의미가 아니라면 '-던들'은 대체로 '-으면'과 같은 뜻이라고 할 수 있다. 이는 앞 예문 (1)의 '-던들' 자리에 '-으면'이 자연스럽게 대치(代置)되는 것에서 볼 수 있다. 다음 예문 (2)에서도 마찬가지다.

(2) a. 그때 구조대가 오지 않았던들(/않았으면) 오늘 우리가 여기에 있지 못했겠지요.
b. 우리들이 조금만 더 관심을 쏟았던들(/쏟았으면) 형편이 한결 좋아졌을 텐데.

15.2 이유의 부사절

부사형어미 중에는 선행절로 하여금 주절의 원인이나 이유가 되게 하는 어미들이 있다. 말하자면 인과(因果) 관계를 나타내 주는 부사절, 곧 인과절(因果節) 또는 이유부사절(理由副詞節)을[2] 만드는 어미들로서 '-으니(-니)'를 비롯하여 '-아(/어)', '-아서(/어서)', '-으니까(/-니까)', '-으므로(/-므로)' '-느라고' 등이 그것들이다. 이제 이들의 용법을 하나씩 보아가기로 하자.

15.2.1 '-으니/니'

'-으니'는 원인과 이유를 나타내는 부사형어미의 가장 전형적인 어미다. 특히 외국인들이 한국어를 할 때 다음에 볼 '-아서'를 쓸 자리에도 이 '-으니' (및 '-으니까')를 쓰는 것을 보면 이 어미가 이 종류의 어미 중에서 대표적 지위에 있음을 엿볼 수 있다.

(1) a. 선풍기를 트니 한결 시원하구나.
b. 너무 힘이 드니 좀 쉬어 가자.
c. 그렇게 종일 떠들어 댔으니 어떻게 목이 안 쉬겠니?

2. 엄격히는 이유와 원인을 구별하여 '이유·원인부사절'이라 해야 하겠으나 간편하게 '이유'로 원인까지 포괄하는 의미로 써서 '이유부사절'로 부르고자 한다.

'-으니'는 뒤에 '-까'를 덧붙여 쓰기도 한다. 이때 '-까'가 어떤 의미를 더해 주는 것 같지는 않다. 그러나 앞의 예문 (1c)의 '댔으니' 다음에는 그 앞의 두 예문에서와는 달리 '-까'를 덧붙이기가 거북하고, 반면 한 문장이 '-으니'로 끝날 때는 '-까'를 덧붙여야 자연스러워진다.

(2) <A> 왜 안 만나겠다는 거야?
<B> 싫으니까(*싫으니).

15.2.2 '-아서/어서'

'-아서'는[3] '-으니(/-으니까)'와 매우 가까운 의미를 나타내 준다. 그래서 두 어미가 같은 자리에서 거의 같은 뜻으로 쓰이기도 한다.

(1) a. 너무 비싸서 살 엄두도 못 내겠더라.
b. 너무 비싸니까 살 엄두도 못 내겠더라.

(2) a. 공기가 맑아서 온몸에 생기가 도는 것 같구나.
b. 공기가 맑으니 온몸에 생기가 도는 것 같구나.

그러나 '-아서'와 '-으니(/-으니까)'는 각각 그들만의 영역이 있어 다음 예문 (3)-(4)에서 보듯 서로 넘나들지 못하는 경우가 많다.

(3) a. 어제는 배가 아파서(/*아프니까) 결석했습니다.[4]

---

3. '-아서'는 '-서'를 빼고 '-아'로 써도 거의 같은 의미로 쓰이는데 여기에서는 '-아서' 하나로 두 어미의 용법을 아우르는 방식을 취하고자 한다.
4. "어제는 배가 아프니까 결석했습니다"와 같은 문장이 외국인들이 자주 범하는 가

b. 그 이야기를 들으며 자꾸 눈물이 나서(/*나니까) 애를 먹었어요.
c. 슬퍼서(/*슬프니까) 우니, 기뻐서(/*기쁘니까) 우니?

(4) a. 강이 범람할 우려가 있으니(/*있어서) 속히 대피하시기 바랍니다.
b. 배가 고프니(/*고파서) 점심부터 먹자.
c. 아기가 자고 있으니(/*있어서) 조용히 해 주세요.
d. 모처럼 모교를 찾으니(/*찾아서) 갖가지 감회가 일더라.
e. 명화(名畵)를 실물로 보니(/*보아서) 느낌이 사뭇 다르지?

이때 이 어미들의 의미가 어떻게 다른지, 그 차이가 무엇인지는 아주 미묘하여 쉽게 잡아내기 어렵다. 한 가지 차이는 '-아서'는 좀더 필연적인 관계를 나타내 준다는 점이다. 병이 나서 결석하는 일이나 눈물이 나서 난처해진 일은 으레 그렇겠다고 이해되는 상황들이다.

이때는 '-아서'라야 잘 어울린다. 거기에 비해 홍수가 나면 대피하는 것이 보통이기는 하나 그러지 않을 때도 많고 명화(名畵)를 실물로 보면 사진으로 볼 때와 대개는 느낌이 크게 달라지지만 개인에 따라서는 그게 그것으로 그저 덤덤할 수도 있다. 이럴 때는 '-으니(/-으니까)'가 쓰이는데 말하자면 '-으니(/-으니까)'로 맺어지는 인과관계는 그 필연성이 약한 편이다.

이들이 이끄는 부사절의 정보가 새로운 것이냐 낡은 것이냐에서도 '-아서'와 '-으니(/-으니까)'가 차이를 보인다. '-아서'는 새로운 정보요 '-으니(/-으니까)'는 낡은 정보를 나타내 준다는 것이 그것이다. 한 예로 앞의 예문 (3)에서 '결석했다'는 이미 알려져 있는 일이고 지금 그 이유를, 즉 '배가 아팠다'는 것을 새로운 정보로 제시하고 있다. 반면 예문 (4)에서는 '아

장 전형적인 예의 하나다. 그런데 외국인들은 주로 '-아서'를 쓸 자리에 '으니까'를 쓰는 쪽으로 틀리고 그 반대 방향의 오류는 드물다.

기가 자고 있다'는 것을 낡은 정보로 제시하고 '조용히 하라'는 것을 새로운 정보로 내세우고 있다. 따라서 주절이 새로운 정보일 수밖에 없는 명령문이나 청유문일 때는 (4)에서와 같이 '-으니(/-으니까)'만 허용된다.

그러나 전체적으로 '-아서'와 '-으니(/-으니까)'는 그 차이를 가려내기 어려운 어미들 중 대표적인 예라 할 만하다. 외국인이 가장 자주 틀리는 어미가 바로 이들이라는 것도 이들 어미의 차이가 그만큼 미묘하다는 한 증거일 것이다.

15.2.3 '-으므로/므로'

'-으므로'는 이유를 나타내는 대표적 어미의 하나이지만 일상 대화에는 쓰이지 않고 글에서만 쓰이는 어미다.

(1) a. 그때는 아군(我軍)의 전력(戰力)이 절대적인 열세였으므로 다른 방도가 있을 수 없었다.
 b. 이 토성(土城)의 중요성에 대해서는 이미 여러 차례 피력하였으므로 여기에서는 더 이상 부연하지 않겠다.
 c. 순희가 너무나 부끄러워하므로 형식 군도 더 이상 말을 걸지 못하였다.

'-으므로'는 특히 상장(賞狀)의 문면(文面)에 자주 쓰인다. 이 자리에 '-으므로' 대신 '-기에'가 쓰이는 일도 많은데 그만큼 '-으므로'는 '-기에'와 함께 상장에 쓰이는 대표적 어미라 할 만하다.

(2) a. 위의 학생은 1년간 개근하였으므로 이 상장을 수여함.
 b. 타의 모범이 되었기에 이 공로패를 드립니다.

15.2.4 '-느라고'

'-느라고'는 선행절의 일을 하는 시간이 후행절의 일과 겹치는 것이 원인이 되어 후행절의 사태가 발생하였음을 나타내 준다. 즉 후행절 사태의 원인을 나타내 주되 앞뒤 절의 사태가 시간적으로 겹친다는 조건이 따른다. 그만큼 '-느라고'가 이끄는 절은 뒤에서 볼 시간부사절의 성격도 띠고 있다. '-느라고'가 쓰이려면 두 절의 주어가 같아야 한다는 조건도 따른다.

(1) a. 전화로 수다를 떠느라고 찌개가 타는 줄도 몰랐다.
    b. 급히 나오느라고 넥타이도 못 매고 나왔어요.
    c. 어젯밤에는 축구 중계를 보느라고 한잠도 못 잤어요.
    d. 논문 쓰느라고 한여름 어떻게 보냈는지 모르겠어.

(2) a. 객지에서 혼자 자취하느라고 고생 많았지?
    b. 겨우 몇 천 원 깎느라고 그 난리를 쳤네.
    c. 나는 나오는 웃음을 참느라고 얼마나 혼났는데.

'-느라고'는 앞에서와는 달리 후행절의 사태가 원인이 되어 생긴 결과를 나타내 주기도 한다. 다음 (3)은 일이 잘된 것이 원인이 되어 남풍이 분 것이 아니라 남풍이 분 것이 원인이 되어 일이 잘된 것이다. 한편 (4)는 특이한 용법인데 '-느라고'가 '-고자'나 '-으려고'의 뜻으로 쓰이기도 함을 보여 준다.

(3) 일이 잘되느라고 마침 그때 남풍이 불어왔다.
(4) 웃느라고 한 소린데 잊어버려.

15.3 시간의 부사절

한국어의 부사절 중 시간을 나타내 주는 시간부사절(時間副詞節)은 영어의 시간부사절과는 그 성격이 꽤 다르다. 가령 when으로 시작되는 부사절은 순수히 시간을 나타내 주는데 한국어에는 이에 해당하는 부사절은 없다.

한국어의 부사절을 이끄는 부사형어미들은 선행절과 후행절을 시간적으로 묶되 무엇인가 조건을 하나 더 단다. 이를 우선 크게 두 가지로 나누어 두 사태가 동시적(同時的)으로 이어짐을 보여 주는 것과 계기적(繼起的)으로 이어짐을 보여 주는 것으로 나누어 볼 수 있다. 그러나 이렇게 둘로만 나누기에는 각 어미의 의미가 미묘하게 갈린다. 이제 각 어미의 구체적인 용법을 하나씩 보아 가기로 하자.

15.3.1 '-으며/며'

'-으며'는 동시적 관계를 나타내주는 대표적 어미다. '-으면서'도 같은 의미로 쓰이는데 대개는 자유롭게 '-으며'와 넘나드나 때로는 어느 한쪽이 더 자연스럽게 쓰인다.

(1) a. 감독님은 완강히 고개를 저으며(/저으면서) 큰 소리로 안 된다고 하였다.
  b. 그런 소리는 한쪽 귀로 들으며(/들으면서) 한쪽 귀로 흘려버려야 해요.

(2) a. 어머니는 갖은 고초를 겪으며 우리 세 남매를 키우셨다.
  b. 우리는 순전히 오기로 버티며 서 있었다.

(3) a. 말은 그렇게 하면서 속으로는 딴생각 하고 있지?
b. 저는 손가락 하나 까딱 안 하면서 무슨 잔소리가 그렇게 많은지.

15.3.2 '-고'

'-고'는 앞뒤의 두 절(節)을 대등하게 결합시켜 주는 어미로도 쓰이지만, 두 절을 계기적(繼起的)으로 이어 주는, 다시 말하면 선행절이 시간적으로 후행절보다 먼저임을 나타내 주는 부사형어미로도 널리 쓰인다. '-고서'가 같은 의미로 쓰이는데 부사형어미로서의 '-고'는 '-서'가 비록 겉으로 드러나게 쓰이지 않은 경우에도 그 속에 내재되어 있다고 할 수 있고, 이 점이 대등절의 '-고'와 구별되는 점이라 할 수 있다.

(1) a. 화단에 채송화 씨를 뿌리고 물을 주었다.
b. 호텔에 도착하자 집에 전화부터 하고(/하고서) 계속 뉴스에 귀를 기울였다.

'-고'는 시간적인 선후(先後) 관계를 나타내 주면서도 앞의 사태가 뒤에 오는 사태의 수단이나 원인이 됨을 나타내 주기도 한다.

(2) a. 자전거를 타고 어디로 가니?
b. 허리를 최대한 굽히고 있는 아양 없는 아양을 다 떨었다.

(3) a. 정말 저는 모르고 그랬어요.
b. 지갑을 잃어버리고 얼마나 경황이 없었던지.

15.3.3 '–아서/어서'

'–아서'는 원인과 이유를 나타내 주기도 하지만 계기적 시간 관계를 나타내 주는 어미이기도 하다.

(1) a. 금년에도 붓으로 '立春大吉'이라 써서 대문에 붙였다.
    b. 일주일이나 밀린 빨래를 깨끗이 씻어서 빨랫줄에 내다 걸었다.

'–아서'는 다른 한편으로 수단을 나타내 주는 일에도 쓰이기도 하고, 계기적 관계보다는 후행절의 사태에 대한 배경을 나타내 주는 일에도 쓰인다.

(2) a. 이 먼 길을 걸어서 왔다고?
    b. 이 약은 주스에 풀어서 먹이세요.

(3) a. 흔히 어려서는 천재 소리를 듣지요.
    b. 가만히 앉아서 호강만 하는구나.

15.3.4 '–자'와 '–자마자'

'–자'는 시간 관계를 나타내 주되 그것이 계기적이면서도 거의 동시적임을 나타내 주는 어미다. 즉 엄격히 따지면 선후(先後)가 분명하지만 그 간격이 극히 짧아 마치 동시에 일어난 것처럼 보이는 두 사태를 이어 주는 것이다.

(1) a, 호각 소리가 나자 모두 일제히 달려 나갔다.
    b. 3월이 되자 꽃값이 갑자기 오르기 시작하더라.

'-자마자'도 거의 같은 의미로 쓰인다. '-자마자'가 동시성을 좀더 강조하는 편이라 할 수 있으나 그 의미차는 아주 미미하다. 그래서 앞의 예문의 '-자' 자리에 '-자마자'가 대입되어도 거의 같은 의미로 쓰인다. 그리고 다음 예문 (2)의 '-자마자' 자리에 '-자'가 대입되어도 마찬가지다.

(2) a. 한국에서도 그 책이 번역되어 나오자마자 날개 돋친 듯이 팔려 나갔다.
b. 사람들은 버스에서 내리자마자 마구 뛰기 시작하였다.

15.3.5 '-다가'

'-다가'는 선행절의 사태가 중단되고 후행절에서 그와 대립적인 사태가 일어남을 보이는 어미다. 거의 같은 의미로 '-다'가 자유롭게 넘나들며 쓰인다. 다만 이들 어미 뒤에 특수조사가 결합할 때는 '-다가'만 쓰인다.

(1) a. 비가 오다가 갑자기 눈이 오기 시작하였다.
b. 그동안 왼손으로만 쓰다가 이제는 오른손으로도 쓴다.

(2) a. 좋다 말았잖아.
b. 자다 말고 어디 가려는 거야?

(3) a. 그렇게 놀기만 하다가 무엇이 되겠니?
b. 그때 그 사람한테 덤볐다가 어떻게 됐니?

(4) a. 멀쩡히 잘 하다가도 가끔 저렇게 심술이란다.
b. 알다가도 모를 일이네.

15.4 목적의 부사절

부사형어미 중에는 지향하는 목표와 방향을 나타내 주는 어미들이 있다. 말하자면 계기적인 시간 관계를 나타내는 어미들과 정반대의 일을 하는 어미들로서, 이 어미들이 쓰이는 문장에서는 후행절의 사태가 먼저 일어났거나 일어날 일이고, 선행절의 사태는 그때까지는 실현되지 않은 사태라는 특징을 보인다. 대개 '하기 위해'의 의미를 가지는 것들로서 한마디로 후행절 사태의 목적을 나타내 주는 어미들이다. 이 점에서 이들이 이끄는 선행절을 목적절(目的節)이라 부를 수 있다.

그런데 목적절의 '목적'은 '결과'(結果)와 밀접한 관계를 가진다. 비록 목적절의 내용이 현실로 이루어진 것은 아니나 후행절의 사태를 바탕으로 이 선행절의 사태가 그 결과물로 실현될 수 있기 때문이다. 한 예로 "좀더 잘 살아 보려고 새벽부터 일하였다"라고 하면 좀더 잘 살아 볼 '목적'으로 새벽부터 일하였지만, 이를 뒤집으면 새벽부터 일한 '결과'로 좀더 잘살게 되었을 수 있는 것이다. 그만큼 목적과 결과는 손바닥의 앞뒤와 같은 관계라고 할 수 있다.

그런데 한국어의 목적절은 그 결과는 보장되는 것이 아니어서 역시 목적절로만 머문다는 특징을 보인다. 목적절을 이끄는 어미로는 '-으러(/-러)', '-으려고(/-려고)'. '-고자' 및 '-도록', '-게' 등이 있는데 그 용법을 하나씩 보아 가기로 하자.

15.4.1 '-으려고/려고'와 '-고자'

'-으려고'는 후행절의 일이 이런 의도, 이런 목적으로 행해진다는 것을 나타내 주는, 그 의도와 목적을 나타내 주는 어미다. '-고자'는 '-으려고'와 거의 같은 의미로 쓰인다. 그 때문에 '-으려고'가 쓰인 자리에는 대개 '-고자'가 쓰일 수 있다.

(1) a. 좀더 잘 살아 보려고(/보고자) 그때는 다들 새벽부터 열심히 일하였지요.
b. 첫차를 타려고(/타고자) 일찍 집을 나섰다.

그러나 '-고자'는 얼마간 문어적(文語的)인 요소를 띠고 있어 가벼운 대화에는 잘 어울리지 않는 제약이 있다. 또 '-으려고'는 문장 끝에 쓰일 수도 있는데 '-고자'는 그렇지 못하다.

(2) a. 뭘 먹으려고(/??먹고자) 이 밤중에 냉장고를 뒤지니?
b. 겨우 이거 하나 주려고(/??주고자) 여기까지 오라고 했어?

(3) a. 응, 좀 앉아 쉬려고(/*쉬고자).
b. 아니, 그냥 한번 들러 보려고(/*보고자).

'-으려고'는 의도가 아니라 곧 일어날 일이라는 것을 나타내기도 한다. 이때에도 '-고자'는 쓰이지 못한다.

(4) a. 기차가 막 떠나려고(/*떠나고자) 하였다.
b. 이 참새 좀 봐. 죽으려고(/*죽고자) 그래.
c. 또 다치려고(/*다치고자) 그 장난이니?

앞의 예문 (4a)에서 보듯이 '-으려고'는 보조동사 '하다'와 어울려 쓰이기도 한다. 이때 의도의 의미로 쓰이면 '-고자'도 쓰인다.

(5) a. 우리는 진작부터 그 일은 잊으려고(/잊고자) 하였다.

b. 앞으로 더욱 분발하려고(/분발하고자) 합니다.

'-으려고'나 '-고자'가 쓰인 문장에서는 주절과 종속절의 주어가 같은 것이 원칙이다. 그런데 다음 예문 (6)에서와 같이 '-으려고'에 '의도'라는 의미가 별로 담기지 않을 때는 이 원칙이 지켜지지 않는다.

(6) a. 네가 오려고 아침부터 까치가 그렇게 울었나 보구나.
b. 일이 안 되려고 다 그렇게 된 거겠지.

15.4.2 '-으러/러'

'-으러'는 '-으려고'나 '-고자'와 마찬가지로 목적이나 의도를 나타내 준다. 다음 예문을 보면 세 어미가 거의 같은 의미를 나타내 주고 있음을 볼 수 있다.

(1) 우리 일행은 희귀식물을 조사하러(/조사하려고/조사하고자) 비무장 지대로 갔다.

그러나 '-으러'는 몇 가지 제약을 받아 그 쓰임의 폭이 좁은 편이다. '-으러'는 무엇보다도 주절에 '가다'나 '오다'와 같은 이동동사(移動動詞)만을 취할 수 있다는 제약이 있다.

(2) a. 누구 만나러 왔니?
b. 고기를 잡으러 바다로 갈까요? 고기를 잡으러 강으로 갈까요?
c. 사진반은 일출(日出)을 찍으러 정동진(正東津)으로 출동하였다.
d. 창호는 태권도를 배우러 열심히 도장(道場)에 다니고 있다.

이러한 제약 때문에 앞에서 본 '-으려고' 자리에 '-으러'를 넣으면 이상한 문장이 되는 경우가 많다. 그뿐만 아니라 '-으러'는 선행절 쪽에서도 제약을 받는다. 즉 '-으러'는 그 어간으로 동작동사만을 취하여 예문 (4)에서 보듯이 '예뻐지다', '합격하다' 등의 동사에는 '-으러'가 어울리지 않는다.

(3) a. *좀더 잘 살아 보러 그때는 다들 새벽부터 열심히 일하였다.
    b. *기차가 막 떠나러 하였다.

(4) a. 영희는 예뻐지려고(/예뻐지고자/*예뻐지러) 무용실에 다닌다.
    b. 이번에는 꼭 합격하려고(/합격하고자/*합격하러) 새벽부터 도서관에 나갔다.

이러한 제약과는 달리 '-으러'가 '-으려고'나 '-고자'보다 더 자유로운 경우도 있다. '-으려고'와 '-고자'는 그렇지 못한데 '-으러'는 명령문이나 청유문에 자유롭게 쓰이는 것이 그것이다.

(5) a. 얘, 우리 정희 만나러(/*만나려고/*만나고자) 가자.
    b. 투표하러(/*투표하려고/*투표하고자) 어서들 동회로 오십시오.

15.4.3 '-도록'와 '-게'

'-도록'과 '-게'는 앞의 '-으려고' 등과 비슷한 의미로 쓰인다. 즉 이들도 후행절이 이루어지면 그 결과로 이 어미들이 이끄는 선행절의 사태가 이루어질 수 있음을 나타내 준다. 한 예로 다음 예문 (1b)에서 길을 비켜 주면 그 결과로 행렬이 지나가게 되는 것이 '-으려고'의 경우와 같다.

(1) a. 아이들이 마음 놓고 놀 수 있도록(/있게) 놀이터를 크게 넓혔습

니다.

b. 저희 행렬이 지나갈 수 있도록(/있게) 길을 좀 비켜 주시겠어요?

그러나 '-도록'과 '-게'는 '-으려고' 등이 공통적으로 가지고 있는 '의도'라는 의미가 크지 않다. 그리고 '-으려고' 등은 원칙적으로 선행절과 후행절의 주어가 같아야 하는데 '-도록'과 '-게'는 두 주어가 다른 것이 일반적이다. 앞의 예문 (1)에서 이를 확인할 수 있다.

'-도록'과 '게'는 크게 보면 후행절의 결과로 그렇게 된다는 뜻을 담고 있지만, 좁게는 어떤 사태의 도달점을 나타낸다는 의미로도 쓰인다. 그런데 여기에서도 약간의 차이가 있어서 다음 예문 (2)의 것들은 '-할 정도로'의 뜻을 가지며, (3)의 것들은 '-할 때까지'의 의미를 가진다. 그리고 예문 (3)의 경우는 '-도록'은 자유롭게 쓰이는데 '-게'는 그 쓰임이 매우 위축된다는 점에서도 그런 차이가 없는 (2)와 차이를 드러낸다.

(2) a. 목이 빠지도록(/빠지게) 기다려도 끝내 아무도 나타나지 않았다.
b. 너 그사이 몰라보도록(/몰라보게) 예뻐졌구나.

(3) a. 검은 머리 백발이 되도록(/*되게) 두 분의 정분(情分)은 변함이 없었다.
b. 학생들은 밤이 새도록(/*새게) 노래만 불렀다.

그런데 '-게'는 부사절을 이끈다고 보기 어려운 경우에도 널리 쓰인다. 특히 '높이', '가벼이'와 같은 부사 자리에 쓰이는 '높게', '가볍게' 따위가 그러하고, 또 바로 뒤이어 '하다', '되다', '만들다' 따위의 동사가 오는 경우가 그러하다. 이때는 의미도 부사절을 이끌 때의 의미는 잘 드러나지 않는다. 그리고 이때의 '-게'는 '-도록'과 넘나들지 못할 때가 많다.

(4) a. 빌딩들이 점점 높게(/*높도록) 치솟는구나.
b. 누가 내 등을 가볍게(/*가볍도록) 두드렸다.
c. 다 귀엽게(/*귀엽도록) 보아 주세요.

(5) a. 이 식당 언제부터 이렇게 유명하게(/*유명하도록) 되었니?
b. 알게 모르게(/*알도록 모르도록) 얼마나 속았는지 몰라.

(6) a. 문제를 스스로 풀게(/풀도록) 하세요.
b. 아이를 왜 그러게 못 살게(/??살도록) 하세요.

15.5 양보의 부사절

15.5.1 양보와 조건

부사형어미 중에는 '-아도(/-어도)', '-더라도', '-은들(-ㄴ들)', '-을망정(/-ㄹ망정)' 등은 후행절(주절)의 내용이 이들이 이끄는 부사절의 내용과 반대 방향의 것임을 나타내 준다. 한 예로 다음 예문 (1)을 보면 보통이라면 (1b)처럼 하늘이 무너지면 솟아날 구멍이 없는 것이 정상일 것인데 그것을 뒤집어 (1a)처럼 말하는 것이다. 이때 주절의 상황은 좀처럼 이루어지기 어려운 상황이 설정되는 것이 보통이다. 한마디로 이들 어미는 양보의 의미를 나타내 주는 것으로서 이러한 어미들이 이끄는 부사절을 양보절(讓步節)이라 한다.

(1) a. 하늘이 무너져도 솟아날 구멍이 있다.
b. 하늘이 무너지면 솟아날 구멍이 없다.

(2) a. 호랑이에게 물려 가더라도 정신을 잃지 마라.
    b. 호랑이에게 물려 가면 정신을 잃는다.

앞에서 보면 양보절은 다른 각도에서 보면 조건절의 성격을 띤다. 실제로 하늘이 무너진 것이 아닌데 "만일 하늘이 무너지면"이라는 조건을 달아 말하는 방식이기 때문이다. 다만 양보절에서는 거기에 "그래도"라는 단서가 하나 더 붙는 것이 다르고, 주절에 예상 밖의 사태가 제시된다는 것이 다를 뿐이다.

'-아도', '-더라도', '-은들', '-을망정'은 거의 같은 의미를 나타내 주면서도 조금씩 그 의미가 다르다. 이제 이들 각각의 용법을 보아 가기로 하자.

15.5.2 '-아도/어도'

'-아도'는 양보절의 어미 중 양보의 가장 중심적인 의미를 나타내면서 가장 널리 쓰이는 어미다. 다음 예문 (1)에서 양보절의 전형적인 실례를 볼 수 있다.

(1) a. 아무리 시간이 없어도 하루 세끼 밥은 꼭 제때 챙겨 먹어라.
    b. 참새 떼는 아무리 쫓아도 또 날아오고 또 날아오고 했지.
    c. 양반은 얼어 죽어도 겯불은 쬐지 않는다.

다음 예문들의 '-아도'들도 앞의 예문에서처럼 전형적이지는 않을지 모르나 역시 양보의 의미를 잘 나타내 준다. 예문 (2)는 나쁜 상황을 각오하고 그것을 자포자기로 받아들이거나 정당화하는 투에 '-아도'가 잘 쓰임을 보여 주고, 예문 (3)은 특수조사 '만'과 어울려 그 수준을 최대한의 기대치로 삼는다는 투의 표현에 '-아도'가 적절하게 쓰임을 보여 준다. 그리고 예문 (4)는 과거형과 어울려 가정(假定)의 폭을 크게 한 자리에 '-아도'가 쓰인 예들이다.

(2) a. 이제 벼락이 떨어져도 할 수 없지 뭐.
    b. 욕을 먹어도 싸지.

(3) a. 나는 동메달만 따도 소원이 없겠어.
    b. 대령만 되어도 대단한 성공이지요.

(4) a. 누님이 1년만 더 사셨어도 손자를 안아 보셨을 텐데.
    b. 그렇다면 누가 이겼어도 결과는 마찬가지였겠네.

그런데 '-아도'는 양보의 의미보다는 두 절을 거의 대립적으로 이어주는 일을 하기도 한다. 이때는 '아무리'와는 잘 어울리지 않으며, '-아도'를 '-지만'이나 '-으나'로 바꾸어도 의미가 크게 달라지지 않는다.

(5) a. 장마 끝은 있어도(/있지만/있으나) 가뭄 끝은 없다.
    b. 여자는 약하여도(/약하지만/약하나) 어머니는 강하다.

15.5.3 '-더라도'

'-더라도'는 앞에서 본 '-아도'와 거의 같은 뜻으로 쓰이며 서로 넘나들기도 잘한다. 그러나 '-더라도'는 '-아도'보다 가정적(假定的)인 요소를 더 많이 풍기는 느낌을 준다. 그래서 다음 예문 (1) 중 (1a)의 '없어도'는 '없더라도'로 바꾸어도 자연스럽지만 (1b)의 '깨워도'를 '깨우더라도'로 바꾸면 이상해진다. (2)의 나머지 예문도 다 가정적인 요소를 많이 풍기는 예들이다.

(1) a. 아무리 시간이 없어도(/없더라도) 하루 세끼 밥은 꼭 제때 챙겨 먹어라.
b. 아무리 깨워도(/*깨우더라도) 이어날 생각을 않는구나.

(2) a. 이번에 떨어지더라도 다음에는 꼭 붙을 거야.
b. 내가 제시간에 오지 못하더라도 먼저들 시작하세요.
c. 창호는 어떤 시련이 닥치더라도 잘 이겨낼 것입니다.

'-더라도'는 '만 하더라도'나 '만 보더라도'의 형식으로 무엇을 예로 내세워 말할 때에도 쓰인다.

(3) a. 20년 전만 하더라도 우리나라는 결코 잘 자는 나라가 아니었다.
b. 우리 어머니들 세대만 보아도 한자(漢字)는 잘 모르잖아요?

15.5.4 '-은들/ㄴ들'과 '-을망정/ㄹ망정'

'-은들'은 역시 양보의 의미를 나타내되 그 뒤에 반대 방향의 이야기가 전개되리라는 것을 더 강하게 풍기는 어미다. '-은들'이 이끄는 양보절 뒤에는 일반적으로 그럴 수 있겠느냐는 수사적(修辭的)인 의문문이 잘 쓰인다.

(1) a. 무엇을 한들 입에 풀칠이야 하겠니?
b. 내가 어디 간들 너희들을 잊겠느냐?
c. 그때까지 살아 있은들 무슨 낙이 있겠어요?

'-을망정'은 역시 양보절을 이끄는 어미이되 그 양보절의 내용과 주절의 내용이 둘 중 하나를 버리고 나머지 하나를 택하는 관계에 있음을 나타내 준다. 이때 양보절은 대개 다음 예문 (2)에서 보듯이 '굶는다', '뼈가 으스러진다'와 같은 매우 부정적인 사태, 원하지 않는 사태를 제시하게 되는데 그만큼 '–을망정'은 그 쓰임의 폭이 한정되어 있다고 할 수 있다.

(2) a. 굶을망정 도둑질은 하지 마라.
    b. 내 뼈가 으스러질망정 이 일만은 끝내고 말겠다.

'–을망정'이 이끄는 양보절이 부정문일 때도 그 양보절은 역시 부정적인 내용을 담게 된다. 말하자면 '굶을망정'을 '먹지 못할망정'으로 표현한 것과 같은 것이다.

(3) a. 돕지는 못할망정 훼방이나 놓지 않았으면 좋겠어.
    b. 동냥은 못 줄망정 쪽박이나 깨지 말지.

15.6 상황의 부사절

부사형어미 중에는 상황(狀況)을 나타내 주는 어미들이 있다. '–는데(/–은데)'가 그중 대표적이며, 이외에도 '–거늘', '–거니와' 등이 있다. 이들은 의미가 다 조금씩 다르지만 결국 주절에서의 사태에 대한 어떤 배경을 나타내 준다는 점에서는 같다. 한마디로 상황부사절(狀況副詞節)을 이끄는 일을 하는 것이다. 이제 '–는데'를 중심으로 이들 어미들이 이끄는 부사절의 특징을 보기로 하자.

15.6.1 '-는데'

'-는데'는 상당히 여러가지 용법으로 매우 빈번히 쓰이는 어미다. 그중 대표적인 용법이 바로 상황을 나타내 주는 일이다.

(1) a. 집을 막 나서려는데 전화가 연거푸 세 통이나 왔어.
b. 청중들이 한창 흥이 올랐는데 글쎄 그때 전기가 나가더라니까.
c. 날씨는 괜찮은데 고속도로 사정이 어떨지 모르겠어요.

(2) a. 서로 사양들만 하시는데 그러면 제가 먼저 시작하겠습니다.
b. 사람들이 다 자기 자식들만 귀한 줄 아는데 그래서야 어떻게 따뜻한 사회를 이룰 수 있겠어요?

(3) a. 이렇게 억수같이 비가 오는데 어디 가려고 그러니?
b. 밤이 깊었는데 굳이 떠나시게요?

'-는데'는 부사절과 주절의 사태가 상반(相反)됨을 나타낼 때도 쓰인다. 이 용법 중 예문 (4)는 '-는데' 다음에 특수조사 '도'를 덧붙여 말할 수 있고, 예문 (5)의 경우는 '-지만'과 넘나들 수 있으나 다만 '-지만'보다 그 상반됨의 정도를 좀 완화하여 나타내 주는 면이 있다.

(4) a. 점심을 잘 먹었는데(/먹었는데도) 왜 벌써 배가 고프지?
b. 나는 싫다는데(/싫다는데도) 왜 자꾸 그러니?
c. 내가 그렇게 타일렀는데(/타일렀는데도) 아직도 정신을 못 차리는구나.

(5) a. 그 의견도 다 좋은데(/좋지만) 오늘은 이 안(案)대로 합시다.

b. 겉에서 보면 대수롭잖게 보이는데(/보이지만) 안에 들어가 보면 대단해.

'-는데'는 주절의 사태가 당연하다는 근거를 나타내 주는 의미로도 쓰인다. 이때의 '-는데'는 '-거늘'로 바꾸어 쓸 수 있다.

(6) a. 그 얘기는 나도 아는데(/알거늘) 왜 걔가 모르겠니?
b 사후(死後)의 세계는 성인(聖人)들도 대답하기 어려워하였는데(/어려워하였거늘) 범인(凡人)인 우리가 어떻게 알겠어요?

'-는데'는 주절의 사태에 대한 이유를 이끌어 주는 일에도 쓰인다. 이때의 '-는데'는 '-으니'로 바꾸어도 그 뜻이 크게 달라지지 않는다.

(7) a. 그래도 여기에서 함께 살겠다는데(/살겠다니) 어떻게 하겠어요?
b. 자네가 솔선해서 내 대신 가 주겠다는데(/가 주겠다니) 나야 고맙고말고지.

15.6.2 '-거늘'과 '-거니와'

'-거늘'은 논란의 여지가 없는 사항을 제시함으로써 뒤에 오는 주절의 사태도 당연히 그렇게 되어야 함을 나타내 주는 어미다. 얼마간 문어적(文語的)인 느낌을 풍기는 어미로서 일상 대화에서 빈번히 쓰이는 어미는 아니다.

(1) a. 그거야 삼척동자도 알거늘 내 어찌 모르랴?
b. 고슴도치도 제 새끼는 함함하다고 하거늘 사람이 그러면 못쓰지.

앞에서 보았듯이 이 '-거늘'은 '-는데'로 바꾸어도 뜻이 크게 달라지지 않는데 다만 '-거늘'이 더 권위를 가지고 교훈적으로 말하는 듯한 면이 있다.

(2) a. 내가 그렇게 타일렀거늘(/타일렀는데) 그래도 모르겠느냐?
    b. 하늘이 알고 땅이 알거늘(/아는데) 네 어찌 모른다고 하느냐?

'-거니와'는 더욱이 주로 글에 쓰이는 어미로서 서로 동질적인 이야기를 이어 주되 앞의 이야기가 후행절의 한 디딤돌이 되게 하는 일을 해 주는 어미다.

(3) a. 정명훈의 지휘도 훌륭하였거니와 청중의 반응도 매우 좋았다.
    b. 우리 민족은 일찍부터 '文'을 숭상하여 왔거니와 이 전통은 지금껏 면면히 이어져 오고 있다.

'-거니와'는 도입적인 말을 이끌어 주는 일에도 쓰인다. 이때는 '-지만'이나 '-는데'와 같은 의미로서 이들과 넘나들며 쓸 수 있다.

(4) a. 거듭 강조하거니와(/강조하지만) 등산 이상의 좋은 운동은 없다.
    b. 이미 여러 번 반복하였거니와(/반복하였지만/반복하였는데) 한글은 세계에서 가장 독특한 개성을 지니고 있는 문자다.

15.6.3 '-지만'

'-지만'은 앞에서 보았듯이 '-거니와'나 '-거늘'과 넘나들며 쓰이는 어미다. 즉 상황부사절을 이끄는 어미다. 다음 예문 (1)에서 그 용례를 볼 수 있다. 그러나 '-지만'의 더 본연의 자리는 예문 (2)에서처럼 두 절을 대등하게 이어 주는 일이다. 즉 대등절(對等節)을 이끄는 어미인 것이다. 이때의 두 절은 서로 자리를 맞바꾸어도 문장의 뜻이 거의 그대로 유지된다.

(1) a. 다시 말하지만 오늘 네 발표는 너무나 완벽했어.
b. 너희들은 잘 모르겠지만 그 사람은 사실은 진짜 알부자야.
c. 미안하지만 전철역까지 차 좀 태워 주겠어요?

(2) a. 영호는 야구를 좋아했지만 창호는 농구를 좋아했다.
b. 첫날은 날씨가 아주 궂었지만 둘째 날부터는 더없이 맑은 날이 계속되었다.

15.7 기타 부사절

한국어의 부사형어미는 이상의 것 외에도 더 있다. 그중 '-듯이'와 '-을수록'의 용법을 보기로 하겠다.

15.7.1 '-듯이'

'-듯이'는 후행절과 비슷한 것을 제시하여 그 후행절의 이해를 돕는 데 쓰이는 어미다. '-듯이'가 하는 일은 일종의 비교이므로 이 어미가 이끄는 부사절은 비교부사절(比較副詞節)이라 할 수 있을 것이다.

(1) a. 봄이 되면 눈이 녹듯이 모든 일이 순조롭게 잘 풀렸다.
b. 물도 높은 데서 낮은 데로 흐르듯이 문명도 높은 데서 낮은 데로 흘러들어오게 마련이다.

'-듯이'는 뒤에 직접 동사를 꾸미기도 한다. 그러나 그 동사도 결국은 주절의 동사이며, 이때의 '-듯이'의 의미도 '비교'라는 점에서는 같다.[5]

(2) a. 구름에 달 가듯이 가는 나그네. (박목월의 「나그네」)
    b. 고인(故人)은 가족에 둘러싸여 꼭 잠을 자듯이 편안한 자세로 누워 있었다.

15.7.2 '-을수록/ㄹ 수록'

'-을수록'은 후행절의 사태가 선행절의 어떤 사태에 비례해서 가감(加減)됨을 나타내 준다. 따라서 '-을수록'이 하는 일은 비례부사절(比例副詞節)을 이끄는 일이라 할 수 있다.

(1) a. 이놈이 나이가 들수록 점점 할아버지를 닮아 가는구나.
    b. 시간이 흐를수록 대원들의 의욕은 점점 줄어만 갔다.

'-을수록'이 이끄는 부사절과 짝이 되는 주절은 앞의 예문 (1)에서 보듯이 대개 부사 '점점'과 잘 어울린다. 그러나 다음 예문 (2)와 (3)에는 '점점'을 넣으면 이상해진다.

(2) a. 자주 웃을수록 건강에 좋답니다.
    b ??자주 웃을수록 점점 건강에 좋답니다.

(3) a. 급할수록 돌아가라 하지 않았습니까?

5. '듯이'는 의존명사로도 쓰인다. 이 의존명사 '듯이'는 어미 '-듯이'처럼 어간에 결합하지 않고 "뛸 듯이 좋아했다", "나를 본 듯이 반기소서"에서처럼 관형어 다음에 놓인다.

b. *급할수록 점점 돌아가라 하지 않았습니까?

'-을수록'은 다음 예문 (4)에서처럼 그 앞에 '…하면 할수록'과 짝이 되어 쓰이는 일이 많다. 앞의 예들도 전부 '나이가 들면 들수록', '급하면 급할수록'처럼 바꾸어 말할 수 있다.

(4) a. 그놈 참 보면 볼수록 신통하구나.
b. 기쁨은 나누면 나눌수록 커진다잖습니까?

참고문헌

고영근(1983). 『국어 문법의 연구-그 어제와 오늘』. 탑출판사.

구자숙(1995). "Politeness Theory : Universality and Specificity." Harvard University 박사학위논문.

권재일(1992). 『한국어 통사론』. 민음사.

김계곤(1996). 『현대국어의 조어법 연구』. 박이정.

김창섭(1996a). 『국어의 단어 형성과 단어 구조 연구』. 태학사.

김홍수(1989). 『현대국어 심리동사 구문 연구』. 탑출판사.

남기심(1996). 『국어문법의 탐구 Ⅰ』. 태학사.

______(2001). 『현대국어 통사론』. 태학사.

______·고영근(1993). 『표준 국어문법론』 개정판. 탑출판사. (초판, 1985)

목정수(2003). 『한국어 문법론』. 한국문화사.

문금현(1999). 『국어의 관용 표현 연구』. 태학사.

민현식(1999). 『국어문법 연구』. 역락.

박진호(2003). 「한국어의 동사와 문법요소의 결합 양상」. 서울대학교 박사학위논문.

서정목(1987). 『국어 의문문 연구』. 탑출판사.

서정수(1996). 『국어문법』 개정판. 한양대학교 출판부. (초판, 뿌리깊은나무사, 1994)

서태룡(1988). 『국어 활용어미의 형태와 의미』. 탑출판사.

송석중(1993). 『한국어 문법의 새 조명』. 지식산업사.

송철의(1992). 『국어의 파생어 형성 연구』. 태학사.

시정곤(1999). 『국어의 단어형성원리』. 한국문화사.

신선경(2002). 『'있다'의 어휘와 통사』. 태학사.
안명철(1992). 「현대국어의 보문 연구」. 서울대학교 박사학위논문.
양명희(1998). 『현대국어 대용어에 대한 연구』. 태학사.
유동석(1995). 『국어의 매개변인 문법』. 신구문화사.
유현경(1999). 『국어 형용사 연구』. 한국문화사.
윤석민(2000), 『현대국어의 문장종결법 연구』. 집문당.
이광호(1988). 『국어 격조사 '을/를'의 연구』. 탑출판사.
이기문(1972). 『국어사개설』. 개정판. 민중서관. (신정판, 태학사, 1998)
이기용(1999). 『전산 형태론』. 고려대학교 출판부.
이남순(1988). 『국어의 부정격과 격표지 생략』. 탑출판사.
이은경(2000). 『국어의 연결어미 연구』. 태학사.
이익섭(2000). 『국어학개설』. 개정판. 학연사. (초판, 1986)
______(1994). 『사회언어학』. 민음사.
______ · 이상억 · 채완(1997). 『한국의 언어』. 신구문화사.
______ · 임홍빈(1983). 『국어문법론』. 학연사.
______ · 채완(1999). 『국어문법론 강의』. 학연사.
이정복(2001). 『국어 경어법 사용의 전략적 특성』. 태학사.
이지양(1998). 『국어의 융합 현상』. 태학사.
이필영(1993). 『국어의 인용구문 연구』. 탑출판사.
이호승(2003). 「국어 복합서술 연구 : [명사+조사+동사] 구성의 경우」. 서울대학교 박사학위논문.
이홍식(1996). 『국어 문장의 주성분 연구』. 월인.
이희승(1955). 『국어학개설』. 민중서관.
이희자 · 이종희(1999). 『사전식 텍스트 분석적 국어 어미의 연구』. 한국문화사.
임동훈(2000). 『한국어 어미 '-시-'의 문법』. 태학사.
임홍빈(1987). 『국어의 재귀사 연구』. 신구문화사.
______ · 장소원(1995). 『국어문법론 Ⅰ』. 한국방송통신대학교 출판부.
장경희(1985). 『현대국어의 양태범주 연구』. 탑출판사.
장석진(1995). 『정보기반 한국어 문법』. 한신문화사.
정원수(1992). 『국어의 단어 형성론』. 한신문화사.

정희정(2000). 『한국어 명사 연구』. 한국문화사.
채 완(1986). 『국어 어순의 연구』. 탑출판사.
______(2003). 『한국어의 의성어와 의태어』. 서울대학교출판부.
최현배(1957). 『우리말본』 개정판. 정음사. (초판, 1937)
최형용(2003). 『국어 단어의 형태와 통사』. 태학사.
한동완(1996). 『국어의 시제 연구』. 태학사.
한송화(2000). 『현대국어 자동사 연구』. 한국문화사.
허 웅(1983). 『국어학』. 샘문화사.
홍재성(1987). 『현대 한국어 동사구문의 연구』. 탑출판사.
______ 외 편(2001). 『현대 한국어 동사 구문 사전』. 두산동아.
Asher, R. E. (1994), *The Encyclopedia of Language and Linguistics*. Oxford : Pergamon Press.
Brown, K. and J. Miller (1991). *Syntax : A Linguistic Introduction to Sentence Structure*. 2nd ed. London : Routledge.
Brown P. and S. C. Levinson (1987). *Politeness : Some Universals in Language Usage*. Cambridge : Cambridge University Press.
Bussmann, H. (1999). *Routledge Dictionary of Language and Linguistics*. Translated and edited by G. P. Trauth and K. Kazzazi. London : Routledge. (독일어판, 1990)
Bybee, J. L. (1985). *Morphology : A Study of the Relation Between Meaning and Form.* Amsterdam; John Benjamins.
Bybee, J., R. Perkins and W. Pagliuca (1994). *The Evolution of Grammar : Tense, Aspect, and Modality in the Languages of the World.* Chicago: The University of Chicago Press.
Chang, Suk-jin (1996). *Korean*. Amsterdam : John Benjamins.
Comrie, B. (1976). *Aspect*. Cambridg : Cambridge University Press.
__________ (1989). *Language Universals and Linguistic Typology*. 2nd ed. Chicago : University of Chicago Press.
Haiman, J. and S. Thomson eds. (1988). *Clause Combining in Grammar and Discourse*. Amsterdam : John Benjamins.

Haspelmath, M. (2002). *Understanding Morphology*. London : Arnold.

__________ and E. König eds. (1995). *Converbs in Cross-linguistic Perspective : Structure and Meaning of Adverbial Verb Forms – Adverbial Participles, Gerunds –*. Berlin : Mouton de Gruyter.

__________, E. König, W. Oesterreicher and W. Raible eds. (2001). *Language Typology and Language*. 2 vols. Berlin : Walter de Gruyter.

Hockett, C. (1958). *A Course in Modern Linguistics*. New York: MacMillan.

Huddleston, R. (1984). *Introduction to the Grammar of English*. Cambridge : Cambridge University Press.

__________ and G. K. Pullum (2002). *Cambridge Grammar of the English Language*. Cambridge : Cambridge University Press.

Kuno, S. (1973). *The Structure of the Japanese Language*. The MIT Press.

Langacker, R. W. (1972). *Fundamentals of Linguistic Analysis*. New York : Harcourt Brace Javanovich.

Lee, Iksop and S. R. Ramsey (2000). *The Korean Language*. New York : State University of New York Press.

Martin, S. E. (1954). *Korean Morphophonemics*. Linguistic Society of America.

__________ (1993). *A Reference Grammar of Korean*. Tokyo : Charlse E. Tuttle.

Mattews, P. H. (1981). *Syntax*. Cambridge : Cambridge University Press.

Palmer, F. R. (2001). *Mood and Modality*. 2nd ed. Cambridge : Cambridge University Press.

Poppe, N. (1954). *Grammar of Written Mongolian*. Wiesbaden : Otto Harrassowits.

__________ (1965). *Introduction to Altaic Linguistics*. Wiesbaden : Otto Harrassowits.

Quirk, R., S. Greenbaum, G. Leech, and J. Svartvik (1972). *A Grammar of Contemporary English*. London : Longman.

__________ (1985). *A Comprehensive Grammar of the English Language*.

London : Longman.

Radford, A .(1988). *Transformational Grammar*. Cambridge : Cambridge University Press.

Ramstedt, G. J. (1937/1997). *A Korean Grammar*. Helsinki : Suomalais-Ugrilainen Seura.

Shopen, T. ed. (1985). *Language Typology and Syntactic Description*. vol. 2. Cambridge : Cambridge University Press.

찾아보기

ㄱ

ㄴ

ㄷ

ㄹ

ㅁ

ㅂ

ㅇ

ㅈ

ㅊ

ㅋ

ㅌ

ㅍ

ㅎ

S

T

V

W

『한국의 탐구』 시리즈 간행사

우리 것에 대한 탐구의 필요성은 19세기 서양문명이 도래하면서부터 활발히 일기 시작했다. 동도서기(東道西器)란 논제가 19세기 전반기에 이미 지식계에 등장한 것으로 보아 그렇게 추단된다. 아니 18세기 실학(實學) 단계에서 이미 중국을 타자(他者)로 여기는 인식이 싹텄고 더 앞서 훈민정음에서 "나랏말이 중국과 달라(國之語音異乎中國)"라고 하였으니 그 연원은 더 올라가겠다.

일본 제국주의의 강압 속에서 우리 것을 잃지 않으려는 노력은 일일이 거론하기 어려울 정도로 많았다. 조선얼, 조선정신, 혼백론, 조선학, 조선어, 진단(震檀) 등 그 표현 용어가 한둘이 아니었다. 힘센, 일본정신, 화혼(和魂), 서학(西學), 양학(洋學) 등에 넘어가지 않으려는 안간힘이었다. 그래서 체계성이 미비하다던가, 객관성이 부족한 단점도 없지 않았다. 그렇더라도 그만큼 버텨 낸 것만 해도 큰 공이라 하지 않을 수 없다.

8·15 해방 후에는 거대 강국, 미국과 소련의 틈바구니에서 버둥대느라 우리 것 부지하기가 더 어려운 형세가 되었다. 남북 분단 속에 한쪽 이데올로기에 충실해야 하는 현실 속에 우리를 찾을 여유가 없었다. 동족 상잔의 비극을 치른 뒤, 1960년대에 들어서서야 한국학 붐이란 것을 맞이할 수 있었다. 각박한 세월이었다. 1970년대, 1980년대의 개발독재, 군사독재 속에서 한국학은 그 이용물로 넘어갈 듯한 위험에 처하기도 했다. 초역사적 당위가 시대를 잘못 만나 독재의 이용물이라고 오해를 받기도 하면서 그 토대를 넓혀 갔다. 그러나 1990년대에 민주화 물결 속에 오히려 국학은 뜻하

지 않은 위기에 처하기도 하였다. 대학의 교양필수과목이었던 한국사가 선택과목으로 전락하고, 대학입학 시험 과목에서도 독립 영역을 잃어버리는 사태가 빚어진 가운데 오늘에 이르고 있다.

우리의 학문은 아직도 서양학문에 많이 의존하고 있다. 그럴 필요성이 많이 남아 있는 것을 부인할 수 없다. 특히 이공 분야는 국경을 긋기 어려운 점이 많다. 그러나 인문학, 사회과학은, 귀는 바깥으로 기울이더라도, 눈은 안쪽으로 항상 향해 있어야 하지 않을까. 그래야 세계적으로도 대접받는 학문이 되지 않을까.

한국학은 해방 후 반세기가 넘는 시간 속에 산전수전 다 겪은 셈이다. 그 세월이 헛되지 않으려면 객관성이 그만큼 다져졌어야 했다. 『한국의 탐구』 시리즈는 그간에 한국학 각 분야의 연구자들이 쌓고 쌓은 학문적 축적을 누에가 실 뽑듯 풀어서 독자들과 만나게 하기 위해 짜낸 기획이다. 기획측의 성급함과 조급증으로 필자들에게 충분한 시간을 드리지 못해 만족스런 책이 되지 못한 경우도 없지 않을 것 같다. 이런 경우가 있다면 개고(改稿)의 기회를 약속하면서, 이 시점에서의 전진을 위해 모든 것이 양해되기를 바란다.

발간 취지상으로는 한국의 언어·문학·역사·사상 분야의 그간의 연구성과를 폭넓게 정리해, 학술전문서적과 교양도서와의 중간단계를 지향하는 총서를 만들려고 했다. 이 기획물이 일반 독자들에게 우리 것에 대한 교양의 폭을 넓히는 데에 기여하는 한편, 젊은 학도들에게 학문적 발상을 자극하여 비단 한국학만이 아니라 우리의 모든 학문영역이 새로운 도약을 해 나가는 데에 기여할 수 있기를 기대해 본다.

1998년 4월

기획위원 권두환 금장태 노태돈

이병근 이태진

저자 약력

이익섭(李翊燮)

약력

1938년 강릉 출생

(1956 – 1981) 서울대학교 국어국문학과 및 동 대학원 졸업(문학박사)

(1963 – 1969) 전북대학교 조교수

(1969 – 2003) 서울대학교 인문대학 국어국문학과 교수

(1976 – 1977) Harvard-Yenching Institute 객원학자

(1996) Maryland대학교 객원학자

(1996 – 1997) 국어학회 회장

(1997 – 1999) 국립국어연구원 원장

(2002 – 2004) 한국어세계화재단 이사장

현재 서울대학교 명예교수

저서

『嶺東 嶺西의 言語分化』(서울대학교출판부, 1981),

『國語文法論』(공저, 학연사, 1983),

『國語 語文의 諸問題』(공저, 일지사, 1983),

『方言學』(민음사, 1984),

『國語學槪說』(학연사, 1986/2000),

『國語表記法硏究』(서울대학교출판부, 1992),

『사회언어학』(민음사, 1994),

『한국의 언어』(공저, 신구문화사, 1997),

『국어 사랑은 나라 사랑: 국어학 논설집』(문학사상사, 1998),

『국어문법론 강의』(공저, 학연사, 1999),

The Korean Language (공저, State University of New York Press, 2000),

『국어 부사절의 성립』(태학사, 2003)

한국의 탐구 33

한국어 문법

초판 1쇄 발행 2005년 7월 10일
초판15쇄 발행 2021년 4월 20일

지은이 이익섭
펴낸이 오세정
펴낸곳 서울대학교출판문화원

출판등록 제15-3호

주소 08826 서울 관악구 관악로 1
대표전화 02-880-5252 **팩스** 02-889-0785
도서주문 02-889-4424, 02-880-7995
이메일 snubook@snu.ac.kr
홈페이지 www.snupress.com

ISBN 978-89-521-1377-1 93710

한국의 탐구

1. 퇴계의 삶과 철학
금장태
2. 한국의 석조미술
정영호
3. 실학의 국가 개혁론
김태영
4. 한국의 샤머니즘
조흥윤
5. 한국유학의 탐구
금장태
6. 한국의 목조건축
주남철
7. 북한의 언어 문화
고영근
8. 조선시대 건축의 이해
김동욱
9. 한국고대의 금속공예
이난영
10. 韓國의 譯學
강신항
11. 한국의 원형신화 원앙부인 본풀이
조흥윤
12. 재외동포
이광규
13. 이율곡, 그 삶의 모습
황준연
14. 김소월, 그 삶과 문학
오세영
15. 한국천문학사
나일성
16. 한국의 선비와 선비정신
금장태
17. 한국인의 죽음관
이은봉
18. 서포 김만중의 생애와 문학
김병국
19. 춘향전의 비밀
설성경
20. 신라 화엄사상사연구
김두진
21. 장영실과 자격루
—조선시대 시간측정 역사복원
남문현
22. 구한말의 개혁, 독립투사 서재필
이정식
23. 한국어의 의성어와 의태어
채 완
24. 보부상
—근대화 격변기의 상인
조재곤
25. 한국의 성씨와 족보
이수건
26. 조선시대 도자기
김영원
27. 홍길동전의 비밀
설성경
28. 이익사상의 구조와 사회개혁론
김용걸
29. 근대도시 목포의 역사·공간·문화
고석규
30. 고구려 고분벽화의 세계
전호태
31. 삼국사기의 현대적 이해
정구복
32. 한국어의 부사
서정수
33. 한국어 문법
이익섭
34. 조선시대 궁중의 식생활문화
한복진
35. 여운형
—사상을 초월한 융화주의자
이정식